D1996660

Don Bosco

www.peterdyckhoff.de
www.einfach-beten.de

Peter Dyckhoff

Geistlich leben im Sinne alter Klosterregeln

Don Bosco

Peter Dyckhoff studierte Psychologie und war mehrere Jahre Inhaber und Geschäftsführer eines mittelständischen Industriebetriebes. Mit 40 Jahren wagte er den absoluten Neuanfang: Er studierte Theologie, wurde Priester, dann Wallfahrtsseelsorger in Kevelaer. Danach kam er als Gemeindepfarrer in die Diözese Hildesheim und leitete bis 1999 ein bischöfliches Bildungshaus. Heute gibt Peter Dyckhoff seine langjährigen Erfahrungen als Autor und in Kursen zur christlichen Gebets- und Meditationspraxis weiter.

Bibliografische Information Der Deutschen Bibliothek
Die Deutsche Bibliothek verzeichnet diese Publikation in der Deutschen Nationalbibliografie; detaillierte bibliografische Daten sind im Internet über http://dnb.ddb.de abrufbar.

verlags gruppe engagement

1. Auflage 2005 / 3-7698-1475-4
© 2005 Don Bosco Verlag, München
Umschlag, Layout: Margret Russer
Foto Umschlag, Seite 9: © Achim Bunz, München
Illustrationen aus: Jost Amann, Ständ und Orden der Heil. Röm. cathl. Kirchen, Frankfurt 1585.
Produktion: Don Bosco Grafischer Betrieb, Ensdorf

Sonderausgabe Beutelbuch
1. Auflage 2005 / 3-7698-1476-2
Buchbinderische Verarbeitung: Kunst- und Verlagsbuchbinderei Leipzig

Inhalt

Vorwort

von Odilo Lechner OSB

„Dass man in deiner Kirche Wahrheit finden könnte, darauf hatte ich keinerlei Hoffnung mehr“ gesteht der große Augustinus am Ende des vierten Jahrhunderts in den „Bekenntnissen“, der Beschreibung seines Lebens. Er blickt zurück auf die Zeit, da ihm, dem erfolgreichen jungen Lehrer der Beredsamkeit, der Glaube seiner katholischen Mutter ganz fremd und er in der Sekte der Manichäer heimisch geworden war. Deren fantastische Vorstellungen konnten freilich sein vernünftiges Nachdenken nicht mehr voll befriedigen.

So mag es auch vielen Menschen am Anfang des 21. Jahrhunderts gehen. Sie suchen nach einem tieferen Sinn ihres Lebens, nach einer inneren Erfahrung, nach einer Erweiterung des seelischen Bewusstseins. Von den ihnen alt und müde erscheinenden Institutionen des Christentums, in äußeren Riten und Formeln erstarrt, erwarten sie keine Antwort auf ihre Sehnsucht.

Peter Dyckhoff, selbst länger in der Betriebsamkeit des Geschäftslebens ein Suchender nach innerer Erfüllung geworden, hat in der reichen Überlieferung des Christentums Schätze entdeckt, die dieser spirituellen Sehnsucht befreiende Antwort geben können. In vielen Büchern hat er es verstanden, Menschen von heute solche Quellen inneren Lebens und geistlicher Weisheit zu erschließen. In diesem Buch stellt er Ordensregeln vor, in denen die Erfahrungen geisterfüllter Menschen, etwa die der frühen Mönche in der Wüste, gesammelt sind in eine Ordnung gemeinsamen Lebens.

Da gibt sich innere Einsicht eine Form, die es ermöglicht, dass verschiedene Menschen doch ihrem Leben eine gemeinsame Ausrichtung geben.

Es ist erstaunlich, wie auch heute Menschen sich faszinieren lassen von einer Weisheit, die sich in Jahrhunderten bewährt hat – wenn sie wieder entdeckt wird. Da ziehen sich Wirtschaftsmanager in ein Benediktinerkloster zurück, um das rechte Maß im Leben und Führungsverantwortung im Betrieb zu finden. Da lassen sich Gewerkschafter und Politiker von der Spiritualität der Jesuiten anleiten, die rechten Entscheidungen zu treffen. Da lassen sich Menschen, die unter der Ökonomisierung und Gewalttätigkeit unserer Gesellschaft leiden, vom hl. Franz inspirieren zu neuer Freiheit von äußeren Abhängigkeiten und zu neuem Einsatz für den Frieden.

Die Ordensregeln offenbaren einen gemeinsamen Ursprung: den Geist der Liebe Gottes, das Evangelium von Jesus Christus. Das wollen sie im Leben umsetzen.

Aber es sind durchaus verschiedene Wege, auf denen dies geschieht. Benedikt mahnt zur Stabilität, zum Bleiben, um nicht immer wieder zu flüchten. Die Bettelmönche wollen wie Christus unterwegs sein und keine bleibende Stätte haben. Von Jesus suchen die einen vor allem seine Verkündigung, andere seine heilende, helfende Tätigkeit, andere seine Einsamkeit oder sein Leben nachzuahmen.

Man kann nicht alle Wege zugleich gehen; sonst geht man keinen. In den Ordensregeln finden wir Modelle solcher Wege, Möglichkeiten, die wir aufgreifen können, für die wir uns entscheiden können.

Ich hoffe und wünsche, dass dieses Buch dem Leser und der Leserin hilft, den eigenen Weg zu suchen. Gott hat jedem einen Weg zugedacht, der gerade ihn ein sinnvolles Leben finden lässt.

Odilo Lechner OSB

Chorgestühl in der ehem. Reichskarthause Buxheim/Iller

Klosterregeln für alle Christen?

Eine berechtigte Frage! Als ich einem Bekannten, der in führender Position in einem Industriebetrieb tätig ist, berichtete, dass ich an einem Buch zu den großen Ordensregeln schreibe, bemerkte er ein wenig von oben herab: „Wen wird das denn in heutiger Zeit interessieren – wenn es nicht gerade jemand ist, der in einen Orden eintreten möchte?" Ich überlegte, ob ich antworten sollte, denn über etwas, was man im Herzen trägt und das einem sehr lieb geworden ist, spricht man nicht gern.

Doch hatte ich das Gefühl, die mir lieb gewordenen Klosterregeln „verteidigen" zu müssen und erklärte ihm die Absicht, die ich mit einem solchen Buch verfolge.

Ende der 70er Jahre lernte ich *Hans Urs von Balthasar* im Priesterseminar in Münster kennen. Begeistert hatte ich viele seiner Werke gelesen und konnte somit ein längeres Gespräch mit ihm führen oder – besser gesagt – er mit mir. Dabei berührten wir auch sein Buch „Die großen Ordensregeln", das ich bis dahin nicht kannte – welches heute jedoch zu meinen Lieblingsbüchern gehört. Da ich seinerzeit ernsthaft überlegte, selbst einem Orden beizutreten – Hans Urs von Balthasar hatte lange Zeit dem Jesuitenorden angehört –, fragte ich ihn nach den wesentlichen Unterschieden unserer großen Ordensregeln, die von Benedikt, Franziskus und Ignatius verfasst wurden. Seine Antwort kann ich heute nur noch teilweise zitieren – aber der Inhalt des Gesagten ist mir noch sehr gegenwärtig.

„Sie nennen Namen von solcher Strahlkraft, dass nur wenige neben ihnen gleichrangig sind, Heilige, die eine große übernatürliche christliche Sendung empfangen haben. Ihre Ordensregeln sind eine unmittelbare Quelle göttlichen Lebens für die Kirche und die gesamte Menschheit. Die Gnadenfülle ihrer übernatürlichen Sendung lässt sich aus keiner irdischen Kraft persönlicher Suggestion erklären. Der Schöpfer hat durch die Ordensgründer bleibende Züge ins Antlitz der Kirche graviert. Diese Wirklichkeit jedoch ist heute nicht durch Anstürme von außen, sondern durch Missachtung und Verkennung von innen bedroht." Diese inhaltsreichen Sätze erläuterte er mir in jenem Gespräch:

Würde man versuchen, in den Lichtabgrund des Evangeliums zu blicken, dann sehe man, dass das Wesentliche ununterscheidbar zusammengehöre, was später in der Kirche auseinander gebrochen sei. Daher wäre es notwendig, dass es immer wieder Menschen gäbe, die ganz hineingenommen werden in den alles verbindenden Urgrund, der Liebe ist. Zu ihnen gehörten die Ordensgründer, die ihren Standort bei Christus haben, von ihm in die Welt ausgesandt werden und aus der Welt zu ihrem Ruhepunkt Christus zurückkehren. Durch ihr eigenes Leben und durch die von ihnen aufgestellten Ordensregeln zeigten sie den Ordensleuten die Bewegung der Sendung Christi aus der Überwelt in die Welt und zurück zum Vater. Den Christen in der Welt zeigten sie die Bewegung der Welt, die Kraft der Gnade, die die Überwelt suche und durch Gnade beschenkt zurückkehre zur Welt.

Die großen Ordensregeln zeigten, dass das ewig Gültige, das über Jahrtausende hin Beharrende, zu jeder Zeit überzeugend und wahrhaftig hervortrete. Ihr Wesensmerkmal sei die tragende Liebe, die als Seinsfundament alle und alles durchchristlichen möchte. Daher könnten Liebende die Botschaft des Evangeliums und die der großen Ordensregeln glaubhaft in ihrem Alltag leben und somit ihr Weltleben im Christentum aufgehen lassen. Die Ordensregeln würden nicht von der Welt absondern wollen, indem sie eine Gemeinde der Vollkommenen anstrebten, sondern sie wollten die Frucht eines geistlichen Lebens und die damit verbundene Liebe ganz allgemein allen zur Verfügung stellen. Ohne das geistliche Leben, zu dem das Evangelium und die darauf aufbauenden Ordensregeln hinführen – die Werke der Caritas und der Menschenliebe in jeglicher Form –, wäre das Abendland auch weltlich nicht das, was es ist.

Alte Erkenntnisse und Weisheiten, eine charismatische Gabe des Heiligen Geistes, würden weder verdrängt noch abgelöst, sondern besäßen, wenn sie entdeckt würden, zu allen Zeiten die selbe Aktualität und Wirkmacht zum Heil.

Ich dachte über diese Worte nach und stellte fest, dass es im Wesentlichen und im Grunde nicht so gravierende Unterschiede in den Ordensregeln gab, wie ich es angenommen hatte. Sie basieren alle auf der ewig gültigen Wahrheit des Evangeliums und stellen lediglich verschiedene Ausfächerungen geistlichen Lebens dar.

Pachomius hat die älteste uns bekannte Klosterregel verfasst – basierend auf den Erfahrungen der frühen Mönchsväter. *Basilius der Große* setzt diese Tradition fort und führt die zerstreut lebenden Eremiten zu einem gemeinschaftlichen Leben zusammen. *Augustinus* befindet sich mitten im Strom des kirchlichen Lebens. In seiner Regel steht die Nächstenliebe, die zur Gottesliebe führt, an der ersten Stelle. Für *Benedikt* ist dem Gottesdienst nichts vorzuziehen. Die Benediktiner werden zu Formern christlicher Kultur. Trotz Klausur und Stabilität gelingt es ihnen, größten Wert auf Erziehung und Bildung zu legen. *Franziskus von Assisi* nimmt mit der ihm eigenen Naivität, die die Klugheit des Heiligen ist, die Armut wörtlich, die Christus lebt und im Evangelium vorstellt. Als erste Ordensgründerin folgt *Klara von Assisi* diesem hohen Ideal.

Die Franziskaner und Dominikaner kennen keine Klausur. Sie lassen sich in Hochschulen wie auch in entferntesten Missionsgebieten einsetzen. Auch *Ignatius von Loyola* verzichtet auf die Klausur; sein Orden kennt kein gemeinsames Chorgebet und kein Ordenshabit. Die Jesuiten stellen sich in den Dienst des Papstes, um für alles verfügbar zu sein, was Menschen hilft, den Weg zu Gott zu finden.

Vergleicht man diese großen Ordensregeln, auf die fast alle Ordensregeln zurückgehen, miteinander, wird klar, dass sich von Basilius bis Ignatius die Einheit der Grundkonzeption durchhält. Gebet und Arbeit, geistliches Leben und das Ausführen eines entsprechenden Auftrags in der Welt sind die beiden Pole, die jeder Ordensregel eigen sind.

Seit der Begegnung mit Hans Urs von Balthasar, der die großen Ordensregeln in seinem Buch vorstellt, war es stets mein Wunsch, den geistlichen Gehalt der Klosterregeln in die heutige Zeit zu übertragen. So möchte ich mit „Geistlich leben im Sinne alter Klosterregeln" gangbare Wege für alle Christen aufzeigen, die den Wunsch haben,

- ihr Glaubensleben zu vertiefen,
- Christus näher zu kommen,
- tiefe Ruhe inmitten ihrer Aktivität zu erleben,
- mehr Freude am Leben und der gesamten Schöpfung zu finden,
- inmitten des Vergänglichen das Unvergängliche und damit die Liebe Gottes zu einem jeden von uns zu erfahren und zu erwidern.

Mögen Sie aus der Verschiedenheit der Ordensregeln, die alle ihren Ursprung im Evangelium haben und die zur Liebe Gottes führen, den Weg für sich entdecken, der Ihnen am ehesten entspricht und der Sie weiterführt.

Basilius

UM 330 BIS 379

Basilianer

Basilius, der auch „der Große“ genannt wird, wurde in Cäsarea in Kappadozien geboren. Er studierte zunächst dort, dann in Konstantinopel und Athen. Mit siebenundzwanzig Jahren empfing er die Taufe und fühlte sich – fast zur gleichen Zeit – zum asketischen Leben berufen. So besuchte er schon bald die berühmtesten Einsiedler und Mönchssiedlungen in Ägypten, Palästina, Syrien und Mesopotamien.

Sein Ja zur Kirche war gleichzeitig sein Ja zur Nachfolge Christi. Somit definierte sich „Kirche“ für ihn in ihrer Eigentlichkeit durch gelebte Nachfolge Christi. Daher ist es zu erklären, dass die Basilius-Regeln ein enges Band zwischen der Kirche und der von ihm gegründeten asketischen Gemeinschaft bilden.

Basilius verließ die anfänglich gewählte Einsamkeit und wurde im Jahr 370 zum Bischof der Kirche von Cäsarea berufen. Zusätzlich bekleidete er noch das Amt des Exarchen der politischen Diözese Pontus. Er war Mönch und Mann der Kirche zugleich. Die von ihm gegründete Gemeinschaft blieb offen zur Welt, indem sie Schulen, Spitäler und Gasthöfe gründete und betreute. Als geistlicher Schriftsteller war Basilius ebenso bedeutend wie als Bischof. Er verband rhetorische Gewandtheit und theologischen Tiefgang mit pastoraler Intention. Alles beruhte bei ihm auf dem Gebot der Liebe. Er sagt: „Zieht man seinen eigenen Willen dem Willen Gottes vor, so offenbart man seine fehlende Liebe.“

Basilius schrieb zwei asketisch-monastische Regeln: das „Kleine Asketikon“ und das „Große Asketikon“, in denen er ein Leben nach dem Evangelium forderte. Mit diesen elementaren Regeln blieb Basilius nicht nur wegweisend für das orthodoxe Mönchtum, sondern er beeinflusste auch das lateinische Mönchtum. Benedikt zählt in seiner Regel (73,5) die „Regel unseres hl. Vaters Basilius“ zu den großen Autoritäten des Mönchslebens.

Da sich beide Regeln überschneiden, wurde dem Folgenden das „Kleine Asketikon“ zu Grunde gelegt. Die Zahlen am Ende jeder Texteinheit verweisen auf die einzelnen Abschnitte der Regel im Original.

Orden, die heute noch nach Basilius' Regel leben

Basilianer und Basilianerinnen, Basilianer und Basilianerinnen vom hl. Josaphat, Basilianer von St. Johann Baptist der Melkiten, Basilianer Aleppiner der Melkiten, Basilianer von St. Salvator der Melkiten, Töchter der hl. Macrina

Geistlich leben nach Basilius

1 In all unserem Fühlen, Denken, Reden und Handeln bedürfen wir der Führung des Heiligen Geistes, um auf dem Weg der Wahrheit zu bleiben oder auf ihn gelenkt zu werden. Unser Herz ist dann von Freude erfüllt und die Augen sind erleuchtet. Im Menschen liegt eine geheime Sehnsucht nach bleibender Freude und einem Licht, das niemals mehr der Dunkelheit weicht. Diese Sehnsucht wird nur dann schrittweise Erfüllung finden, wenn wir Gott als unseren Schöpfer anerkennen und bereit sind, uns durch Jesus Christus in seinem Heiligen Geist führen zu lassen. Die innere Verbindung und Liebe zum Vater wird dadurch sichtbar, dass Jesus sich immer wieder zum Gebet zurückzieht, um mit dem Vater eins zu sein und zu bleiben. (1)

Ich bin nicht vom Himmel herabgekommen, um meinen Willen zu tun, sondern den Willen dessen, der mich gesandt hat.

Johannes 6,38

2 Erachte nichts, was dir auf deinem Weg begegnet, als gering. Oft wirst du erst viel später erkennen, welch tiefe weiterführende Bedeutung diese oder jene Begegnung hatte, die du leichtfertig übergehen wolltest. Verachtest du jemanden, so wird eine Zeit kommen, in der du seinetwegen verachtet wirst. Ist jemand von einer giftigen Schlange gebissen und schon gelähmt, so wirst du doch alles tun, das Gift so schnell wie möglich seinem Körper zu entziehen. (4)

3 Übe dich in Wahrheit und Gerechtigkeit. In ihnen findest du Halt, der dir in angespannten Zeiten zur Orientierung und Rettung wird. Du kannst jedoch nur vom Wahren nehmen und aus dieser Quelle schöpfen, wenn du alle Schlacken entfernst, die deiner Wahrnehmung im Wege stehen. Selbst wenn dein Auge vor Kummer getrübt ist und du erschöpft vom Seufzen bist: Halte durch, im Gebet den Herrn anzurufen. Er hört dich und nimmt dein Beten an, um dir zur rechten Zeit Hilfe zu gewähren. (5)

4 Möchtest du Erhörung finden, so kannst auch du dazu beitragen, indem du über dein Beten hinaus dein aktives Leben zum Besseren veränderst. Wende dich ab von unguten Verhaltensweisen, die sowohl dir selbst als auch anderen Verwirrung und Belastung bringen. Beschäftige dich weder gefühlsmäßig noch gedanklich mit dunklen Ereignissen, in die du verstrickt warst, die jetzt jedoch hinter dir liegen und erhellt sind. In seiner übergroßen Barmherzigkeit hat dir der Herr vergeben. Er trägt dir nichts nach.

Wären eure Sünden auch rot wie Scharlach,
sie sollen weiss werden wie Schnee.
Wären sie rot wie Purpur,
sie sollen weiss werden wie Wolle.
Jesaja 1,18 b

Wenn nach der Dunkelheit der Nacht am Morgen die Sonne aufgeht, wirst du Befreiung spüren und Freude kehrt in dein Herz zurück. (10)

5 Sicher hast du schon einmal einen geliebten Menschen durch falsches Sprechen oder Handeln belastet und dadurch Schuld auf dich geladen. Wenn er dir in wirklicher Liebe zugetan ist, vergibt er dir und denkt nicht mehr an das Geschehene. Damit spiegelt er das unendlich gütige und erbarmungsvolle Handeln Gottes wider. Schon von weitem erkennt der Vater den Sohn, der ihm großen Kummer bereitet hat und der jetzt nach Hause zurückkehren möchte. In seiner unendlichen und vergebenden Liebe läuft er seinem Sohn entgegen, zieht ihn an sich und vergibt ihm all seine Schuld.

Dieses Wunder der liebenden Vergebung geschieht, wenn du deinem verletzenden Verhalten den Rücken kehrst und den tiefen Wunsch hast, nach Hause zurückzukehren. (13)

6 Die wirkliche Liebe zu einem Menschen zeigt sich darin, dass nicht mehr dein eigenes Ich im Vordergrund steht, sondern das Du des geliebten Menschen. Du möchtest alles zu seinem Wohlergehen und zu seinem Heil tun. Wird diese deine Liebe erwidert, hat der Liebende allein dich in seinem Blick und in seinem Herzen. Jeder wünscht das Beste für den anderen und tut alles, dass es Wirklichkeit wird. (15)

Alles, was zwei von euch auf Erden gemeinsam erbitten, werden sie von meinem himmlischen Vater erhalten.
Matthäus 18,19

7 Wie ist es überhaupt möglich, ein so wunderbar liebendes Entgegenkommen eines Menschen zu enttäuschen? Wie ist es überhaupt möglich, einem Kind oder einem Geschöpf, das dich liebend anschaut und dir all sein Vertrauen schenkt, eine Absage zu erteilen und es gar für deine eigenen Belange auszunutzen?

Oft durchziehen widergöttliche Kräfte unsere Seele und wir werden zeitweilig von ihnen beherrscht. Seelisches und oft auch körperliches Leid sind unumgänglich. Dunkelheit und Schmerzen lassen dich jetzt umso tiefer das Licht und das Heil suchen. Auf diesem Weg in eine größere Innerlichkeit wirst du zu weit reichender Erkenntnis geführt und es offenbart sich dir die Ursache dessen, was dich beherrscht. Du erhältst Einblick in tiefere Zusammenhänge: Größere Verantwortung und Liebe zum anderen und zur gesamten Schöpfung leuchten dir ein. (16)

8 Damit dir kostbare Einsicht nicht wieder verloren geht, solltest du ein Zuviel an Eindrücken meiden. Das aufbrechende innere Licht ist sehr empfindsam und gefährdet, durch überstarke Sinneswahrnehmung verschattet oder sogar ausgelöscht zu werden. Allzu oft leidet die Seele, da sie durch unser Wollen und Tun belastet wird und die empfangenen Eindrücke nicht rechtzeitig verarbeiten und wieder abgeben kann. Ein wenig Sauerteig ist bereits in der Lage, den ganzen Teig zu durchsäuern. (20)

9 Wir neigen dazu, uns sehr leicht in Oberflächlichkeit und Zerstreuung zu verlieren. Diese Tendenz tritt umso stärker auf, wenn wir unsere geistigen Kräfte nicht pflegen und das Vermögen unserer Seele nicht kultivieren. Das eine Notwendige besteht darin, immer wieder mit dem Urgrund der Schöpfung, der Liebe ist, Kontakt aufzunehmen. Es gibt viele Wege, auf denen für uns die liebende Gegenwart Gottes erfahrbar wird. Selbst wenn wir es äußerlich nicht sehen, so gibt es doch sehr viele Menschen, die den Herrn beständig vor Augen haben und nicht wanken. (21)

10 Beschreitest du einen kontemplativen Weg, wirst du wie von selbst in die Nähe Gottes geführt. Damit dir tiefere Zusammenhänge in der Schöpfung auf dem Weg zum Schöpfer einleuchten, musst du jedoch vorher das ablegen, was nicht zu dir gehört. Zu diesem Prozess der

Befreiung und Reinigung gehören auch deine Träume. Ganz gleich, welchen Inhalt sie haben – ob du dich an sie erinnerst oder nicht –, nimm sie bejahend an in dem Wissen, dass sie den Weg freimachen in tiefere Bereiche deiner Seele. (22)

11 Hüte dich vor unnützem Geschwätz. Es wird nicht nur andere belasten, sondern vornehmlich auch dich selbst. Du investierst deine kostbare Zeit in etwas, was keine guten Früchte bringt und die Distanz zum wahren und bleibenden Leben vergrößert. Schlecht über andere zu reden oder gar über sie zu richten, wird von Jesus in seiner Rede von der wahren Gerechtigkeit strikt verworfen. Selbst wenn das von dir Gesagte nichts Schlechtes beinhaltet, jedoch nicht zum Aufbau geistlicher Kräfte bei dir und anderen dient, solltest du dein Verhalten überdenken und gegebenenfalls korrigieren. (23)

Über eure Lippen komme kein böses Wort, sondern nur ein gutes, das den, der es braucht, stärkt und dem, der es hört, Nutzen bringt.

Brief an die Epheser 4,29

12 Es gibt verborgene körperliche Krankheiten, die der Mensch oft nicht einmal bewusst wahrnimmt oder wahrnehmen kann. Daher sollte er bei geringsten Veränderungen oder Auffälligkeiten einen Arzt aufsuchen und wegen dessen reicher Kenntnis und Erfahrung auf seine Diagnose vertrauen. Dem Rat eines guten Arztes zu folgen sollte selbstverständlich sein.

In gleicher Weise sind häufig die Schatten der Seele und die Fehler, die daraus entstehen, demjenigen nicht bekannt, der damit belastet ist. Seine Umgebung wie auch ein ihm gut gesinnter Gott naher Mensch sollten ihn darauf aufmerksam machen und Wege ins Licht zeigen. Wichtig ist, dass wir die Menschen, die auf unseren Weg geschickt sind, und die mit ihnen verbundenen Zeichen wahrnehmen, interpretieren und uns entsprechend danach ausrichten. (28)

13 Mit Recht fragst du, wie du mit den vielen Ablenkungen umgehen sollst, die uns immer wieder – und selbst beim Beten – überfallen. An erster Stelle muss deine Bereitschaft stehen, den Willen Gottes zu erkennen und zu erfüllen. Spüre deine innere Sehnsucht besser zu werden und folge ihr. Berge eine liebende Anrufung Gottes in deinem Herzen und wiederhole sie innerlich des Öfteren – sowohl wenn du dich zum Gebet zurückziehst als auch dann, wenn sich dunkle Kräfte deiner bemächtigen wollen. (30)

Ich suche dich von ganzem Herzen.
Lass mich nicht abirren von deinen Geboten!
Ich berge deinen Spruch im Herzen,
damit ich gegen dich nicht sündige.

Psalm 119,10–11

14 Mit höchstmöglichem Einsatz den Menschen zu gefallen – anstatt darum bemüht zu sein, im Atem Gottes zu pulsieren – ist eine weitere Eigenart, die uns von unserem eigentlichen Wesen trennt. Wir sind dazu berufen, in der Gegenwart Gottes zu leben und sowohl in dieser Welt als auch in kommenden Welten von ihm Weisung und Leben zu erhalten. Sollten wir uns da nicht dem Höchsten zuerst zuwenden? Was tun wir dem Schöpfer an, wenn wir uns in seiner Gegenwart als erstes nicht ihm, sondern einem seiner Geschöpfe zuwenden? (34)

15 Die Routine des Alltags verursacht allzu leicht eine Trägheit im Glauben und lässt kaum Aufbrüche in tiefere Erfahrungen zu. Eine gewisse Oberflächlichkeit und damit verbunden eine eher horizontale Ausbreitung unserer Interessen verhindern geistige Reife und geistliche Erfüllung. Haben wir vergessen, dass Gottes Ebenbild in unserer Seele belichtet werden möchte? Ist es uns bewusst, dass wir nicht der Dunkelheit angehören, sondern dem Licht? Warum machen wir so wenig von den Angeboten des Schöpfers Gebrauch, seine liebende, heilende und beglückende Nähe zu erfahren? (37)

16 Es gibt Menschen, die an allem, was ihnen begegnet, etwas auszusetzen haben und ständig unzufrieden sind. Damit entziehen sie sich nicht nur der familiären

Gemeinschaft, sondern auch dem liebenden Entgegenkommen des Schöpfers. Sie beklagen sich über mangelnde Liebe, doch sind sie selbst nicht bereit, den ersten Schritt zu tun, ihre Vorurteile und Erwartungen aufzugeben, um die in jedem Geschöpf und im Schöpfer ruhende Liebesenergie wahrzunehmen und zu empfangen.

Du kannst dich täglich darin üben, deinen Blick auf das Gute in allem zu lenken, zu vertrauen und das viele Bedenken aufzugeben. Wurdest du von Menschen enttäuscht oder gar verletzt, beginne dich auf Jesus Christus zu verlassen und alles in deinem Leben wird neu. (39)

17 Durch, mit und in ihm erhältst du nicht nur neue und tiefere Einsichten, sondern auch die Fähigkeit und Freude, Erkanntes in die Tat umzusetzen. Handlungen, die vielleicht bisher deine inneren Verhärtungen und dein Stolz nicht zuließen, werden jetzt zu einer Notwendigkeit, um den begonnenen geistlichen Weg fortsetzen zu können. (40)

Wenn du deine Opfergabe zum Altar bringst und dir dabei einfällt, dass dein Bruder etwas gegen dich hat, so lass deine Gabe dort vor dem Altar liegen; geh und versöhne dich zuerst mit deinem Bruder, dann komm und opfere deine Gabe.

Matthäus 5,23–24

18 Mit Christus auf dem Weg sein bedeutet auch: immer wieder zu ihm zu beten. Du brauchst nicht viele Worte zu machen, denn er weiß um dich. Öffne dich ihm im einfachen, sich wiederholenden Gebet und sei allen im Himmel und auf Erden dankbar, die dich auf diesem Weg unterstützen und begleiten. (43)

19 Du kannst nur deinen Nächsten lieben und etwas Gutes für ihn tun, wenn du Ja zu dir selbst sagst und Möglichkeiten findest, aus der Quelle in dir Kraft zu schöpfen. Dabei brauchst du nicht zu befürchten, mehr an dich selbst als an die anderen zu denken. Doch wisse: Du kannst nur abgeben und für andere da sein, wenn du zuvor etwas in Fülle empfangen hast. Das Überströmende gibt dir von selbst den Auftrag, aus dir herauszugehen und weiterzuschenken. (48)

20 Hüte dich aber davor, anderen zu gefallen und dich als „Wohltäter" zu fühlen. Umsonst hast du die liebende Zuwendung Gottes und seine Gnade empfangen und ohne Eigennutz solltest du sie auch weitergeben. Weißt du, welche Täler du noch durchschreiten musst, um neue Höhen zu erfahren? Wie dankbar wirst du auf diesem Weg für alles Gute sein, was dir entgegengebracht wird! (52)

21 Bist du damit beschäftigt, deine sexuellen Kräfte zu kultivieren, um sie sinn- und liebevoll im Schöpfungsganzen einzusetzen, solltest du den Umgang mit den Menschen meiden, die sich selbst ständig sexuell verausgaben und dich für ihre Vorhaben besitzen möchten. Lass dich weder von ihnen in ihren Bann ziehen noch erhebe dich über sie. Wenn du dich selbst gefunden hast, wirst du auch anderen helfen, sich selbst zu finden. (53)

22 Viele Menschen, die meinen, sich auf einem geistlichen Weg zu befinden, kreisen allzu oft nur um sich selbst. Frage dich von Zeit zu Zeit, warum du dieses oder jenes tust. Geht es dir dabei vornehmlich um dich selbst oder bist du bereit, in bestimmten Lebenssituationen oder im Gebet der Ruhe dich zu lassen? Neben allem für dich Notwendigen solltest du niemals den Blick auf deinen Nächsten verlieren. Deine innere Ruhe wird dann keinen Bestand haben, wenn du sie aufgrund egoistischer Ziele gewonnen hast, ohne die Belange der anderen zu berücksichtigen. (54)

23 Oft es ist gerade Männern nicht möglich – selbst wenn sie inzwischen anderer Meinung sind –, ihre zuerst gefasste Meinung nach außen aufzugeben. Verhärtungen und unehrliches Verhalten sind die Folge, sodass sie die eigentliche Wahrheit, die als Botschaft aus dem Inneren kommt, nicht mehr wahrnehmen können.

Häufig beschließt du voreilig etwas und bist nicht gewillt, es bei tieferer Erkenntnis rückgängig zu machen.

Wie schwer muss es Petrus gefallen sein umzudenken, nachdem er dem Herrn gesagt hatte, niemals solle ihm dieser die Füße waschen. Als Petrus jedoch erfuhr, dass er dann keinen Anteil am Herrn habe, dachte er um und lenkte ein. (60)

24 Wie du Luft einatmest und wieder ausatmest, um zu leben, so muss auch deine Seele, nachdem sie empfangen hat, Empfangenes wieder loslassen, abgeben und weiterschenken, um zu leben und ewiges Leben in sich wachsen zu lassen. Du wirst körperlich und seelisch krank, wenn du dich weigerst, dir Zugedachtes anzunehmen. Ebenso wirst du krank, wenn du für dich behältst, was du weiterschenken solltest. Denke daran, dass du im Annehmen und Abgeben am besten den Willen Gottes erfüllen kannst. (62)

25 Du hast ganz bestimmte Gaben vom Schöpfer erhalten, die es zu entdecken und in die Schöpfung einzubringen gilt. Wichtig ist, die zur Aufgabe gewordene Gabe in dieser Welt von innen her zu erkennen und – auch gegen alle Schwierigkeiten – Wege zu suchen, sie heilbringend auszuführen. Wenn du die Gnade wirken lässt und zusätzlich an dir arbeitest, wirst du ein sinnerfülltes Leben erfahren und zusätzlich in eine größere Freiheit hineinwachsen. (65)

26 Lehnt jedoch ein Mensch jegliche Auseinandersetzung ab und ist aus Angst unfähig, Entscheidungen zu treffen, sollte er unbedingt eine geistliche Begleitung suchen. Wahrscheinlich ist Weichlichkeit zum Zustand seiner Seele geworden, sodass sie weder Schmerz noch Kampf ertragen und daran reifen kann. (67)

27 Unsere Seele muss – wie unsere gesamte Persönlichkeit – im Laufe des Lebens einen Reifeprozess durchmachen. Auseinandersetzungen, Entscheidungen und manchmal auch Kämpfe sind unvermeidbar, wenn sich das, was wir eigentlich und vor Gott sind, durchsetzen will.

Selbst bei all deinen guten Absichten kannst du dich in heimlich gelegten Schlingen verfangen, in ein vom Bösen gespanntes Netz oder in Fallen geraten, die an deinem Wegrand aufgestellt sind. Lass dich durch nichts deprimieren: Stehe auf, wenn du gefallen bist, und setze deinen Weg fort – mit der Bereitschaft, eventuell auch zu kämpfen. (68)

Und wer an einem Wettkampf teilnimmt,
erhält den Siegeskranz nur,
wenn er nach den Regeln kämpft.

2. Brief an Timotheus 2,5

28 Versuche durch dein äußeres Verhalten nicht übermäßig aufzufallen oder gar Ärgernis zu geben.

Möchtest du in dieser Hinsicht dein Leben korrigieren, wird dir dies leicht fallen, wenn du dir vornimmst, alles was du tust, sprichst, denkst und fühlst, möge zur Ehre Gottes gereichen. Oft wird es dir in Eile und in Ausnahmefällen nicht bewusst sein.

Wenn jedoch dein Tun sinnerfüllt und hilfreich für andere ist, brauchst du dir keine weitere Gedanken zu machen. (72)

Ob ihr also esst oder trinkt oder etwas anderes tut: Tut alles zur Verherrlichung Gottes!

1. Brief an die Korinther 10,31

29 Führe nicht Fehlentscheidungen oder gar Sünden, die du begehst, einzig und allein auf das Eingreifen widergöttlicher Kräfte zurück. Sie sind niemals Urheber einer Sünde, bedienen sich jedoch innewohnender natürlicher Regungen, um dich zu verleiten. Es liegt an dir, ob du ihnen zustimmst oder absagst.

Als Jesus sich vor seinem öffentlichen Auftreten in die Wüste zurückgezogen hatte, um durch Fasten geistige Kraft zu gewinnen, trat über das natürliche Bedürfnis zu essen der Versucher an ihn heran. Aus Hunger sollte Jesus seine Macht missbrauchen und aus Steinen Brot machen.

Wer allerdings Negativität und Böses in sich angesammelt hat, muss damit rechnen, dass sie beizeiten in ihm lebendig werden und nach einem entsprechenden Ausdruck verlangen. Versuche diese dunklen Kräfte in dir zu kultivieren, sodass sie keinen Schaden anrichten. (75)

Ich aber hatte dich als Edelrebe gepflanzt, als gutes, edles Gewächs. Wie hast du dich gewandelt zum Wildling, zum entarteten Weinstock!

Jeremia 2,21

30 Erhebe dich niemals über andere. Denke und sage nichts Schlechtes über sie, selbst wenn du einen Grund dazu hättest. Zum einen ziehst du die dunklen Kräfte an, sodass sie sich bei dir selbst einlagern, und zum anderen vermehrst du sie bei dem, über den du schlecht redest. Übe dich in Barmherzigkeit und sieh das Gute an ihm, um es zu vermehren. Nur so kannst du gewiss sein, dass er Heilung erfährt. (79)

31 Wie kommt es, dass es so viel Grauzonen, Mittelmäßigkeit und Dumpfheit gibt und Hervorragendes so selten ist? Ein Grund dafür wird sein, dass viele Seelen in Gefühllosigkeit dahinschlummern – wie es David in manchen Psalmen treffend zum Ausdruck bringt. Einer wachen und lichten Seele dagegen fehlt es nie an Aufmerksamkeit, Empfangsbereitschaft und der Freude, Empfangenes in die Tat umzusetzen. Das Auge der Seele wird sich niemals sattsehen können, die Wunder des Schöpfers zu betrachten.

Fehlen der Seele jedoch der Aufschwung und ein guter Gedanke, fehlt ihr offenbar die Erleuchtung. Einer solchen Seele kann nichts einleuchten – nicht etwa, weil das Licht fehlt, sondern weil das schläft, was erleuchtet werden soll. (80)

32 Wenn du gibst – sei es etwas Materielles, deine Zeit, dein Entgegenkommen oder deine Liebe – achte nicht auf das, was du eventuell dafür wiederbekommst. Gib um der Liebe willen, und alles andere wird sich zu der Zeit einstellen, die für dich die rechte ist. Denke auch daran, dass die Kräfte der Liebe und das, was durch sie freigesetzt wird, Raum und Zeit entgrenzen. So wird selbstverständlich auch unser Sein in der kommenden Welt durch Verhaltensweisen in dieser Welt gespeist. Das Gebet der Hingabe lehrt dich, enges Denken, Erwartungen und Berechnungen abzulegen.

Jesus bricht das engstirnige Denken des Petrus auf, nachdem dieser gefragt hatte, was er dafür bekäme, da er doch alles verlassen habe. Die Existenz des ewigen Lebens, von der Jesus spricht, war seinen Jüngern noch zu wenig bewusst. (89)

33 Es steht nicht im Schöpfungsplan Gottes, materielle Güter oder gar die eigenen sexuellen Kräfte als verwerflich anzusehen und sie zu fliehen, sondern sie recht zu gebrauchen. Verwerflich dagegen ist, Güter und

Lebenskräfte verkehrt einzusetzen, sodass sie zerstören oder gar seelischen Schaden anrichten.

Durch verantwortungsvollen Umgang mit Grenzsituationen und durch Hingabe im Gebet wirst du aus deinem Inneren Lösungsmöglichkeiten und Antworten auf viele ungelöste Probleme und Fragen erhalten. (92)

Denn alles, was Gott geschaffen hat, ist gut, und nichts ist verwerflich, wenn es mit Dank genossen wird; es wird geheiligt durch Gottes Wort und durch das Gebet.

1. Brief an Timotheus 4,4–5

34 Handle immer mit Überlegung. Bist du dir jedoch nicht sicher, wie du handeln sollst, dann warte mit der Ausführung. Frage einen Menschen, der um dich weiß und es gut mit dir meint, um seinen Rat. Zusätzlich ziehe dich zum Gebet zurück und lass dir Zeit. Vor allem: Handle erst dann, wenn dir die Zusammenhänge klar sind, du die Konsequenzen deines Handelns einsiehst und dein Tun für dich und andere zum Segen wird. (104)

35 Was soll jemand tun, der in sich eine Stimme zum geistlichen Aufbruch hört, ihr jedoch äußerer Verpflichtungen wegen nicht folgen kann?

Es kommt immer darauf an, um welche Verpflichtungen es sich handelt. Vieles Äußere kann man auf-

oder ablösen. Sind es aber Verpflichtungen Menschen gegenüber, so sind sie vorrangig zu behandeln.

Es gibt Wege – und vornehmlich durch das Gebet der Ruhe –, die es erlauben, beides zu verwirklichen: dem notwendigen Engagement nicht untreu zu werden und gleichzeitig damit zu beginnen, geistlicher zu werden. (107)

36 Dein Lebens- und Glaubensweg kann und wird nicht immer einfach sein. Oftmals bleibt es dir nicht erspart, dich Auseinandersetzungen zu stellen und einen eindeutigen Standpunkt zu beziehen. Du hast verschiedene Möglichkeiten und Mittel vom Schöpfer bekommen, die es in seinem Sinne einzusetzen gilt. Es gibt Zeiten, in denen ein demütiges Verhalten angesagt ist – und wiederum kommen Situationen, in denen du aus dir herausgehen musst, um dich zu behaupten. Du hast dich dem Leben und seinen Herausforderungen zu stellen, ohne vor dieser oder jener Verhaltensweise zu fliehen, die dir vielleicht unangenehm ist. Du wirst weder über das Ziel hinausgehen noch untätig in der Zurückgezogenheit verharren, wenn du eine ständige Verbindung mit dem Schöpfer pflegst. (113)

37 Oft ist es nicht immer leicht, klare Entscheidungen zu treffen oder eine eindeutige Position zu jemandem zu beziehen, der in unser Leben eingreift. Bei familiären Beziehungen und auch dann, wenn Menschen abhängig von uns sind oder wir von ihnen, können große Gewissenskonflikte auftreten. Da wir erlösungsbedürftig sind und bleiben, dürfen wir nicht immer sofort eine Lösung erwarten oder gar erzwingen. Positionen anderer Menschen wie auch deine eigenen brauchen Zeit zur Reifung. Übst du in manchen Situationen etwas mehr Geduld und würdest die Wartezeit sinnvoll verbringen, käme dir das Schicksal wohlwollend entgegen, ohne dass du dich überanstrengen oder kämpfen müsstest. (114)

Die Waffen, die wir bei unserem Feldzug einsetzen, sind nicht irdisch, aber sie haben durch Gott die Macht, Festungen zu schleifen; mit ihnen reissen wir alle hohen Gedankengebäude nieder, die sich gegen die Erkenntnis Gottes auftürmen.

2. Brief an die Korinther 10,4–5a

38 Viele Menschen sind recht unzufrieden mit und in ihrem Beruf. Chancen, aus- und umzusteigen, sind verpasst. Sie müssten eigentlich weitermachen, um ihre materielle Existenzgrundlage nicht zu verlieren. So träumen auch viele, die einen handwerklichen Beruf ausüben, von kaufmännischen, sozialen oder gar künstlerischen Aufgaben. Sollte man in der Grauzone des Alltags in seinem Beruf durchhalten oder umschulen, um sich eventuell seinen Wunsch zu erfüllen?

Die Aufgaben, die den Menschen in dieser Welt zugewiesen werden, sind individuell verschieden und können nur bedingt durch äußere Umstände und Meinungen mitentschieden werden. Wenn jedoch der innere Wunsch, etwas Bestimmtes zu tun, sehr stark und die Begabung vorhanden ist, sollte man sich unter allen Umständen auf den Weg machen. Wichtig bei jedem – nicht immer einfachen – Aufbruch ist es, sich durch ein oft sich wiederholendes Gebet der Führung des Heiligen Geistes bewusst zu werden.

39 Bei aller Selbstverwirklichung, die einen Teil deines Lebens ausmachen sollte, vergiss die Belange der dir am nächsten stehenden Menschen nicht. Hüte dich vor Selbstgefälligkeit und bringe dich so in das große Gefüge der Schöpfung ein, dass du ein Leben im Einklang mit den guten Kräften und Aufgaben führst, die in dir sind, die dich begleiten und die auf dich warten. (118)

JEDER VON UNS SOLL RÜCKSICHT AUF DEN NÄCHSTEN NEHMEN, UM GUTES ZU TUN UND DIE GEMEINDE AUFZUBAUEN. DENN AUCH CHRISTUS HAT NICHT FÜR SICH SELBST GELEBT.

BRIEF AN DIE RÖMER 15,2–3A

40 Wer sich selbst gegenüber aufrichtig ist, seine Liebe zum Nächsten und damit auch zum Schöpfer im rechten Licht sieht, wird ehrlicherweise feststellen, dass er mit dem Gegenwärtigen nicht zufrieden ist. Er sehnt sich nach einer größeren und bleibenden Liebe, die ihn auch in schweren Krisenzeiten trägt. Der Mangel und die damit verbundene Unzufriedenheit bilden eine gesunde Unruhe, die dazu verhelfen sollte, nicht zu resignieren, sondern auf dem begonnenen Weg weiterzugehen und Fortschritte zu machen. (121)

Ich bilde mir nicht ein, dass ich es schon ergriffen hätte. Eines aber tue ich:
Ich vergesse, was hinter mir liegt, und strecke mich nach dem aus, was vor mir ist.
Brief an die Philipper 3,13

41 Es gibt viele Menschen – vornehmlich Kinder, in der Hauptsache junge Mädchen –, die, wenn sie ihren Willen nicht durchsetzen können oder Erwartetes sich nicht erfüllt, in den Hungerstreik treten. Wie kann jemandem, der sich den Lebenskräften versagt, geholfen werden? Jegliche Abtötung ist zu verwerfen, da sie vom Schöpfer nicht gewollt ist und über einen längeren Zeitraum auch nicht zugelassen wird. Die Kunst, einem Menschen zu helfen, der selbst Hand an sich legt, besteht darin, in ihm ein Verantwortungs- und Gottesbewusstsein zu entwickeln. (122)

42 Wie traurig ist es, wenn Menschen andere Menschen ablehnen. Sie grüßen nicht und denken und reden oft Schlechtes über sie. Wir müssen es lernen, mit Unterschieden umzugehen, Verschiedenheiten anzunehmen und das Beste aus unvermeidbaren Begegnungen zu machen. Nicht alle können und dürfen Gleichgesinnte sein. Nicht selten sind es gerade die Andersgesinnten, durch die wir am meisten lernen können, wenn wir Vorurteile abbauen und uns ihnen öffnen. (124)

Wenn ihr nämlich nur die liebt, die euch lieben,
welchen Lohn könnt ihr dafür erwarten?
Und wenn ihr nur eure Brüder grüsst,
was tut ihr damit Besonderes?
Matthäus 5,46a.47a

43 Wenn jemand erkannt hat, wozu er berufen ist, und diesen Beruf bereits ausführt, sollte er unter allen Umständen dabei bleiben – selbst wenn er Krisenzeiten und Schweres ertragen muss. Wechselt er, um ein „besseres“ Leben zu führen, wird er es so lange nicht finden, bis er zurückkehrt. Wie viel Suchende gibt es, die niemals zur Ruhe kommen und ihr Leben lang unterwegs sind, um das – wie sie glauben – jeweils Bessere zu finden. (125)

Aufgrund der Gnade, die mir gegeben ist, sage
ich einem jeden von euch: Strebt nicht über das
hinaus, was euch zukommt, sondern strebt

danach, besonnen zu sein, jeder nach dem Mass des Glaubens, das Gott ihm zugeteilt hat.

Brief an die Römer 12,3

44 Wie überwindet jemand die Lust an wohlschmeckenden Speisen, wenn er Gefahr läuft, krank zu werden, weil er ständig zu viel isst?

Neben den guten Absichten, zu entsagen, neben der Bitte im Gebet um Erhörung gibt es eine vortreffliche Übung, die von den Alten überliefert wurde.

Geh, wenn du dich zu Tisch gesetzt hast, einige Minuten in dich. Schließe die Augen und spüre die Stille in dir und deine körperliche und geistige Mitte. Nimm deinen Mund-, Schlund- und Rachenraum wahr. Sei ganz präsent in deinem Kehlkopf. Verharre einige Zeit in diesem Körperbereich – fühle ihn, ohne an etwas zu denken oder etwas Bestimmtes zu wollen. Dann öffne wieder die Augen und wende dich nach einem Tischgebet deinen Speisen zu. (126)

45 Vor Übereifer, Fanatismus und extremer Enthaltsamkeit sei gewarnt. Alles, was du übertreibst, führt nicht zum Guten. Finde deine individuelle Gangart und spüre, was du dir zumuten darfst und was nicht. Äußere Einflüsse oder Empfehlungen können zwar gute Anleitungen sein, doch entscheiden musst du dich aus dir selbst heraus. Nimm zum Maßstab, dass nichts dir schaden, sondern alles dich auf deinem geistlichen Weg unterstützen soll. Der Schöpfer meint es unendlich gut mit dir. Solltest du ihm da aus Ehrgeiz oder durch extreme Verhaltensweisen eine Absage erteilen? (128)

Menschliche Satzungen und Lehren sind es. Man sagt zwar, in ihnen liege Weisheit, es sei ein besonderer Kult, ein Zeichen von Demut, seinen Körper zu kasteien. Doch es bringt keine Ehre ein, sondern befriedigt nur die irdische Eitelkeit.
Brief an die Kolosser 2,22b–23

46 Von Zeit zu Zeit zu fasten ist etwas sehr Heilsames. Besonders in der Apostelgeschichte wird oftmals das Feiern des Gottesdienstes mit einem vorhergehenden Fasten in Verbindung gebracht, um die Kraft und das Wort des Heiligen Geistes besser wahrnehmen zu können. Auch David spricht in seinen Psalmen von der Notwendigkeit des Fastens, um den Willen Gottes eindeutiger zu verstehen.

Spüre in dich hinein, was du dir und deinem Körper zumuten darfst. Hüte dich jedoch vor Übertreibung und erzwinge nichts. Denke auch an das veräußerlichte „Fasten und Beten“, das Jesus anprangert. (129)

47 Wenn du fastest, solltest du es aus innerer Überzeugung und bereitwillig tun. Suche dir Methoden, die deiner Natur am besten entsprechen. Achte darauf, in welchen Bereichen du besonders anfällig bist und Schwachstellen hast. Wenn du da Enthaltsamkeit übst, wo du leicht verführbar bist und dich verausgabst, wird das Fasten zur Stärkung deiner Persönlichkeit beitragen. (130)

48 Verfalle nicht in den Fehler, in der Entsagung mehr tun zu wollen, um schnellere Fortschritte zu machen. Hältst du die dir gemäße Gangart nicht ein, wirst du Rückschläge erfahren, die dir unter Umständen sehr wehtun. Frage dich, inwieweit dunkle Kräfte mit im Spiel sind, die dich besser sein lassen wollen als andere. Sei nicht so vermessen, dich über sie zu stellen. Bleibe eher bescheiden und lege den Maßstab an, den Gott dir zugeteilt hat. Erkenne vielmehr dein Maß und nimm dich davor in Acht, es zu überschreiten. Gewinne jedoch Stärke, indem du immer wieder im Gebet des Schweigens den Quell und Urgrund allen Seins berührst. (138)

Wir müssen als die Starken die Schwäche derer tragen, die schwach sind, und dürfen nicht für uns selbst leben. Jeder von uns soll Rücksicht auf den Nächsten nehmen. Denn auch Christus hat nicht für sich selbst gelebt.

Brief an die Römer 15,1–2a.3a

49 Schmeckt dir etwas besonders gut und findest du Gefallen an Dingen, die du dann übermäßig beanspruchst, sei dir bewusst, dass dies zu einer Gefahr für dich werden kann. Viele werden, wenn sie nicht lernen, ihre Unmäßigkeit zu beherrschen, zunächst körperlich und später auch seelisch krank. Der Weg zurück über Einsicht und Enthaltsamkeit ist oft nicht leicht.

Lebt jemand in deiner Nähe, der sich durch Unmäßigkeit geschadet hat, so verachte ihn nicht, sondern lass ihm deine Hilfe zukommen. Wendest du dich ihm zu, sei umsichtig und vorsichtig, denn es geht nicht nur um die Gesundung des Körpers, sondern auch um die Heilung der Seele. Die Seele und damit auch der religiöse Aspekt dürfen unter keinen Umständen vernachlässigt werden, sonst besteht die große Gefahr, dass der Mensch trotz körperlicher Heilung schnell wieder in seine Unmäßigkeit zurückfällt. (140)

50 Dein Beten sollte täglich und regelmäßig erfolgen. Du darfst sicher sein: Zur gleichen Zeit, in der du dich zurückziehst in die Stille oder zum gemeinsamen Gebet, tun viele Menschen auf der ganzen Welt das Gleiche. Sie bilden eine große betende Gemeinschaft mit dir. Du wirst zu einem tragenden Glied einer weltumspannenden Kette von Gläubigen, die durch ihr Beten dem Bösen eine Absage erteilen und der menschlichen und göttlichen Liebe Raum geben. Verschließe dich nicht deiner Aufgabe, die Erde wieder mit dem Himmel zu verbinden. Göttliche Kräfte werden auf deiner Seite sein, um dich mit ihrem Wesen zu erfüllen. (147)

51 Das Maß der Stimme wird durch das Bedürfnis der Zuhörer bestimmt. Wenn Menschen dir zuhören möchten, sprich nicht zu leise, damit sie dich und dein Anliegen gut verstehen können. Schau in ihre Gesichter und du spürst, wann du aufhören solltest. Sprich aber nicht lauter als notwendig, und versuche nicht, mit aller Gewalt zu überzeugen. Sollte jemand während deines Sprechens schläfrig werden, dann bemühe dich nicht, ihn wach zu halten. Denke jedoch immer daran, dich in allem, was du sagst, kurz zu fassen und gleichzeitig andere mit deiner Glaubenserfahrung zu begeistern. (151)

Jede Art von Bitterkeit, Wut, Zorn,
Geschrei und Lästerung und alles Böse
verbannt aus eurer Mitte!

Brief an die Epheser 4,31

52 Pflege deine Kleidung und betrachte sie als ein dir anvertrautes Gut. Behandle vor allem Kleidungsstücke aus Wolle sehr sorgsam wie auch alles, was dir die Natur in ihrem Überfluss spendet. Dir anvertraute Güter möchten letztlich auf den Spender alles Guten verweisen. (153)

53 Besuchst du jemanden im Krankenhaus und weißt um seinen bedrohlichen Zustand, so dränge dich ihm nicht mit religiösen Worten auf, sondern lass ihn reden wie er reden möchte. Wenn dir sein Sprechen nicht gefällt, so segne ihn oftmals in deinem Inneren. Versuche sanft, das Gespräch auf Wesentliches und Zukünftiges zu lenken und beantworte ihm seine Fragen klar und liebevoll. (154)

54 Bekleidest du eine verantwortungsvolle Position, so reiße nicht alle Verantwortung an dich, um nicht als unersetzlich dazustehen. Viele kosten diese Situation aus, genießen sie und benutzen sie für ein falsches Selbstbewusstsein. Weise jemanden rechtzeitig in dein Amt ein, lass ihn teilhaben an deinem Können und Verantwortung mittragen. Er lernt von dir und du läufst nicht Gefahr, selbstherrlich zu werden. Könntest du es verantworten, wenn nach deinem plötzlichen Ausscheiden einem Unfähigen dein Amt übertragen würde? (156)

55 All die gegebenen Empfehlungen wirst du umso bejahender und freudiger verwirklichen, wenn du in deinem Gebet und in deinem Tun die Hingabe an Gott übst. Du lässt es damit zu, dass er eine lebendige Beziehung zu dir aufbauen kann und du zu ihm. Sei dir darüber hinaus der Fähigkeiten und Güter dankbar bewusst, die er dir verliehen hat. Es ist deiner Seele eingeprägt, Gott mit ganzem Herzen und ganzer Seele zu lieben, mit all deinen Gedanken und all deiner Kraft. (157)

Wie der Hirsch lechzt nach frischem Wasser, so lechzt meine Seele, Gott, nach dir.

Psalm 42,2

56 Oft ist Heilung von einer körperlichen oder seelischen Krankheit nur durch eine bittere Medizin möglich. Wenn der Arzt sie dir verschrieben und im übertragenen Sinne der Heiland für deine Seele verordnet hat, solltest du ohne zu zögern und voll Vertrauen durch das notwendige Mittel deinen Heilungsprozess beschleunigen. Körper, Geist und Seele haben das Verlangen, gesund zu sein. Diese innewohnenden Kräfte kannst du in dir entdecken und darüber hinaus zu deiner Heilung einsetzen. (159)

Der Gerechte mag mich schlagen aus Güte: Wenn er mich bessert, ist es Salböl für mein Haupt.

Psalm 141,5a

57 Zu einer großen Liebe und Nächstenliebe reifst du, wenn du vermeidest, über andere schlecht zu denken und zu reden – vorausgesetzt, du übst das Gebet der Hingabe regelmäßig. Dein Auftrag ist das ewige Leben. Wie kannst du da noch für dich das Risiko eingehen, andere Menschen und dich selbst von diesem Ziel zu entfernen? Der Herr wird dir im tiefen Gebet und durch dein liebevolles Tun dein Herz weiten, sodass immer mehr Menschen und einmal die gesamte Schöpfung

Platz darin finden. Es schenkt sich dir die Fähigkeit, schneller zu vergeben und zu verzeihen – ohne das Unrecht, das man dir angetan hat, nachzutragen. Du erfährst, welch wandelnde Kraft die Liebe hat, die von dir ausgeht. (163)

Ein neues Gebot gebe ich euch: Liebt einander!
Wie ich euch geliebt habe,
so sollt auch ihr einander lieben.
Johannes 13,34

58 Sei vorsichtig mit deinen Urteilen, damit sie nicht zu Vorurteilen werden, die bei anderen und bei dir selbst Leiden verursachen. Urteile können aufbauend oder zerstörend sein. Halte dich mit spontanen Äußerungen zurück und prüfe dein Wort, bevor du es ausprichst. Versuche auf jeden Fall Dunkles – noch bevor es offenbar wird – durch dein Urteil nicht zu vermehren, sondern durch Aussendung von Licht zu erhellen. Wenn dagegen alles offenbar geworden und nichts mehr zu verändern ist, solltest du eine klare Position beziehen. (164)

Richtet also nicht vor der Zeit;
wartet, bis der Herr kommt, der das im Dunkeln
Verborgene ans Licht bringen und
die Absichten der Herzen aufdecken wird.
1. Brief an die Korinther 4,5a

59 Wenn eine Mutter ihr hungriges Kind zum Essen ruft, wird es sofort kommen. Wird nicht in gleicher Weise auch unsere hungrige Seele von Gott angesprochen, der ihre Sehnsucht stillen und sie mit ewigem Leben sättigen möchte? Damit du nicht die leise Sprache deiner Seele überhörst – viele Gedanken und Aktivitäten lassen das oft nicht zu –, solltest du dich täglich für eine kurze Zeit ins Schweigen zurückziehen. Der Schöpfer ist von Sehnsucht erfüllt, seinem Geschöpf zu begegnen. Lässt du die Stille zu oder zwingt dich ein Schicksalsschlag zum Schweigen, spürst du auch in dir eine geheime Sehnsucht, Gott zu begegnen. Nur aus dieser Quelle gewinnst du neue Lebenskräfte, deren Ziel die Ewigkeit ist. (166)

Und ich weiss, dass sein Auftrag ewiges Leben ist.
Was ich also sage, sage ich so,
wie es mir der Vater gesagt hat.

Johannes 12,50

60 Wer auch immer in der Welt diesen Weg erkannt hat und geht, wird Gottes liebende Zuwendung erfahren und sowohl in seinem inneren als auch in seinem äußeren Leben erfolgreich sein. Täglich neu geht es darum, den Willen des Herrn in Weisheit und Einsicht wahrzunehmen. Dazu bedarf es vor allem der Geduld und der Ausdauer.

Gott, der uns der Macht der Finsternis entrissen hat, gewährt uns Anteil an seinem Licht. In seiner ganzen Fülle möchte er in uns wohnen, um durch uns und mit uns alles im Himmel und auf Erden zu versöhnen. (167)

61 Sicherlich hast du schon erlebt, dass Menschen bevorzugt werden und du leer ausgehst. Wie war oder ist dir in einem solchen Fall zumute? Kannst du dem anderen sein Glück zugestehen oder wendest du dich missmutig oder gar neidisch ab? Im Gleichnis von den Arbeitern im Weinberg gibt der Gutsbesitzer dem, der nur eine Stunde gearbeitet hat, gleich viel an Lohn wie denen, die den ganzen Tag über die Last der Arbeit und die Hitze auf sich genommen haben. (171)

Darf ich mit dem, was mir gehört, nicht tun,
was ich will? Oder bist du neidisch,
weil ich zu anderen gütig bin?
Matthäus 20,15

62 Durch die Hinwendung zum Schöpfer, die du in deinem persönlichen Gebet und in deinem täglichen Leben übst, werden dir nach und nach tiefere Einsichten geschenkt. Du lernst dich selbst und andere besser kennen und wertschätzen. Dein Herz weitet sich, Ungeordnetes findet seine Ordnung und vieles, was du bisher nicht verstanden hast, wird einsehbar.

Eine wichtige Voraussetzung für diesen Reifungsprozess besteht darin, immer wieder die Stille zu suchen und das Schweigen zu pflegen. Gewähre jedoch auch anderen ihren individuellen geistlichen Weg, respektiere ihn und dränge dich nicht auf. (173)

63 Warum geht von manchen Menschen eine bleibende Lebensfreude aus, eine Bereitschaft, auch zu Unveränderlichem Ja zu sagen, und die Kraft, anderen zu helfen?

Zum einen gibt es Menschen, die von Natur aus über diese guten Eigenschaften verfügen – oft sind sie jedoch nicht gleichbleibend stark. Bei anderen ist diese Lebenskraft ein durch das Gebet gewonnenes Geschenk. Derjenige, der sich immer wieder schweigend in Gott versenkt, sieht nicht nur die Notwendigkeit eines solchen Tuns, sondern erfährt einen reichen Zuwachs Leben unterstützender Kräfte. Die Seele hat sich daran gewöhnt, in die der Schöpfung zu Grunde liegende Ruhe einzutauchen und verlangt täglich neu danach. Nicht nur in Folge der guten Erfahrungen sollte ihr dies gewährt werden, sondern auch, weil sie in einer größeren Nähe Gottes ausruhen kann, Heilung erfährt und ihre Sehnsucht erfüllt wird.

Der Anziehungskraft des Herrn zu folgen entspricht seiner Weisung. Sie ist vollkommen und erfreut das Herz, sie erleuchtet die Augen und macht selbst den Unwissenden weise. (174)

64 Die Liebe hat zwei besondere Eigenschaften: Sie beunruhigt sich und leidet mit, wenn dem geliebten Menschen geschadet wird. Andererseits freut sie sich über sein Wohlergehen und ist darum bemüht, dass es ihm noch besser gehen möge. (175)

Wenn darum ein Glied leidet,
leiden alle Glieder mit; wenn ein Glied geehrt
wird, freuen sich alle anderen mit ihm.
Ihr aber seid der Leib Christi
und jeder Einzelne ist ein Glied an ihm.

1. Brief an die Korinther 12,26–27

65 Wenn du selbst stark bist, fällt es dir oft nicht leicht, die Schwächen anderer zu ertragen. Kann jedoch nicht das Wort „ertragen" auch „heilen" und damit „aufheben" bedeuten? Sieh deinen Auftrag darin, die Unzulänglichkeiten, die Schwächen und vielleicht sogar die Schmerzen anderer liebevoll anzunehmen und zu versuchen, sie zu wandeln. In der Nachfolge Jesu Christi und mit ihm zusammen wird es dir leichter fallen, denn er hat unsere Krankheit getragen und unsere Schmerzen auf sich geladen. Dies geschah nicht, indem er die Krankheit wirklich auf sich nahm, sondern dadurch, dass er sie heilte.

Tue den ersten Schritt und nimm den anderen Menschen in seinem So-sein an, damit durch dich im Geiste Jesu Christi Wandlung geschehen kann. (177)

66 Vielleicht verstehst du aus dieser Position das Wort Jesu noch eindeutiger, dass einer die Last des anderen tragen solle. Es gibt viele Menschen, die eine schwere Last tragen. Oft wissen wir nicht, ob sie sie selbst verschuldet und auf sich geladen haben oder aus anderen, noch nicht einsehbaren Gründen eine solche Schwere auf sich nehmen müssen. Wenn wir uns annehmen und bejahen, besteht die Möglichkeit, uns gegenseitig zu entlasten. Unter vier Augen geschieht durch Wort und Tat viel Heilsames, denn in einem persönlichen und wahrhaften Gespräch kann viel Gutes gewonnen oder zurückgewonnen werden. (178)

67 Steht dir ein Mensch besonders nahe, so wirst du, wenn er schwach ist, mit ihm leiden. Kommt er zu Fall, wird deine Sorge um ihn groß sein und das Leid, welches du mitträgst, zehrt gewaltig an dir. Suche immer wieder, täglich neu, Kraft aus der Stille zu gewinnen, indem du dich zum Gebet zurückziehst. Diesen Weg musst du zunächst allein gehen. Du darfst jedoch sicher sein, dass die Früchte deines Tuns nicht nur dir, sondern auch dem geliebten Menschen reichlich zugute kommen. (182)

68 Durch dein Gebet tauchst du tiefer in die Geheimnisse Gottes ein. Du gewinnst einen größeren Überblick und siehst weitreichende Zusammenhänge. Damit weitet sich auch dein Herz, und du bist in der

Lage, andere Menschen, die du vielleicht bisher abgelehnt oder stark kritisiert hast, anzunehmen und liebevoller mit ihnen umzugehen. Du strahlst Glück aus und wirst für andere zum Spender göttlicher Gnaden. All dies geschieht mit dir, nicht um Menschen zu gefallen, sondern den Willen und die Liebe Gottes auf Erden sichtbar zu machen. (184)

Wie eine Mutter für ihre Kinder sorgt, so waren
wir euch zugetan und wollten euch nicht
nur am Evangelium Gottes teilhaben lassen,
sondern auch an unserem eigenen Leben;
denn ihr wart uns sehr lieb geworden.
1. Brief an die Thessalonicher 2,7b–8

69 Bist du bereits auf einem geistlichen Weg, der dich Fortschritte machen lässt, so werte dies höher als einen wohlgemeinten Rat, aus Sicherheit in alte, bereits abgelegte Verhaltensweisen zurückzukehren. Als derjenige, der Jesus nachfolgen wollte, darum bat, zunächst heimgehen zu dürfen, um den Vater zu begraben, war er erstaunt über die eindeutige Antwort Jesu. (189)

Keiner, der die Hand an den Pflug
gelegt hat und nochmals zurückblickt,
taugt für das Reich Gottes.
Lukas 9,62

70 Kann man zur Ehre Gottes essen und trinken? Im Hinblick auf den Geber alles Guten und im Dank an ihn werden auch deine Mahlzeiten zu einem Gebet. Deine innere und äußere Haltung bei Tisch sollte so sein, als ob der Schöpfer gegenwärtig ist: Er freut sich mit dir daran, wenn du Speise und Trank genießt, um Kraft zu erhalten, deinen Aufgaben gestärkter und freudiger nachzukommen. Isst du jedoch mehr und häufiger als notwendig, verschleuderst du auf ungute Weise die der Nahrung innewohnende Kraft. Sie kann dich belasten und sogar krank machen. (196)

71 Wie kann die Rechte etwas tun, ohne dass es die Linke weiß? Handelst du mehr und mehr aus einem in dir wachsenden Gottesbewusstsein, wirst du die Impulse, die aus deiner Intuition kommen, spontan und folgerichtig in die Tat umsetzen. Du brauchst weder vorher noch später darüber nachzudenken, welche Konsequenzen dein Tun haben könnte oder hat. Du handelst in dem Bewusstsein, dass alles, was von dir ausgeht, Leben unterstützend und Gott gefällig ist. Weder ein Reflektieren noch ein Abwägen ist mehr notwendig; du benötigst keine Bestätigung mehr, Erfolgserlebnisse nimmst du zwar dankbar, jedoch gelassen hin und über jede Art von Eitelkeit bist du erhaben. (197)

72 Viele Menschen haben eine hohe Meinung von sich. Da, wo sie glauben demütig zu sein, erhöhen sie sich selbst. Nur derjenige, der in der Lage ist, seinen eigenen Wesensgrund zu berühren, kann wahrhaft demütig sein. Durch Hingabe an Gott wird dies möglich. Auf diesem Weg erkennst du deine eigenen Grenzen und vor allem auch deine eigenen Schwächen. Und genau hier liegt der Grundstein für wahre Demut. Das die Demut Verschleiernde muss entfernt werden und ans Licht kommen, damit du das abgeben kannst, was nicht zu dir gehört. Das Wesen Gottes in dir möchte zum Leuchten kommen. (198)

Lernt von mir; denn ich bin gütig
und von Herzen demütig;
so werdet ihr Ruhe finden für eure Seele.
Matthäus 11,29b

73 Wie ist es möglich, mit den vielen störenden Gedanken im Gebet fertig zu werden?

Wohl niemand, der den Weg eines tieferen Schweigegebetes gerade beschritten hat, kann sagen, dass er ohne störende Gedanken ist. Lass sie einfach kommen und gehen und kümmere dich nicht um sie. Kehre immer wieder zu deiner Gebetsweise zurück und gib der inneren Anrufung Gottes in allem den Vorrang. Halte nichts fest und hab keine Erwartungen, sodass mehr und mehr der Wille Gottes an dir geschehen kann. Vielleicht hilft dir auch die Vorstellung weiter, dass Gott gegenwärtig ist. Lass dich in seiner Gegenwart durch nichts ablenken und richte im Gebet unverwandt deinen Geist auf ihn und bitte darum, ihn mit den Augen deiner Seele schauen zu dürfen. (201)

74 Wie ist es weiterhin möglich, auch außerhalb des Gebetes ohne Zerstreuung zu sein?

Gehst du eine Sache mit ganzem Herzen an, wirst du kaum abgelenkt, und die Zeit vergeht schnell. Sicherlich hast du diese Erfahrung schon des Öfteren gemacht. Nun können wir uns allerdings im Alltag bei unseren Aufgaben und Pflichten nicht immer gleich stark engagieren. Routinearbeit, Unwilligkeit, Erschöpfung, Langeweile, Leistungsdruck und vieles mehr lassen dich unkonzentriert und zerstreut werden. Vieles muss von dir geleistet werden – unabhängig von deiner Befindlichkeit. Damit nicht Unmut aufkommt und innere Freude dich verlässt, richte deine Innerlichkeit oftmals während des Tages für kurze Augenblicke auf Gott. Es ist wie ein Wunder, zu erleben, was dann nach einiger Zeit in dir geschieht. Deiner Seele wird die Gegenwart Gottes mehr und mehr bewusst, innere Freude entfaltet sich und deine Gedanken und Taten sind erfüllt von größerer Liebe und Dankbarkeit. (202)

Ich habe den Herrn beständig vor Augen.
Er steht mir zur Rechten, ich wanke nicht.
Darum freut sich mein Herz

und frohlockt meine Seele;
auch mein Leib wird wohnen in Sicherheit.
Psalm 16,8–9

75 Dir strömt ständig Kraft des Heiligen Geistes zu. Es stellt sich allerdings die Frage: Bist du bereit und fähig sie anzunehmen? Viele Menschen leugnen diese Zuwendung Gottes und verschließen sich ihr. Andere wiederum sehnen sich nach ihr, sind jedoch nicht in der Lage sie zu empfangen. Gott, der bei jedem anklopft, drängt sich den Menschen nicht auf, sondern wartet, bis wir ihm öffnen. Offenheit für die Dimension des Ewigen kann sich uns nur schenken, wenn wir unser Verhaftetsein an Vergängliches – und damit Weltliches – aufgeben. Offenheit für Ewiges können wir nur erfahren, wenn wir dem, der uns sucht, um mit seinem Wesen in uns anwesend zu sein, Freiraum und freie Zeit schenken. (204)

Wenn ihr mich liebt, werdet ihr meine Gebote
halten. Und ich werde den Vater bitten
und er wird euch einen anderen Beistand geben,
der für immer bei euch bleiben soll.
Es ist der Geist der Wahrheit, den die Welt
nicht empfangen kann, weil sie ihn nicht sieht
und nicht kennt. Ihr aber kennt ihn, weil
er bei euch bleibt und in euch sein wird.
Johannes 14,15–17

76 Die Worte Jesu sind Geist und Leben. Nach seinem Tod in dieser Welt werden sie vom Heiligen Geist in gleicher Deutlichkeit und Liebe weitergesprochen. Er will uns daran erinnern und uns bewusst machen, dass der Geist Jesu und seine Worte in uns sind und wir aus ihnen Kraft für unser Leben schöpfen dürfen. Damit diese Liebesenergie jedoch ungehindert fließen und strömen kann, ist es notwendig, im Gebet der Hingabe vor Gott „arm“ zu werden. Das bedeutet, alles aus der Hand zu legen, bewusst keine eigenen Gedanken zu denken und somit in der Armut des Geistes zum Empfangenden zu werden. (205)

77 Es ist empfehlenswert, häufig in die Stille zu gehen und zu schweigen, um nicht Kraft auszugeben, sondern zu empfangen. Besonders in einer negativ aufgeladenen Umgebung und Atmosphäre, die du aus eigener Kraft nicht verändern kannst, ist es ratsam zu schweigen. Der Prophet Amos sagte von seiner Zeit, sie sei eine böse und mahnte zum Schweigen. Wer klug war, folgte seinem Rat. Es ist besser, zu schweigen als ein böses Wort über seine Lippen kommen zu lassen. Durch ein gutes Wort stärkst du nicht nur dich, sondern auch den, der es braucht. Bei voreiligem Reden wird dagegen häufig etwas Verletzendes gesagt, was nicht mehr rückgängig zu machen ist. Solche Worte sind wie abgeschossene Pfeile; man kann sie nicht mehr zurückholen. (208)

Ich sage: Ich will auf meine Wege achten,
damit ich nicht sündige mit meiner Zunge.
Ich lege meinem Mund einen Zaum an,
solange der Frevler vor mir steht.

Psalm 39,2

78 Gottesliebe ist nicht das Ergebnis unseres Wollens, sondern ein Geschenk, das uns auf unserem geistlichen Weg unverdienterweise zuströmt. Der Wunsch, den Willen Gottes zu erkennen, einzusehen und zu erfüllen, ist Voraussetzung. Oft erkennen wir erst im Nachhinein, dass Gott mit dem, was er uns schickte, es unendlich gut mit uns meinte. Eigentlich dürften und sollten wir immer hiervon ausgehen, sodass eine Liebe zum Geber alles Guten stetig reifen und wachsen kann. Ein Kennzeichen des Älterwerdens besteht darin, sich an die hohen und glücklichen Zeiten im Leben zu erinnern und aus ihnen Kraft für die Gegenwart zu schöpfen. Damit wir nie vergessen, was Gott aus Liebe für uns getan hat und unsere Liebe zu ihm wachsen kann, hat Christus als Mitte unseres erlösten Daseins sein Gedächtnis gestiftet, das wir in der Eucharistie immer wieder feiern dürfen. (212)

79 Wenn sich die Kinder noch nicht die Bosheit derer angeeignet haben, mit denen sie umgehen oder umgehen müssen, geht von ihnen eine ungeahnte Liebe aus. Sie sind fähig, durch ihr offenes Herz, das sie allem gegenüber erweisen, Dunkelheit in Licht und Böses in Gutes zu verwandeln. Die Liebe eines Kindes ist umfassend: Sie richtet sich nicht nach dem, was jemand geleistet hat, in welchem Ansehen er steht oder welchen Rang er bekleidet. Das Kind sieht mit den Augen der Seele und lässt sich nicht durch äußere Faktoren blenden. Daher gibt Jesus wiederholt den Rat, uns an ihnen zu orientieren und uns an ihnen ein Beispiel zu nehmen. (216)

80 „Einsicht" ist ein tief greifendes Wort. Um Einsicht zu gewinnen, ist es notwendig, von Zeit zu Zeit alles zu lassen und tiefe Ruhe zu erfahren. Du kannst das abgeben, was der Einsicht im Wege steht und wirst empfänglicher für den Willen und die Liebe Gottes. Das Wesen Gottes leuchtet dir mehr und mehr ein, sodass du größere Zusammenhänge zwischen Himmel und Erde wahrnehmen kannst. Dein Horizont weitet sich, indem du enge Grenzen überschreitest und Vorurteile, vor allem aber die Angst, abgibst. (218)

So spricht der Herr:
Der Weise rühme sich nicht seiner Weisheit,
der Starke rühme sich nicht seiner Stärke,
der Reiche rühme sich nicht seines Reichtums.
Nein, wer sich rühmen will, rühme sich dessen,
dass er Einsicht hat und mich erkennt.

Jeremia 9,22–23a

81 In allem ist die Gemeinschaft dem Alleinsein vorzuziehen. Bist du ständig allein, gibst du damit dem Versucher eine größere Chance, an dich heranzutreten und dich zu Fall zu bringen. In einer Gemeinschaft kreist du weniger um dich selbst, sondern richtest deinen Blick auf das Du deines Nächsten. Du bist nicht so sehr darauf bedacht, deine eigenen Wünsche zu erfüllen, sondern die Wünsche der anderen. Ein tieferer Sinn des Lebens tut sich auf und eine größere Freude schenkt sich dir. Ist zudem eine Gemeinschaft auf ein höheres Ziel orientiert, wird jeder etwas Aufbauendes dazu beitragen. (220)

Zwei sind besser als einer allein,
falls sie nur reichen Ertrag aus ihrem
Besitz ziehen. Denn wenn sie hinfallen,
richtet einer den anderen auf. Doch wehe dem,
der allein ist, wenn er hinfällt, ohne dass
einer bei ihm ist, der ihn aufrichtet.

Kohelet 4,9–10

82 Oft sind körperliche und seelische Schmerzen nicht zu umgehen. Wer eingeübt ist in das Gebet der Hingabe, wird diese Zeiten höchster Belastung besser durchstehen. Er hat gelernt, sich selbst loszulassen und damit – wenn auch nur für kurze heilsame Augenblicke – auch seinen Schmerz. Wir dürfen Gott inständig darum bitten, dass er die Last von uns nimmt, und wenn wir sie trotz allem noch ein Stück weiter tragen müssen, dürfen wir darum beten, dass er uns die Kraft gibt, sie zu tragen. Haben wir alles uns Mögliche zur Heilung getan, sollten wir uns in seine Hände begeben, damit alles nach seinem Willen einen guten Ausgang nimmt. (221)

83 Wie ist es möglich, das Böse durch das Gute zu besiegen, anstatt sich vom Bösen besiegen zu lassen? Wenn dein Herz darin geübt ist, mehr und mehr die Wahrheit zu erkennen, sieht es, dass allem Bösen die letzte Grundlage fehlt. Die anfängliche Furcht vor dem Bösen schwindet und Barmherzigkeit strömt zu denen, von denen die zerstörerischen Kräfte ausgehen. Heilende und wandelnde Kräfte werden in dir mobilisiert, und mit diesem Licht trittst du der Dunkelheit entgegen und in sie hinein. Du brauchst weder Auseinandersetzungen noch Kämpfe zu fürchten, denn die Dunkelheit schwindet von selbst, wenn sie dem Licht begegnet. Sorge also dafür, dass deine Ausstrahlung eine gute ist und noch mehr Licht in deinem Inneren durch Gottes Heiligen Geist entzündet wird. Bist du jedoch selbst im Dunkeln, wirst du von einer noch größeren Dunkelheit angezogen und von ihr vereinnahmt. (226)

84 Vertraue dich nicht allen Menschen gleich an. Sprich auch nicht mit dem ersten Besten über deine eventuellen körperlichen Krankheiten. Wie du zuerst mit vertrauten Menschen darüber redest und dann mit einem Arzt, so solltest du auch bei psychischen Problemen, seelischen Belastungen und inneren Schwierigkeiten zu den Menschen gehen, die mit Heilung Erfahrung haben.

Andererseits verschließe dich nicht, wenn körperliche oder seelische Belastungen dich quälen, sondern offenbare dich jemandem, der dein Vertrauen genießt. Trägst du alles für dich allein, so verschlimmert sich nur deine Krankheit. (229)

Wir müssen als die Starken die Schwäche derer tragen, die schwach sind, und dürfen nicht für uns selbst leben.

Brief an die Römer 15,1

85 Trägst du in deiner Familie und in deinem Beruf Verantwortung für Menschen, wird von dir ein erhöhtes Einfühlungsvermögen und ein klarerer Blick für die Belange anderer gefordert. Die Konsequenzen deines Einflusses, deines Redens und Tuns sind entschieden weit reichender als bei Menschen, die weniger Verantwortung tragen. Es wird für dich als Verantwortlichen nicht immer leicht sein, Ruhe zu bewahren, aus deiner Mitte heraus gerecht und im Sinne des Schöpfers zu entscheiden. Oft wirst du aufgefordert, engagiert und spontan einzugreifen, dann wieder ist mehr Umsicht, Sorgfalt, Geduld und eventuell auch Zurückhaltung angesagt. Voraussetzung für rechtes und verantwortliches Handeln ist, dass du durch Gebet und Meditation für Leib und Seele immer neu deine eigene gesunde Mitte findest und aus ihr lebst. (231)

86 Deine Verantwortung anderen Menschen gegenüber erstreckt sich noch einen Schritt weiter. Hat jemand etwas gegen dich oder hat er dich beleidigt, so versuche als Erstes ihm zu vergeben. Doch das allein – sollte es dir gelingen – genügt nicht. Ziehe dich keinesfalls von ihm zurück und meide ihn. Überwinde die Schwelle, die für viele unüberwindbar scheint, und suche ein Gespräch unter vier Augen. Vielleicht sieht er ein, was du ihm sagst; und vielleicht siehst auch du ein, was er vorbringt. Solltet ihr jedoch nicht auf einen gemeinsamen Nenner kommen, so frage ihn, ob er bereit ist, die Angelegenheit noch einmal mit einem Dritten zu erörtern. Wenn du ihn zusätzlich wohlwollend in dein Gebet einschließt, hast du alles dir Mögliche zur Versöhnung getan.

Und wenn ihr beten wollt und ihr habt
einem anderen etwas vorzuwerfen,
dann vergebt ihm, damit auch euer Vater
im Himmel euch eure Verfehlungen vergibt.
Markus 11,25

Zeige keine vermeintliche Großmut oder keine Toleranz, indem du dich von ihm schweigend zurückziehst.

Damit verhärtest du dich und machst dich mitschuldig, da du dem Nächsten und dir selbst die Chance zur Besserung verweigerst. (232)

87 Oft überfallen uns sexuelle Bedürfnisse, die uns selbst wie auch andere stark belasten würden, lebten wir sie aus. Nehmen sie überhand und besetzen dich, wird es dir kaum mehr möglich sein, sie willentlich von dir abzuschütteln. Doch eines kannst du tun, damit du Herr über sie wirst: Rufe innerlich den Namen Jesus Christus an und wiederhole ihn einige Minuten. Wende dich dann deiner Atmung zu. Atme in deiner Vorstellung durch den Beckenraum ein, führe beim Einatmen den Luftstrom die Wirbelsäule hinauf und atme durch die Mitte der Stirn aus. Schon nach sehr kurzer Zeit wirst du dich befreit fühlen. (238)

88 Vieles auf deinem Weg, was dich einzuengen droht, muss befreit und ausgedrückt werden – allerdings so, dass es weder dir noch anderen schadet. Jegliche Energie, die nicht frei fließen kann, sollte von ihrer Hemmung befreit werden. Hierzu gibt es verschiedene und individuelle Wege. Suche nach dir gemäßen Möglichkeiten und wende sie sofort an, damit du die Spannungen nicht von einem Tag mit in den anderen nimmst. Geh aus dir heraus und – wenn es sein muss – seufze und weine, freue dich und singe. Vor allem aber: Bleibe in Bewegung auf dem Weg zu Gott. (243)

Lasst euch durch den Zorn nicht zur Sünde hinreissen! Die Sonne soll über eurem Zorn nicht untergehen. Gebt dem Teufel keinen Raum!

Brief an die Epheser 4,26–27

89 Verschließe nicht deine Augen, wenn am Morgen die Sonne aufgeht. Blicke auf, um erleuchtet zu werden. Lange genug hast du in Finsternis gelebt. Das Licht kommt dir entgegen und möchte, wenn du Ja zu ihm sagst und es aufnimmst, alle Dunkelheit vertreiben. Bereite dich daher auf den Sonnenaufgang vor und verschließe dich nicht.

Weisheit geht vom Herrn aus. Er möchte dir Einsicht in dein Leben und das Leben anderer Menschen gewähren, dich tief greifende Zusammenhänge erkennen lassen und dich mit seinem Heiligen Geist erfüllen. Mangelnde Gnadengaben, über die du dich vielleicht beklagst, sind nicht auf den Schöpfer zurückzuführen – er spendet dir Gnade in Fülle –, sondern auf deine Trägheit und dein Ungeübtsein, Altes aus der Hand zu legen, um Neues zu empfangen. (248)

90 Alle Menschen sind dazu bestimmt und aufgefordert, an der Güte Gottes teilzuhaben. Vieles hat er in uns grundgelegt, und es liegt an uns selbst, ob wir diese Gaben entwickeln oder brach liegen lassen. Heben wir die oft verborgenen Schätze und setzen sie heilbringend für uns, andere und die gesamte Schöpfung ein, entsprechen wir unserem Auftrag, die uns gegebenen Talente zu vermehren. Der Ängstliche jedoch, der nichts wagt, versteckt das, was er hat, ohne es gewinnbringend einzusetzen. Am Ende steht er mit leeren Händen da, weil er sein Talent vergraben hat und nicht wiederfinden kann. (253)

91 Erwartungen zu hegen engt ein und hemmt den Fortschritt. Oft schleicht sich, besonders wenn ich etwas für andere getan habe, der Gedanke ein: „Was werde ich dafür wiederbekommen?" Nicht umsonst stellt Jesus ein Kind in die Mitte der Erwachsenen und sagt, dass wir uns an ihm ein Beispiel nehmen sollen. Ein Kind rechnet nicht vor oder auf. Es handelt spontan aus dem jeweiligen Augenblick heraus. Es handelt treffsicher und richtig, ohne zu reflektieren oder eine Erwartungshaltung einzunehmen. Und wir dagegen planen und kalkulieren sogar noch in den Bereichen menschlicher Zuwendung. Selbst das Handeln oder Nicht-Handeln Gottes versuchen wir in ein kalkulierbares System zu bringen, um unser künftiges Schicksal zu berechnen. (256)

92 Paulus mahnt uns, nicht unvernünftig zu werden und nicht klug vor uns selbst zu sein. In beiden Fällen geht es darum, sich dem Willen Gottes zu öffnen und nicht im Eigenentwurf das Leben selbst in die Hand zu nehmen. Viele Menschen meinen, alles aus sich selbst leisten zu können. Sie halten sich für weise und schließen dabei die göttliche Dimension völlig aus. Einen Weg zu beschreiten, um den Willen des Herrn zu begreifen, ist ganz einfach. Viele jedoch sträuben sich – nachdem sie durch Leistung gelernt haben, weitaus kompliziertere Wege zu beherrschen – alles hinzugeben, um in der Zeit des Hingabe-Gebetes dem Schöpfer und seinem Vorhaben zu begegnen. (260)

Darum seid nicht unverständig, sondern begreift, was der Wille des Herrn ist.

Brief an die Epheser 5,17

93 Nicht alles, um das wir bitten – selbst wenn wir es aus tiefem Glaubensbewusstsein heraus tun – wird sich so erfüllen, wie wir es möchten und erhoffen. Auch Jesus betete am Ölberg, dass das unmittelbar bevorstehende Leid und der Tod von ihm genommen würden. Doch sofort legte er all sein Wünschen in die Hände des Vaters und bat darum, dass ausschließlich der Wille dessen geschehe, der ihn in die Welt gesandt hatte.

Wenn wir unser Bitten nicht in Einklang mit dem Willen Gottes bringen können, dürfen wir nicht enttäuscht sein. Die Erfüllung liegt zu dieser Zeit nicht im Plan Gottes, und er bittet uns, Geduld zu üben, ohne das Beten aufzugeben. Bittest du allerdings nur aus einer oberflächlichen oder beiläufigen Haltung, dringt dein Gebet nicht bis zum Wesentlichen vor. Selbst wenn du für andere bittest, ist es möglich, dass deine Bitte vorerst keine Erhörung findet, da der andere sich durch sein Gott abgewandtes Tun zu weit von ihm entfernt hat. Oft treffen wir jedoch auch nicht die rechte Zeit zum Beten. Wir schieben unser Gebet immer wieder auf. Anderes lenkt uns ab oder fesselt uns, sodass wir die erste Stelle anderweitig vergeben. Oft schickt uns Gott auch genau das Gegenteil von dem, was wir ersehnen. Und später erst, nachdem wir einen Schicksalsschlag hinter uns und verarbeitet haben, sehen wir ein, dass dieser für unsere Reifung unumgänglich war.

Oft zweifeln wir an der Barmherzigkeit Gottes, da das, was geschieht, für uns unfassbar ist: Wir bitten um Befreiung von etwas und bekommen es nur umso stärker auferlegt. Indem du das dir unabwendbar auferlegte Übel annimmst und es in Geduld trägst, wirst du seinen notwendigen Zweck erfüllen, und das Übel wird sich für dich und andere für immer in dieser und der kommenden Welt auflösen. Wenn du sagst, dass du diesen Satz momentan nicht annehmen kannst, ist es nur allzu verständlich. Die Absicht der Güte Gottes wird uns nicht immer sofort offenbar. (261)

94 Bei den vielen Zerstreuungen, die die Seele erfährt, ist es kaum möglich, Gott zu gefallen, das heißt, unser Fühlen, Denken, Sprechen und Tun auf ihn auszurichten. Nur durch die Erfüllung seines Willens macht unsere geistlich-seelische Entwicklung Fortschritte, und die Dunkelheit verliert ihre Macht, uns gefangen zu nehmen, sodass Unvollendetes in uns sich langsam vollenden kann. Kommt dieser Prozess in Gang oder wieder intensiver ins Schwingen, wird er in deinem Inneren eine große bleibende Freude auslösen. (263)

95 Die würzende Kraft des Salzes wird oft als Beispiel für einen Christen verwendet, der andere am „Himmel" Geschmack finden lässt. Jesus fordert uns sogar auf: „Habt Salz in euch, und haltet Frieden untereinander!" (Markus 9,50b) Eine Suppe ohne Salz schmeckt fade und schal. Würzt du sie ein wenig, wird sie von allen gern gegessen.

So soll es auch mit deinem Beten, deinen Worten und deinem Tun sein – besonders wenn du anderen Menschen begegnest. Du lässt sie Geschmack finden an deinem Glauben, und sie sind angeregt, ihren eigenen Glauben zu vertiefen. Versalzt du jedoch die Suppe, indem du dich anderen aufdrängst, ihnen Vorschriften machst oder sie sogar zu etwas zwingst, können sie eventuell ein Leben lang dem Glaubensweg gegenüber Abscheu empfinden. (266)

Eure Worte seien immer freundlich, doch mit
Salz gewürzt; denn ihr müsst jedem
in der rechten Weise antworten können.

Brief an die Kolosser 4,6

96 Wenn körperliche Befriedigung in deinem Leben den Vorrang vor geistigen Werten hat und dein Tun und Denken bestimmt, wirst du nur nach dem trachten, was deinen diesbezüglichen Wünschen entgegenkommt. Die andere, in die Ewigkeit weisende Dimension klammerst du dabei völlig aus. Du findest keinen Gefallen an Gott und er nicht an dir. Bedenke jedoch, dass der Geist Gottes in dir wohnt und leben möchte, um dich mit bleibender Freude zu erfüllen und dich zum ewigen Leben zu führen.

Denke einmal darüber nach, inwieweit du den Wünschen deines Körpers verpflichtet bist und inwieweit nicht. Versuche als Kind Gottes deinen Auftrag zu erfüllen und lasse dich von seinem Geist leiten und nicht von körperlichen Wünschen. Auf diesem Weg wirst du Befreiung von allen unguten Bindungen erfahren und alle Angst und Furcht fallen von dir ab. (269)

97 Wie du durch Nichtstun anderen nicht zur Last fallen solltest, so ist es ebenso nicht gut, durch eine übertriebene Absicherung für deine Zukunft zu sorgen. Viele Menschen haben Angst, im Alter allein gelassen zu werden und ohne Mittel zu sein. Dass sie vorsorgen, ist verständlich. Andere halten alles fest und können nichts loslassen oder abgeben.

Wenn du es im Äußeren nicht beizeiten übst, wird dir das Gebet der Hingabe nicht leicht fallen. Belade dich nicht übermäßig mit fremden Dingen und Sorgen, die mit deinem Leben wenig zu tun haben. Versuche das abzugeben, was nicht zu dir gehört. Wenn du auch dich selbst loslassen kannst und damit leichter wirst, so ist nichts mehr so schwer für dich, dass du es nicht tragen könntest. (272)

98 Du fragst mit Recht, wie du den Willen Gottes besser erkennen kannst. Manchen offenbart er sich eindeutig; andere erbitten sich seinen Willen auf ihrem Gebetsweg und wieder andere müssen oft schmerzhafte Lebenserfahrungen machen, um den rechten Weg für sich selbst zu erkennen. Diejenigen, die bereits in einer tieferen Beziehung mit dem Schöpfer leben, berichten, dass sie nichts denken und tun, bevor sie nicht Kontakt mit ihm aufgenommen und Bestätigung, Korrektur oder eine Absage erhalten haben. Sie lassen im Vorhinein ihre Gedanken, Worte und Werke von der Liebe Gottes durchstrahlen, um sie dann in ihrem rechten Tun widerzuspiegeln. (274)

Wir haben durch Christus so grosses
Vertrauen zu Gott. Doch sind wir dazu nicht
von uns aus fähig, als ob wir uns selbst
etwas zuschreiben könnten;
unsere Befähigung
stammt vielmehr von Gott.

2. Brief an die Korinther 3,4–5

99 Bei der Ausführung unseres Willens, der im Einklang mit dem Willen Gottes steht, können sich durchaus massive Hindernisse in den Weg stellen. Wenn wir nicht vor ihnen fliehen, sondern sie durchschauen und uns ihnen stellen, wird uns bewusst, dass sie Prüfungen sind, um durchzuhalten und noch engagierter zu handeln. Ist nicht Ijob in seiner Haltung Gott gegenüber ein treffendes Beispiel? Trotz grausamer Schicksalsschläge ließ er nicht ab von Gott, sondern bewährte sich. (274)

Bei alldem sündigte Ijob nicht und äusserte nichts Ungehöriges gegen Gott.

Ijob 1,22

100 Vieles, was Gott will, kann er dir direkt offenbaren – du bist für diese seine Botschaft empfänglich. Anderes jedoch stößt bei dir auf Widerstand, und die Wege zu deinem tiefsten Inneren müssen erst von Hindernissen befreit werden. Dies kann zu einem längeren und oft auch schmerzlichen Prozess führen. Viele Menschen schreiben einen derartigen Veränderungsvorgang dem Zorn Gottes zu. In Wirklichkeit jedoch ist es seine Liebe zu dir, die sich bis in deine Seele einen Weg bahnen möchte. Zur Reinigung unserer Innerlichkeit gehört vieles Unangenehme, das du schweigend und wissend annehmen und durchstehen solltest. Es führt zum Guten.

Wenn Menschen jedoch durch Hunger, Katastrophen, Krankheiten und Kriege umkommen, bleiben viele unserer berechtigten Fragen offen. Vieles, was an sich gut ist, geschieht zur unrechten Zeit und durch unrechte Personen und kann somit in eine große Katastrophe führen. Anderen zu helfen und ihnen Gutes zu tun, liegt durchaus in der Absicht Gottes. Handeln wir jedoch, um Ansehen zu gewinnen, aus Geltungsdrang oder Machthunger, weichen wir vom Plan Gottes ab und haben mit erheblichen Störungen zu rechnen. Um den Willen Gottes zu erfüllen, müssen viele Faktoren zusammenkommen. Durch Hingabe im Gebet bereiten wir den Weg, auf dem uns ungehindert die Liebe Gottes entgegenkommt. (276)

101 In der Welt, in der wir leben, ist es notwendig, uns immer wieder zum Gebet zurückzuziehen. In dieser Zeit sind wir allein mit dem Schöpfer, und andere Menschen und Dinge sollten uns nicht ablenken. Daher bittet Jesus, zum Beten in die Kammer zu gehen und die Tür zu schließen. Die Beziehung zum Vater wird umso intensiver und inniger, wenn Störungen, Zerstreuungen und eigene Gedanken ausgeschaltet werden.

Durch Übung und mit der Zeit stabilisiert sich in uns eine Glaubenskraft, die nicht mehr im Verborgenen bleibt. Sie möchte ausstrahlen und auf andere Menschen übergehen. Aus der Tiefe deines Gebetes und aus dem Schweigen schöpfst du ein Licht, das dich mehr und mehr erhellt, bis du es selbst ausstrahlst und es weitergibst. (277)

Man zündet auch nicht ein Licht an
und stülpt ein Gefäss darüber,
sondern man stellt es auf den Leuchter;
dann leuchtet es allen im Haus.
Matthäus 5,15

102 Nicht selten kommt es vor, dass jemand glaubt, von einem Laster befreit zu sein, doch nach einer bestimmten Zeit in die gleichen Fehler zurückfällt. Er sollte wissen, dass bei ihm die Ursache zu diesem unguten Tun noch nicht ausgerottet ist. Er hat die Zweige eines Baumes abgeschlagen und glaubt, die Wurzel sei damit auch gestorben. Nun ist er äußerst erstaunt zu sehen, wie aus der noch „gesunden" Wurzel neue Zweige treiben und ihn mit ihren schlechten Früchten überraschen. Eines geht aus dem anderen hervor, entwickelt sich schnell und breitet sich entsprechend aus. So entstehen zum Beispiel Streit, Missgunst und Neid aus der Wurzel des Ehrgeizes. Wer nach Ansehen strebt, beneidet den, der Ansehen besitzt. Diesem wird sein Erfolg in der Öffentlichkeit nicht gegönnt, und es werden ihm Steine in den Weg gelegt.

Das individuelle Einüben der Demut wirkt wie eine Axt, die auch die Wurzel eines Baumes ausrottet, der schlechte oder gar giftige Früchte bringt. (289)

103 Schlechte Gewohnheiten oder Laster werden umso stärker, wenn sie uns beherrschen. Beherrschen wir sie, bekommen wir sie leichter in den Griff und haben eine bessere Chance, sie abzulegen. Der Sieger ist in jedem Fall stärker als der Besiegte, und dieser damit schwächer als der Sieger.

Christus ist der große Beweger. Er ist Sieger über alle Dunkelheit und den Tod. Er hat uns in seine Nachfolge gerufen, um mit ihm zusammen alles zu überwinden, was der liebenden Anziehung des Vaters zuwiderläuft: die Sünde und den Tod. Durch ihn ist uns jederzeit Umkehr möglich, und die Auferstehung ist durch Christus auch für uns zur lebendigen Hoffnung und Wirklichkeit geworden. (293)

104 Durch das Gebet der Hingabe, tiefe Meditation und Versenkung, wird sich beim Gott zugewandten Menschen Gottesbewusstsein entfalten. Erste Erfahrungen machst du für kurze Augenblicke in der tiefen Ruhe deines Gebetes – oft aber auch während einer Krankheit und in fast jeder Grenzsituation.

Wichtig ist es, einen vertrauten Gott nahen Menschen zu haben, mit dem du über alles sprechen kannst. Er wird dich, weil er den Weg kennt, sicher weiterführen und dir deine vielen Fragen beantworten. Bleibst du allein, besteht die Gefahr der Fehlinterpretation, der Verkrampfung und des Krankwerdens. Gott lässt uns immer wieder Menschen begegnen, die es gut mit uns meinen, an denen wir uns orientieren und durch die wir uns erneuern können. (294)

Ich habe den Herrn beständig vor Augen.
Er steht mir zur Rechten, ich wanke nicht.
Psalm 16,8

105 Durch dein Fühlen, Denken, Reden und Tun gehen Schwingungen aus, die dich selbst, andere und die gesamte Schöpfung berühren. Sie können Leben unterstützend oder hemmend und sogar zerstörend sein. Gehst du einen geistlichen Weg und machst Fortschritte, wird dir deine Verantwortung mehr und mehr bewusst. Du wirst jedoch auch empfindsamer und nimmst umso intensiver die Schwingungen und Ausstrahlungen anderer auf. Du darfst dich glücklich schätzen, Gemeinschaft gefunden zu haben, in der du dich wohl fühlst und wachsen kannst.

Andererseits solltest du dein Leben verändern, um nicht unnötig durch die Negativität anderer belastet zu werden. Denke jedoch daran, vor dem dir Zugedachten nicht auszuweichen, sondern es anzunehmen, um daran zu reifen. (296)

106 Viele Menschen reden ausschließlich aus sich selbst und von sich selbst – ohne die Belange der anderen wie auch die göttliche Dimension einzubeziehen. In ihrem Geltungsdrang tun sie sich wichtig; sie möchten um jeden Preis auffallen, um damit innere Defizite zu verbergen. Lass dich nicht durch Auftritte dieser Art blenden, sondern geh ihnen auf den Grund und erkenne die wirklichen Zusammenhänge. Dann kannst du ihnen wahrhaft begegnen und ihnen vielleicht einen Weg zu ihrer eigenen Wirklichkeit und Gottesnähe zeigen. (299)

Wer im eigenen Namen spricht, sucht seine eigene Ehre; wer aber die Ehre dessen sucht, der ihn gesandt hat, der ist glaubwürdig, und in ihm ist keine Falschheit.

Johannes 7,18

107 Der Geist ist unruhig in uns und nimmt gern jede Ablenkung und Zerstreuung an. Im tiefsten Inneren jedoch sucht er einen bleibenden Glückszustand, in dem er von all seiner Unrast ausruhen kann. Verstehst du es, zwischen deinen Aktivitäten immer wieder innezuhalten, erlaubst du deinem Geist – umso mehr noch deiner Seele – sich von ihrem ureigentlichen Wesen, das göttlich ist, anziehen zu lassen? Hier können Körper, Geist und Seele ausruhen und neue Lebensenergie aufnehmen. Erlaube es daher deinem Geist und deiner Seele, ungehindert den Weg in ihre Heimat zu betreten. Sie kommen erfüllt zurück und beschenken dich mit wundervollen Gaben, die du niemals hättest selbst erwerben können. (306)

Ich will den Herrn allezeit preisen;
immer sei sein Lob in meinem Mund.
Verherrlicht mit mir den Herrn,
lasst uns gemeinsam seinen Namen rühmen.

Psalm 34,2.4

108 Ein Kraftquell, der dir immer offen steht, ist die Kommunion. Hast du dich entsprechend bereitet, strömen dir aus diesem Sakrament besondere Gnaden zu. Die Kommunion wird zur Krönung deines persönlichen Betens. Voraussetzung allerdings ist, dass du Leidenschaften und böse Begierden ablegst, Schamlosigkeit und Habsucht meidest und alles, was dein Leben ungut beherrscht. Möge kein schlechtes Wort mehr über deine Lippen kommen.

Vergib dem, der dir etwas vorzuwerfen hat, und versuche auch mit den Menschen auszukommen, die dir von Natur aus weniger angenehm sind. Zeige auf dem Weg zum Tisch des Herrn Bedauern, wenn du in alte Fehler zurückgefallen bist, und nimm dir ernsthaft vor, an dir zu arbeiten. Gehst du in dieser Hinsicht auch nur einen Schritt auf Christus zu, der der Weg, die Wahrheit und das Leben ist, kommt er dir hundert, ja tausend Schritte entgegen. (309)

Wenn wir aus dem Geist leben,
dann wollen wir dem Geist auch folgen.

Brief an die Galater 5,25

Aurelius Augustinus

354 BIS 430

Augustiner Mönch

Augustinus, der Größte der lateinischen Kirchenväter, war Bischof, Theologe, Schriftsteller, Kirchenpolitiker, Gründer mehrerer Klöster und vor allem Seelsorger. Das wesentliche Thema in der Theologie des Augustinus besteht darin, dass er die Liebe zum Mitmenschen mit der Liebe zu Gott gleichsetzt. Für ihn besteht der grundlegende Dienst vor Gott in einem gelungenen Gemeinschaftsleben. In seiner Klosterregel stellt er die Nächstenliebe sogar noch über das Gebet. Die Liebe zum Mitmenschen ist für ihn das größte Lob Gottes.

Es war jedoch ein weiter Weg für Augustinus bis zu seiner Bekehrung zum Christentum. Seine Mutter *Monica* bemühte sich zeitlebens um ihn und sein Seelenheil. Mit sechzehn Jahren siedelte er von Thagaste (Nordafrika) nach Karthago, um Rhetorik zu studieren. In dieser Zeit faszinierte ihn sowohl intellektuell als auch ästhetisch der Manichäismus, dem er sich ganz verschrieb. Bald jedoch wurde er von dieser gnostischen Religion enttäuscht und zog im Jahr 383 nach Rom und dann nach Mailand, wo er Magister der Rhetorik wurde.

Die bewegenden Predigten des *Ambrosius* brachten ihm das Christentum nahe. 386 erfuhr Augustinus seine Bekehrung – die Vollendung seines Suchens nach dem Gott der Christen. Um 395 wurde er zum Bischof von Hippo (Algerien) geweiht. Auf dem Konzil von 411 nahm er eine führende Rolle ein. Auseinandersetzungen mit dem Heidentum und mit Pelagius, der die Freiheit des Menschen hervorhebt und die Notwendigkeit einer heilenden Gnade unterbewertet, forderten Augustinus bis zum Äußersten heraus. Im Jahr 430 starb er in Hippo.

Seine Klosterregel schrieb er um das Jahr 397. Sie gehört zu den Grundpfeilern des christlichen Mönchtums. Die erste Klostergemeinschaft rief er 388 in Thagaste ins Leben. 391 gründete Augustinus in Hippo ein Kloster für Laien und als Bischof 396 ein Kloster für Kleriker. Die Regel, die er hier schrieb, fand durch häufiges Abschreiben große Verbreitung, denn es gab viele Menschen, die aus dieser geistigen Kraft leben wollten. In der Regel *Benedikts*, die über hundert Jahre später verfasst wurde, finden sich viele Zitate aus der Augustinischen Regel. Zahlreiche große Orden des Mittelalters übernahmen diese Regel. Sie konnte angewandt werden auf Männer und Frauen, Priester und Laien, auf die Arbeit der Bettelmönche, sowohl auf die strenge Askese der Eremiten als auch auf die weltoffene Lebensweise der Kanoniker.

Die Augustinische Klosterregel enthält das Programm seines eigenen Lebens, das er selbst versuchte zu verwirklichen:

- Gottverbundenheit,
- Nächstenliebe,
- Demut und Herzensgüte.

Alles ist nur kurz umrissen. Paralleltexte aus anderen Werken des Augustinus müssen herangezogen werden, um den Gesamtzusammenhang der Regel zu erschließen. Das charakteristische Merkmal ist eine auf das

Evangelium bezogene Grundausrichtung. Liebe und Gemeinschaft bilden die zentralen Werte. Die Gemeinschaft soll helfen, die Selbstsucht zu überwinden. Asketische Übungen werden in der Regel nicht angesprochen. Für Augustinus steht an erster Stelle, ein Gemeinschaftsleben aufzubauen, das nicht durch Hochmut, Machtentfaltung und Habsucht, sondern durch die Liebe zueinander geprägt ist. Der Innenraum des Menschen ist der Ort, an dem die durch die Sinne wahrnehmbare Welt zu Gott überschritten wird.

Zeitlebens förderte Augustinus in seinen Klöstern den Geist der Innerlichkeit und des Gebetes. Die gegenseitige Achtung und Liebe jedoch ist und bleibt das Grundanliegen seiner Regel.

Orden, die heute noch nach Augustinus' Regel leben

Augustiner Chorherren, Augustinerinnen, Augustiner Eremiten, Prämonstratenser, Kreuzherren, Dominikaner, Dominikanerinnen, Johanniter, Deutschherren, Trinitarier, Merzedarier, Serviten, Alexianer, Barmherzige Brüder, Piaristen, Assumptionisten, Birgittinnen, Annunziaten, Ursulinen, Salesianerinnen, Töchter vom Guten Hirten, Schwestern Unserer Lieben Frau, Rita-Schwestern.

Dies ist nur eine Auswahl. Insgesamt sind es einige hundert Orden und Kongregationen, die nach der Augustiner-Regel leben.

Geistlich leben nach Augustinus

Kapitel 1
Liebe – Mitte des Seins

1 Vor allen Dingen, liebe Schwestern und Brüder, sollt ihr Gott lieben, sodann den Nächsten. Dies sind die Hauptgebote, die uns gegeben sind.

Die Liebe muss die Mitte unseres Seins bilden – unseres Lebens in all seinen Ausprägungen. Dieses Grundgesetz gilt nicht nur für eine klösterliche Gemeinschaft, sondern für jede Art menschlichen Zusammenlebens. Die Liebe wird zur Seele und die Seele wird zur Liebe. Die Liebe verletzen heißt Gott verletzen. Das, was dadurch geschieht, darf keinen einzigen Tag andauern. Wer seinen Nächsten wahrhaft liebt, liebt in ihm Gott. Diese Liebe steht unendlich höher als alle irdischen Güter; sie allein genügt – selbst wenn wir sonst nichts haben. Denn wo Liebe ist: Was könnte da noch fehlen?

Beginnende Liebe ist beginnende Vollkommenheit,
wachsende Liebe ist wachsende Vollkommenheit,
vollendete Liebe ist vollendete Vollkommenheit.
Natur und Gnade, 84

2 Hat sich dir durch die wachsende Liebe ein Ziel vor Augen gestellt und bist du bereit, den Weg dorthin zu beschreiten, werden dir Menschen begegnen, die die gleiche Gesinnung haben. Im Psalm 68 heißt es, dass Gott den einmütig Gesinnten ein Zusammenwohnen in einem einzigen Haus gewährt. Mit anderen Menschen wirst du eine in Gott verwurzelte Gemeinschaft bilden – selbst dann, wenn du räumlich nicht mit ihnen zusammen bist. In Gemeinschaft begegnet man Gott leichter.

Voraussetzung, um „ein Herz und eine Seele" mit anderen zu sein, ist die innere Übereinstimmung mit sich selbst. Von hier aus kann eine wahre Liebe zum Nächsten wachsen. Hüte dich jedoch vor den Menschen, die in ihrer Unzufriedenheit andere aufhetzen und Schlechtes über sie reden. Ein Mensch jedoch, dessen Herz geeint ist, kann niemals eine Spaltung verursachen.

Sie waren ein Herz und eine Seele
auf dem Weg zu Gott.
Über Psalm 132,2,12

Nur in Eintracht mit dir selbst und anderen kannst du dich auf den Weg zu Gott begeben und in deiner Glaubensentwicklung Fortschritte machen. Du begegnest anderen Menschen, die sich in gleicher Weise von Gott angesprochen fühlen, und öffnest ihnen gegenüber dein Herz. In dieser Hinwendung zum Du und durch deine

Teilnahme am innerlichen Leben öffnest du dich gleichzeitig dem Schöpfer, um seine Liebe noch intensiver wahrnehmen und ihn wiederlieben zu können.

3 In einer klösterlichen Gemeinschaft verzichtet jeder auf persönliches Eigentum. Alles gehört allen gemeinsam. Die Gütergemeinschaft ist der erste Ausdruck und die erste Verwirklichung der Liebe zum Nächsten.

Aber auch für diejenigen, die keinem Kloster angehören, ist das Abwerfen einer Last – alles, was der Bewegung zu Gott im Wege steht – notwendig und erstrangig. Ebenso bewirkt auch das sich Einschränken in materiellen Dingen ein persönliches Freiwerden. Wichtig dabei ist, dass wir uns von der Bindung und dem Verhaftetsein an irdische Güter lösen, um Christus und dem Ruf Gottes in uns zu folgen. Auf diesem Weg wird das Miteinander-Teilen von materiellen und geistlichen Gütern zu einer Lebenshaltung, die den Egoismus überwindet und in liebender Zuwendung das Glück des anderen sucht. Das Teilen gehört zum Wesen der Liebe. Der geliebte Mensch besitzt auch das, was mein ist, und dann besitze ich in ihm, was ich in mir selbst nicht habe.

ÜBERWINDE DIE MISSGUNST, UND DIR GEHÖRT ALLES, WAS ICH BESITZE. AUCH ICH WILL DIE MISSGUNST ÜBERWINDEN, UND MIR GEHÖRT ALLES, WAS DU BESITZT. BESITZE IN LIEBE, UND DU BESITZT ALLES.

ZUM JOHANNES-EVANGELIUM 32,8

Schaffst du in dir selbst den notwendigen Raum für die Liebe zum anderen, schaffst du damit auch Raum für Gott in dieser Welt. Einfachheit in der Lebensführung bewirkt einen Prozess innerer Befreiung. Du solidarisierst dich mit anderen Menschen, die in Armut leben oder aus Krankheit entsagen müssen. Ein vereinfachter Lebensstil bringt hohen Gewinn.

4 Öffnet sich dein Glaubensweg und führt dich in eine Gemeinschaft, wirst du dort den unterschiedlichsten Menschen begegnen. Lass dich durch nichts und niemanden irritieren. Alle müssen im Gebet der Hingabe den Weg der Armut gehen. Das bedeutet: alle Bindungen an Irdisches aufgeben und im Geistigen alle bewusst gesteuerten Gedanken loslassen. In der Bergpredigt spricht Jesus daher von der Armut des Geistes. Menschen in dieser Armut preist er selig.

Schau also nicht bei Menschen, denen du begegnest, auf das, was sie sind und haben, oder auf das, was sie nicht sind und nicht haben. Allein wichtig ist, wie weit sie alle Bindungen, Gedanken, Vorstellungen und Erwartungen vor Gott aufgeben können.

Was hilft es dir,
wenn du mit leeren Händen dastehst
und doch im Herzen voller Habgier bist?

Über Psalm 51,14

5 Durch den gemeinsamen geistlichen Weg, den vom Charakter und von der Herkunft die unterschiedlichsten Menschen gehen, werden nicht die Unterschiede aufgehoben, sondern ihre individuelle Persönlichkeit wird entwickelt. Sei nicht neidisch, wenn sich bei deinem Nächsten etwas Gutes zeigt, über das du nicht verfügst. Er wird dich von selbst daran teilhaben lassen, wie auch du ihn teilhaben lässt an dem, was du besitzt und er nicht.

Kapitel 2
Demut – Voraussetzung für ein geistliches Leben

1 Selbst wenn die Liebe in allem an höchster Stelle steht, so ist sie doch nicht denkbar und erfahrbar ohne die Einübung der Demut. Somit kann auch wahre Gottesliebe nur auf dem Boden der Demut wachsen.

Ich möchte so gern, dass du dich mit aller Liebe Christus unterstellst und dir keinen anderen Weg bahnst, um die Wahrheit anzustreben und zu ihr zu gelangen als den Weg, den der sich selbst gebahnt hat, der als Gott die Schwachheit unserer Schritte kennt. Dieser Weg besteht in erster Linie aus Demut, in zweiter Linie aus Demut und in dritter Linie nochmals aus Demut …

SOOFT DU MICH NACH RICHTLINIEN FÜR DIE CHRISTLICHE FRÖMMIGKEIT FRAGST, SUCHE ICH KEINE ANDERE ANTWORT ALS: DIE DEMUT!

BRIEF 118,3,22

Überschreite deine Grenzen, indem du deine Vorurteile abbaust. Geh aus dir heraus und auf einen anderen Menschen zu. Vielleicht hat er schon lange auf eine Hinwendung von dir gewartet, selbst aber den ersten Schritt nicht gewagt, weil du ihm gegenüberstandest. Entledige dich allem, was auch einer inneren Begeg-

AUGUSTINER EREMIT

nung im Wege steht und erkenne den anderen in seinem Sosein liebevoll an. Damit die von dir ausgehende Liebe fließen kann, solltest du ein Kreisen um dich selbst aufgeben, sodass die Barrieren, die dich begrenzen und gefangen halten, zusammenbrechen. Der Weg zu deinem Nächsten und gleichzeitig zum Urgrund alles Geschaffenen, zu Gott, wird für dich frei und begehbar. Das allerdings kann nicht ohne Demut geschehen.

2 Der Hochmut dagegen ist der Ursprung und der Anfang aller Sünden, das Gegenteil der Demut und der Zerstörer der Liebe. Es gibt niemanden, den der Hochmut nicht zu Fall bringen könnte. Sowohl begüterte als auch begabte Menschen sind hier besonders gefährdet. Durch zu Grunde liegenden Stolz entwerten sie vor Gott all ihre guten Werke.

Lobe dich nicht, auch wenn du gut bist;
denn dadurch, dass du dich deiner Güte rühmst,
wirst du schlecht.
Über Psalm 25,2,11

Frage dich ehrlich, warum du Gutes tust. Geschieht es nur für dich selbst, zu deiner eigenen Ehre oder für andere und letztlich damit für Gott? Der Hochmut trachtet nicht nur nach bösen Taten, sondern darüber hinaus auch nach den guten Werken, um sie zu zerstören. Halte dich daher niemals für besser als andere und

schaue nicht geringschätzig auf sie herab. Der Hochmütige ist in das eigene Ich verliebt und unfähig, andere Menschen in ihrer je eigenen Art anzunehmen und menschlich und liebevoll mit ihnen umzugehen.
Versuche, damit sich niemals bei dir ein hochmütiges Verhalten einschleicht, durch Demut eine größere Liebe in dir wachsen zu lassen.

Du willst gross sein? Fange an mit dem ganz Kleinen. Du beabsichtigst, einen grossen und hohen Bau zu errichten? Denke zuerst an das Fundament der Demut. – Je höher das Gebäude werden soll, desto tiefer gräbt man das Fundament.

Predigt 69,2

3 „Ehrt gegenseitig in euch Gott."
Nur durch die Liebe zum Mitmenschen kannst du Gottes Liebe erfahren. Selbstverständlich gibst du Gott die Ehre durch dein Gebet, deine Anbetung, durch Versenkung und Meditation. Am meisten ehrst du ihn jedoch durch deine liebevollen Beziehungen zu anderen Menschen. Da jeder Gott in seinem Herzen trägt, sollte der hohe Wert der gegenseitigen Ehrerbietung und Achtung dir einleuchten. Du drückst das größte Lob Gott gegenüber aus, wenn du in einem guten Verhältnis zu deinen Mitmenschen stehst. In der Liebe zu deinem Nächsten begegnest du Gott, denn Gott wohnt in der Liebe.

Die Liebe ist die Erfüllung des Gesetzes Christi. Dieses Gesetz erfüllst du jedoch nur, wenn du in deinem alltäglichen und praktischen Leben die Liebe zum Nächsten pflegst. Glaubst du, Gott lieben zu können, ohne deinen Nächsten zu lieben, so scheint deine Gottesliebe nicht echt, sondern Selbstbetrug zu sein.

Denn wer seinen Bruder nicht liebt, den er sieht,
kann Gott nicht lieben, den er nicht sieht.
1. Brief des Johannes 4,20b

Unser Gebet, die Teilnahme an der Eucharistiefeier und generell am sakramentalen Leben, sagt noch nichts aus über unsere eigentliche Liebe zu Gott. Wenn du keine Liebe zum Mitmenschen hast oder sie nicht pflegst und vergrößerst, bleiben auch dein Beten und deine Teilnahme an den Sakramenten unfruchtbar.

Überall dort, wo man als Schwestern
und Brüder einträchtig zusammenlebt,
wird Gott verherrlicht. Denn in Zwietracht
lobt man den Herrn nicht. Ist denn nicht
ein froher Dank am Platz, wenn sich
Menschen begegnen, die in Christus wohnen?
Über Psalm 132,13,6

Und wisse: Die echte Liebe zu deinem Nächsten kann niemals der Liebe zu Gott im Wege stehen. In einer wahren Liebe wirst du immer das Wohlergehen des anderen in deinem Blick und in deinem Herzen haben. Übe niemals Macht über einen anderen Menschen aus und benutze ihn nicht, um eigennützige Ziele zu verfolgen. Damit würdest du seine Eigenständigkeit beschränken oder gar seiner Individualität schaden.

PRAEMONSTRATENSER

Kapitel 3
Gebet – Gesang der Seele

1 Eine wesentliche Voraussetzung für ein wirkmächtiges Gebet besteht darin, regelmäßig und möglichst immer zur gleichen Zeit zu beten. Dein Gebet sollte beständig und ausdauernd und niemals von einer Stimmung oder Laune abhängig sein. Entschuldige dich nicht mit einem Übermaß an Arbeit dafür, dass du nicht zum Beten gekommen bist. Wie zum Beispiel deine Arbeit und deine Mahlzeiten geregelt sind, so sollte das Gebet auch einen festen Platz in deinem Leben haben. Verlierst du dich jedoch in deine Arbeit oder in anderes und bleibt für dein Gebet nicht genügend Zeit übrig, darfst du davon ausgehen, dass deinem Leben etwas Wesentliches fehlt. Körperliche und seelische Krankheiten sind bei vielen Menschen die Folge eines einseitigen Tuns.

Zu deinem persönlichen Beten sollte das liturgische, das gemeinsame Gebet der Kirche hinzukommen. Hier betet Christus selbst in einem jeden von uns und es wird leichter, in einer Gemeinschaft den Klang seiner Stimme zu vernehmen. Zunächst spürst du, dass es wie von selbst in dir betet. Es ist Christus in dir, der sich mit seiner unendlichen Liebe für dich einsetzt.

2 Persönliches und gemeinsames Beten ergänzen einander. Es gibt Menschen, die haben das starke Bedürf-

nis, sich zunächst in sich zurückzuziehen, um innere Ruhe und ihren eigenen Gebetsstil zu finden. Erst viel später gehen sie dann aus sich heraus und suchen eine Glaubensgemeinschaft. Spüre daher erst einmal in dich hinein und nimm wahr, worin für dich der nächste Schritt besteht. Pflege dein persönliches Beten und vernachlässige es nicht.

Richte dir in deiner Wohnung einen bestimmten Platz ein, an dem du dich wohl fühlst. Ziehe dich dorthin immer wieder regelmäßig zum Gebet zurück. Achte darauf, dass dich nichts und niemand stört und dieser Raum nur dir allein und deiner Meditation vorbehalten bleibt.

3 Führe dein Beten über das mündliche Gebet und die damit verbundenen Gedanken durch Verinnerlichung langsam in dein Herz. Möge dir der Vorwurf Jesu nicht gelten:

> Dieses Volk ehrt mich mit den Lippen,
> sein Herz aber ist weit weg von mir.
>
> Matthäus 15,8

Zum rechten Beten sollte man die Türen schließen, um keine neuen Eindrücke von außen aufzunehmen. Innerlich wirst du Zerstreuungen und Ablenkungen vorerst nicht vermeiden können. Sie sind einerseits Folgen menschlicher Gebrechlichkeit, andererseits können viele fremde Gedanken während des Betens auch Lösung von inneren Spannungen sein. Sie führt dann zur Befreiung und einem tieferen Beten. Oft jedoch wird unsere Hinwendung zu Gott durch berufliche oder persönliche Sorgen beeinträchtigt, in die wir zur Zeit verstrickt sind. Und gerade dieses Übermaß an Spannung solltest du in die Hände Gottes legen.

Selbst wenn du das Gefühl hast, aus dieser oder jener Unvollkommenheit heraus momentan nicht beten zu können: Kürze dein Gebet weder ab noch unterlasse es. Unabhängig von deiner Befindlichkeit wird dir neue Kraft zuströmen. Ungewollte Störungen in deinem Gebet bewahren dich vor geistlichem Hochmut und lassen dich erkennen, wie wenig du aus dir allein vermagst und wie sehr du auf Gottes Gnade angewiesen bist.

Verlangen wir wahrhaft nach tieferem Glauben und Gottes Liebe, so ist dieses Verlangen die Grundlage oder gar die Seele eines jeden echten Gebetes.

Das Verlangen hört niemals auf zu beten,
selbst wenn die Zunge schweigt.
Wenn du ständig dieses sehnsüchtige Verlangen
in dir trägst, dann betest du auch ständig.
Wann ruht dein Gebet? Nur dann, wenn dein
sehnsüchtiges Verlangen erkaltet.

Predigt 80,7

4 Durch Gesang kannst du dich auf hervorragende Weise am Gottesdienst beteiligen und ihn verinnerlichen. Viele Menschen werden durch das Singen der Psalmen und Hymnen zutiefst ergriffen und berührt. Sie empfinden den kirchlichen Gesang als Hauch der Gnade. Doch das, was nicht für den Gesang geschrieben ist, soll auch nicht in der Gemeinschaft gesungen werden. Die Sängerinnen und Sänger mögen sparsam in der Wiederholung sein und den Gesang nicht nach ihrem

Birgittin

Gutdünken ausdehnen. Das Singen der Psalmen und Lieder kann das Herz mit göttlicher Liebe entflammen. Der ästhetische Genuss des Gesanges darf jedoch nicht unsere ganze Aufmerksamkeit in Anspruch nehmen, sodass der gesungene Text an uns vorübergeht.

WENN DIE TÖNE ZUGLEICH MIT DEN WORTEN,
DIE IHNEN LEBEN EINHAUCHEN, EINLASS BEI MIR
VERLANGEN, FORDERN SIE AUCH EINEN EINIGERMASSEN
WÜRDIGEN PLATZ IN MEINEM HERZEN.

BEKENNTNISSE X,33

Kapitel 4
Fasten – Weg zur Mitte

1 Gott hat in weiser Absicht den Genuss von Speise und Trank mit einer sinnlichen Befriedigung verbunden. Damit du jedoch das rechte Maß einhältst und in der gottgewollten Ordnung bleibst, ist es ratsam, wiederholt zu fasten. Unmäßigkeit schadet nicht nur der Gesundheit, sondern auch dem religiösen Leben. Von Zeit zu Zeit zu fasten unterstützt deine körperliche Gesundheit und fördert deine spirituelle Entwicklung.

HERR, STELL EINE WACHE VOR MEINEN MUND,
EINE WEHR VOR DAS TOR MEINER LIPPEN!

PSALM 141,3

Du verzichtest auf etwas nicht des Verzichtes wegen, sondern um dich selbst zu stärken und dunklen zerstörerischen Kräften besser Widerstand leisten zu können. Betrachte deinen Leib wie ein Reittier, dem du durch das Fasten Zügel anlegst. Das, was du in der Zeit deines Fastens sparst, solltest du anderen Menschen zukommen lassen, die in Not sind. Diese Verhaltensweise erhöht den Wert deines Fastens.

Faste jedoch nur, wenn es deine Gesundheit zulässt. Zwing dich zu nichts und meide jede Gewaltanwendung. Bist du krank, wirst du von selbst weniger Nahrung zu dir nehmen. Lege dir keinesfalls zusätzlich eine Askese auf. Das Ertragen deiner Krankheit verlangt von dir bereits Entsagung.

Beim Fasten, der Enthaltsamkeit und dem Verzicht geht es nicht darum, ungesteuertes und triebhaftes Verhalten abzutöten, sondern zu ordnen und zu kultivieren. Wolltest du etwas in dir abtöten, so ist es ein unnatürliches und letztlich auch unmögliches Unterfangen, das in der Schöpfungsordnung keinen Platz hat. Vertraue auf die Gnade; sie bewirkt, dass die Sünde nicht über dich herrscht. Lass dich vom Geist Gottes leiten, der dich in bestimmten Situationen enthaltsam sein lässt, damit du mit seiner Hilfe übermäßige Begierden zügeln und zähmen kannst.

2 Die Mahlzeiten, die du einnimmst, sollten von einer gewissen Kultur begleitet sein – auch dann, wenn du dich allein zu Tisch setzt. Nimm dir zum Essen genügend Zeit und danke dem Geber alles Guten. Gemeinsam die Mahlzeiten einzunehmen, ist von höherem Wert – besonders, wenn eine gute und aufbauende Unterhaltung hinzukommt. Auch schweigend in Gemeinschaft zu essen, kann zu einer größeren Innerlichkeit führen. In Klöstern gibt es vornehmlich bei den Mahlzeiten Tischlesungen. Nicht nur der Mund soll Nahrung aufnehmen, sondern auch die Ohren sollen hungrig sein nach dem Wort Gottes.

Der Mensch lebt nicht nur von Brot, sondern von jedem Wort, das aus Gottes Mund kommt.

Matthäus 4,4

Der sinnliche Genuss beim Essen erhält durch das Hören einer Lesung eine geistliche Komponente. In einer Gemeinschaft kann durch eine Tischlesung etwas zu Gehör gebracht werden, zu dem der Einzelne sonst vielleicht keinen Zugang gefunden hätte. Aber auch das Tischgespräch hat in einer Gemeinschaft hohen Stellenwert.

Seht, es kommen Tage – Spruch Gottes,
des Herrn –, da schicke ich den Hunger
ins Land, nicht den Hunger nach Brot,
nicht Durst nach Wasser,
sondern nach einem Wort des Herrn.

Amos 8,11

Kapitel 5
Hingabe – Wahrer Reichtum

1 Hab Respekt vor der individuellen Eigenart eines jeden Menschen und erkenne sie an. Nur allzu leicht können unterschiedliche Lebensweisen zur Quelle für Missgunst und Eifersucht werden. Ärger breitet sich aus und dem Betroffenen wird sogar eine unberechtigte Schuld zugewiesen. Sollte sich nicht der stärkere Mensch an seiner Stärke freuen und wahrnehmen, dass er letztlich weniger Bedürfnisse hat als der Schwächere oder Kranke?

Hast du bestimmte Fähigkeiten, die andere nicht haben und ihrer Natur entsprechend sich auch nicht aneignen können, so treibe sie nicht dazu an und verlange nicht Unmögliches von ihnen. Erkenne jedoch bei einem Kranken, der wieder genesen ist, seine Situation. Oft ist es besser, ihn zu fordern, als weiterhin eine zu große Rücksicht auf ihn zu nehmen.

Du magst dir dieses oder jenes auferlegen – wisse jedoch: Über allem steht die Liebe, die entgrenzt und sogar bestimmte Vorhaben und Gesetze aufhebt. Du weißt, wie leicht sich hinter einer zu starken Disziplin auch Überheblichkeit und Lieblosigkeit verbergen können.

Alles stolze Planen und die besten Vorsätze werden nichtig, wenn du damit anderen Menschen gegenüber rücksichtslos wirst. Auch die Gerechtigkeit kann unerbittlich werden, wenn du versuchst, den einen wie den anderen gleich zu behandeln. Bist du ausschließlich gerecht: Wo bleibt dann dein Mitleid? Liebe dagegen lässt Unterschiede und Ausnahmen zu. In manchen Lebenssituationen kann nicht Gerechtigkeit an erster Stelle stehen, sondern Nachsicht.

2 Versuche nicht, alle nach einem bestimmten Maßstab zu messen, sondern die Menschen individuell verschieden zu sehen, und, wenn geboten, entsprechend Rücksicht zu nehmen. In einer Familie oder Gemeinschaft ist es wichtig, dass Ausnahmen oder Vergünstigungen, die du eventuell gewähren musst, von den anderen Mitgliedern richtig aufgefasst und gebilligt werden. Sie dürfen es auf keinen Fall übel nehmen oder sich zurückgesetzt fühlen.

Nur allzu leicht messen wir den anderen mit unseren eigenen Maßstäben und neigen dazu, vorschnell über ihn zu urteilen. Wir gehen von unseren Fähigkeiten aus und meinen, was wir leisten können, müsse auch der andere fertig bringen – worauf wir verzichten können, müsse auch er verzichten. Gesunde und begabte Menschen sind diesen Versuchungen besonders ausgesetzt. Sie machen den Schwächeren Vorwürfe, sind ihnen gegenüber oft ungehalten und lieblos. Anstatt rücksichtsvoll zu sein, erheben sie sich leicht über die anderen und halten sich für besser und fortgeschrittener.

Stehe aber auch demjenigen, der mehr zu leisten vermag als du, nicht im Wege und hemme sein Engagement nicht. Natürlich darf der eine in einer Lebensgemeinschaft nicht alle Last auf sich nehmen, während es sich der andere bequem macht. In allem jedoch ist nicht diese oder jene Leistung entscheidend, sondern die Größe der Liebe und die damit verbundene Rücksichtnahme.

3 Wenig nötig zu haben ist besser als viel zu besitzen. Hast du für dein Leben wenig nötig, darfst du eine große und immer größer werdende innere Freiheit erleben. Viele Menschen dagegen leben in einem unstillbaren Drang nach immer mehr. Sie werden abhängig und verlieren ihre innere und bald auch ihre äußere Freiheit. Menschen, die wenig Geld haben, können mit Wenigem zufrieden sein. Sind sie jedoch reich geworden, schleicht sich oft Unzufriedenheit ein und sie verlangen nach immer mehr.

Denn mehr Geld schliesst den Rachen der
Habsucht nicht, sondern sperrt
ihn nur noch weiter auf.
Mehr Besitz stillt den Durst nicht,
sondern steigert ihn noch.
Ein Glas Wasser weisen sie zurück,
weil sie einen ganzen Strom voll Wasser
haben möchten.

Predigt 40,6

Wenn du es hingegen vermagst, die irdischen Lebensverhältnisse mit christlichen Maßstäben zu messen und dich nach ihnen richtest, belastest du dich nicht mit unnötiger Schwere und bleibst frei von Bindungen an Materielles. Du bist wahrhaft reich, wenn du in der Lage bist, viel entbehren zu können.

Es geht nicht darum, materielle Armut anzustreben, sondern die Abhängigkeit von Besitz und das ständige Habenwollen, das viele reiche Menschen so arm macht, aufzugeben. Zu diesem eher materiellen Aspekt kommt noch ein geistiger hinzu: die ständigen Wünsche, dieses oder jenes sein oder haben zu wollen. Du bist wahrhaft reich, wenn du in der Lage bist, auch all das aufgeben zu können, was du haben möchtest.

Kapitel 6
Augen – Boten des Herzens

1 Deine Kleidung sagt viel aus über deinen Lebensstil und über deine innere Haltung. Oft wird durch äußeren Aufwand eine innere Leere verdeckt. Lass dich daher durch ein allzu gepflegtes äußeres Erscheinungsbild nicht täuschen. Die Lebensführung eines Menschen ist entscheidend. Sie macht ihn zu dem, was er ist – nicht seine Kleidung. Kleide dich einfach, sodass du möglichst nicht auffällst. Einfachheit und Wahrhaftigkeit gehören zusammen. Sie sind ein wesentlicher Bestand-

teil christlichen Lebens. Einfachheit gereicht auch deiner Seele zum Besten.

Versuche niemals durch Äußerlichkeiten bei anderen Menschen einen bestimmten Eindruck zu erwecken. Du kannst sowohl durch ein Zuviel auffallen als auch durch ein Zuwenig. Das heißt: Vernachlässige dein Äußeres nicht. Lebst du aus einer Gott erfüllten Innerlichkeit, spiegelt sich dein inneres Leben in deinem äußeren Erscheinungsbild wider.

Ja, ich gestehe ein, dass ich mich schämen würde,
ein kostbares Kleidungsstück zu tragen,
denn es würde nicht zu meiner Berufung passen.
Predigt 356,13

2 Die Ordensleute werden gebeten, nicht allein auszugehen, sondern immer zu zweit. Selbst wenn sie ans Ziel gelangt sind, sollen sie zusammenbleiben. Wird einer fallen, so kann ihn der andere halten und wieder aufrichten.

Lebst du in einer Familie oder mit anderen Menschen unter einem Dach, bist du ihnen in gewisser Weise verpflichtet. Sie haben zumindest ein Recht darauf, zu wissen, wo du hingehst und wo du dich aufhältst, wenn du für längere Zeit das Haus verlässt. Deine Offenheit gibt nicht nur dir Sicherheit, sondern auch den Menschen, denen du etwas bedeutest und die sich für dich mitverantwortlich fühlen. So solltest auch du um die anderen wissen – besonders wenn sie allein unterwegs sind.

3 Bei allem Recht, das dir zukommt, deinen eigenen Weg zu gehen, unterliegst du auch Pflichten anderen Menschen und der Schöpfung gegenüber. Stell dich daher nicht bewusst in den Mittelpunkt, sondern bleibe eher bescheiden in dem Wissen, dass für dich das Rechte von selbst auf dich zukommt.

Gib anderen Menschen keinen Anlass, sich über dich zu ärgern und provoziere sie nicht. Oft musst du dich sogar mit einer erkannten Wahrheit zurücknehmen, um anderen nicht weh zu tun. Erkenne daher rechtzeitig, in welcher Situation du wem was sagen kannst oder eher schweigen solltest.

4 Das Auge ist der Bote des Herzens. Durch dein Auge gibst du deine Absichten, auch ohne Worte, zu erkennen. Hältst du nach jemandem oder irgendetwas Ausschau, zeigst du gleichzeitig deine innere Haltung. Es gibt verschiedene Möglichkeiten zu schauen. Im Wahrnehmen der Schönheit der Natur, und das bedeutet auch anderer Menschen, liegt etwas sehr Erhabenes und Gottgefälliges. Wird dein Blick jedoch besitzergreifend, sodass du etwas oder jemanden nur für dich selbst und deine momentane Befriedigung in Anspruch nehmen willst, sei auf der Hut und gib dem Verlangen nicht nach.

DU GEHST AUS UND WIRST VON IHM GESEHEN;
DU TRITTST EIN UND WIRST VON IHM GESEHEN.
DIE LAMPE BRENNT, ER SIEHT DICH;
DIE LAMPE ERLISCHT, ER SIEHT DICH.
DU BETRITTST DAS SCHLAFGEMACH, ER SIEHT DICH;
DU VERSCHLIESST DICH IN DEIN INNERES, ER SIEHT
DICH. IHN EHRE, DESSEN SORGE ES IST, DICH ZU SEHEN.

PREDIGT 132,2

5 Gerade dann, wenn du in Frieden zu leben glaubst und denkst, keine Versuchung mehr fürchten zu müssen, bietest du dem Angriff ein dankbares Ziel. Allzu schnell mischt sich in den unbefangenen täglichen Umgang mit anderen Menschen der Wunsch oder das Verlangen nach sexueller Begegnung. Ein Blick verrät sofort das Begehren deines Herzens. Unser Sehvermögen ist eine wunderbare Gabe, von Gott geschaffen, doch das „Anblicken in sündhafter Absicht" führt zu einer Distanz zum Schöpfer, dem Urgrund Liebe.

Unser Auge spiegelt das Herz wider. Alles, wie auch die Untreue in sexueller Hinsicht, geschieht zuerst im Herzen des Menschen. Du solltest um diese Zusammenhänge wissen, damit du dich niemals über andere erhebst, sondern dir umso tiefer deiner Unzulänglichkeit bewusst bist. Richtest du dein Auge mit sexueller Begierde auf jemanden, wird nicht nur er selbst es wahrnehmen, sondern es bemerken auch andere Menschen. Und gerade diejenigen werden dich sehen, von denen du glaubst, nicht gesehen zu werden. Lüsterne Augen sind unersättlich. Versuche daher dem Schöpfer zu gefallen, damit du nicht versuchst, anderen Menschen auf sündhafte Weise zu gefallen.

Eine Kloster-Gemeinschaft oder eine Familie, in die du eingebunden bist, kann dir außerordentlich helfen, wenn du fällst. Gerade hierin zeigt sich der große Segen einer Gemeinschaft.

Johanniter-Bruder mit Beutelbuch

6 Fühle dich als Glied einer Kette, die von der Erde bis in den Himmel reicht. Du bist niemals allein, sondern immer eingebunden in eine Gemeinschaft, die du auch über dieses Leben hinaus mit den Verstorbenen bildest. Hinzu kommen behütende Kräfte, die dir zur Seite gestellt sind. Gib also Acht, wer aus deiner Nähe deine Hilfe braucht, und sei gleichzeitig offen und bereit – wenn notwendig – auch von anderen einen Hinweis, Unterstützung und Hilfe anzunehmen. Verantwortung und Sorge füreinander zu tragen, ist wie eine Brücke, die über Abgründe führt. Es geht dabei nicht nur um äußere Zuwendung, sondern vornehmlich auch um das Heil der Seele.

Du darfst der Liebe Gottes und seines Schutzes gewiss sein durch die Menschen, mit denen du zusammenlebst. Du trägst für alle Verantwortung mit und wirst gleichzeitig durch die Verantwortung der anderen mitgetragen. Gott beschützt uns, wenn wir unseren Nächsten beschützen und gleichzeitig die Liebe und Sorge, die von ihm ausgeht, annehmen. Gott sorgt für uns durch andere Menschen.

Kapitel 7
Ziel – Heil werden an Körper, Geist und Seele

1 Scheue dich nicht, bei jemandem, für den du mitverantwortlich bist, einzugreifen, wenn du siehst, dass

er in Gefahr ist. Scheue dich nicht, ihn in akuten Situationen zurechtzuweisen, damit Anfängliches nicht weiterwächst und sofort behoben werden kann. Selbst wenn dein Eingreifen hart und unliebsam erscheint, darfst du dich deiner Aufgabe nicht entziehen. Führe zuerst ein oder mehrere Gespräche unter vier Augen. Wenn jedoch keine Zeichen der Besserung erkennbar werden, ziehe eine dritte Person zu Rate.

Besser ist es, mit Härte zu lieben,
als durch Sanftmut zu hintergehen.
Brief 93,4

2 Siehst du Unrechtes oder gar Böses und unternimmst nichts dagegen, handelst du lieblos, ja, sogar verantwortungslos. Indem du zu einer Sache schweigst, die jemanden an den Abgrund führt, machst du dich mitschuldig, wenn er zugrunde geht.

Viele Menschen haben bei Schmerzen Angst vor einem eventuellen Eingriff des Arztes. Daher verschweigen sie oft ihre Krankheit solange es eben möglich ist. Du erweist einem Kranken einen großen Dienst, wenn du alles tust und ihn vielleicht sogar bedrängst, bis er sich ärztlich behandeln lässt. Sorgst du für rasche Hilfe und rettest vielleicht dadurch sein Leben, so wird dich niemand lieblos nennen. Es ist unverantwortlich, eine schmerzhafte oder bedrohliche Krankheit unbehandelt zu lassen, nur weil der Patient Angst hat.

Was ist in der Tat liebevoller als ein Arzt mit dem Operationsmesser in der Hand? Natürlich weint derjenige, der behandelt werden soll, aber die Behandlung durch den Arzt ist keine Grausamkeit. Wir denken gar nicht daran, dies als Hartherzigkeit zu bezeichnen. Sicher, der Arzt ist hart gegen die Wunde, aber nur, damit der Patient wieder gesund wird. Wäre er gegen die Wunde zu sanft, dann ginge der Patient zugrunde.

Predigt 83,7–8

3 Was für die Erkrankung des Körpers gilt, das gilt ebenso für die Erkrankung der Seele. Jeder Eingriff ist zwar schmerzhaft, doch dient er in jedem Fall der Wiederherstellung der Gesundheit. Sei dir darüber im Klaren, dass mit jedem heilenden Eingriff in das Leben eines anderen unangenehme Begleiterscheinungen verbunden sind. Lass dich nicht irritieren, sondern schau auf das Ziel: die Heilung von Körper, Geist und Seele. Bist du von der Zurechtweisung selbst betroffen, wirst du sie zunächst als lieblos empfinden – später jedoch dankbar sein, dass ein dir naher Mensch den Mut und die Liebe aufbrachte, dir spontan zu helfen.

4 Greifst du bei jemandem in sein Leben ein, sollte es aus Liebe geschehen, aus Verständnis und Mitleid und aus Abneigung gegen Krankheit und Sünde. Der Liebe

allein ist es erlaubt, auch harte Worte zu gebrauchen. Spüre im Kleinen und Alltäglichen deine Verantwortung für das Ganze.

Wahre Liebe zu einem Menschen bedeutet nicht, dass du seine Verfehlungen gut heißt. Sie bedeutet aber, dass du seine Eigenart voll respektierst und darin auch seine Charakterfehler einbeziehst. Setze einen geliebten Menschen wie auch deinen Nächsten niemals mit seinem Fehlverhalten gleich, denn es gibt für ihn immer neu eine Möglichkeit zur Änderung und Besserung.

Liebe den von Gott geschaffenen Menschen, nicht aber die vom Menschen geschaffenen Fehler! Wenn du den Menschen liebst, dann wirst du ihn auch von seinen Fehlern befreien. Auch wenn du manchmal verpflichtet bist hart aufzutreten, tu es aus Liebe zur Besserung des Nächsten.

Predigten über den 1. Brief des Johannes 7,11

Kapitel 8
Teilhabe – Fortschritt auf dem Weg

1 Trage möglichst Kleidung aus Wolle oder Baumwolle, das heißt aus natürlichen Fasern. Selbst wenn du bestimmte Kleidungsstücke am liebsten täglich anziehen würdest, so wechsle trotzdem täglich deine Garderobe, damit sie auslüften und zwischenzeitlich gereinigt werden kann. Suche deine Kleidung individuell aus und wisse, dass sie deine innere Einstellung widerspiegelt. Nach einigen Jahren hat sie trotz guter Pflege und regelmäßigem Waschen so viel an Negativität aufgenommen, dass du sie – wenn es dir eben möglich ist – austauschen solltest. Folgst du diesem Rat, wirst du dich wesentlich wohler fühlen. Sorge um die Kleidung soll jedoch keineswegs so weit gehen, dass du darüber die viel notwendigere Sorge um dein Seelenheil vergisst.

2 Setze möglichst deine Arbeitskraft und den Erfolg deiner Arbeit so ein, dass auch andere Menschen daran teilhaben. In erster Linie sind dies deine Familie, deine Freunde und dir anvertraute Menschen. Je mehr du weitergibst, umso mehr wirst du auch empfangen. Dieser Schritt befreit dich aus einer Enge, die unser Ego immer wieder schaffen möchte. Richte daher nichts in deinem Leben so ein, dass du selbst den größten Nutzen daraus ziehst, sondern lass andere an deinem Gewinn teilhaben. Die Ausrichtung auf Gott wird dich daran hindern, dich selbst in den Mittelpunkt zu stellen und ein Leben zu führen, das ausschließlich von deinen eigenen Interessen bestimmt ist.

Frage dich nicht, was dir der geliebte Mensch, deine Familie und die Gemeinschaft bieten, sondern frage dich, was du für sie tun kannst. Du wirst umso größere Fortschritte auf deinem inneren Weg und in der Liebe zu Gott machen, je mehr du Sorge trägst um deinen Nächsten, anstatt deine eigenen Interessen in den Vordergrund zu stellen. So wird sich inmitten der Vergänglichkeit etwas Bleibendes und Überragendes zeigen – nämlich die Liebe. Die Liebe sucht nicht das Ihrige, sondern sie stellt das Gemeinsame über das Eigene und nicht das Eigene über das Gemeinsame. Glaube nicht außerordentliche Leistungen vollbringen zu müssen, um diesen Weg zu beschreiten, sondern bleibe den dir anvertrauten Menschen und den kleinen Dingen im Alltag treu.

Im Kleinsten treu sein ist etwas Grosses.

Die christliche Liebe 4,35

Kapitel 9
Fürsorge – Weg in die Gemeinsamkeit

1 Achte bei aller geistig-geistlichen Hinwendung auch auf dein Äußeres und vernachlässige es nicht. Die Schönheit der Seele möchte nicht verborgen bleiben, sondern sie möchte sich auch durch deinen Körper ausdrücken und sich in der Kleidung widerspiegeln. Die Sorge für das Äußere darf jedoch niemals im Vordergrund stehen, denn ein übertriebenes Verlangen nach äußerer Schönheit kann die innere Schönheit der Seele verunreinigen.

2 Wasser- und Wärme-Anwendungen jeglicher Art unterstützen deine Gesundheit. Sie sind oft sogar vom Medizinischen her wegen der heilkräftigen Wirkung notwendig. Empfehlenswert ist es jedoch, öffentliche Badeeinrichtungen oder die Sauna nicht allein, sondern zu zweit zu besuchen. Selbst wenn du die Behauptung nicht zulässt, so bergen doch Besuche dieser Art eine sittliche Gefahr in sich. Allein durch Blicke oder Berührungen bist du wesentlich anfälliger. Durch vorgegebene medizinische Massagen ist schon mancher Kontakt zustande gekommen, der nicht hätte sein dürfen.

Dein Maßstab sollte jedoch darin bestehen, für deine Gesundheit alles zu tun, was nützlich oder notwendig ist.

3 Klagt jemand über Schmerzen, so nimm ihn und sein Klagen ernst. Stellst du bei ihm übertriebene Ängstlichkeit fest, führe ihn auf den Boden der Realität zurück. Beobachtest du jedoch, dass er mit seiner Krankheit achtlos umgeht, so mache ihn auf eventuelle Gefahren aufmerksam. Versage einem Patienten nichts, was für seine Genesung notwendig ist. In jedem Fall ziehe aber einen Arzt zu Rate.

Es kann sein, dass du in der Pflege eines Kranken sehr gefordert wirst. Entziehe dich deinen Pflichten nicht. Tiefer Friede und inneres Glück werden dich erfüllen, wenn alles vorüber ist. Habe jedoch niemals den Ver-Dienst bei deinem Tun im Blick, sondern lass dich ganz auf den Dienst an dem ein, der jetzt deine Hilfe benötigt. In deinem selbstlosen Dienen wird die Tiefe und Echtheit deiner Liebe offenbar.

4 Übe dich ein, mit großer Hingabe zu beten, besuche den Gottesdienst, erfülle deine beruflichen und privaten Pflichten, genieße deine freie Zeit und pflege die Gemeinschaft. Doch vergiss darüber nicht, dich intellektuell weiterzubilden. Neben vielen täglich notwendigen Informationen solltest du dich auch geistlicher

Dominikaner

Literatur zuwenden. Ein Buch ist etwas sehr Kostbares, wenn du es nicht nur dein Eigen nennst, sondern wenn dich sein Inhalt anspricht und dich auf deinem Lebensweg weiterbringt. Du kannst auch ohne materiellen Aufwand ein größeres Wissen gewinnen, denn dir stehen viele Bibliotheken offen. Sollte dich jedoch ein geistliches Buch besonders stark berühren, versuche es für dich selbst zu erwerben, um immer wieder mit Gewinn darin lesen zu können.

Kapitel 10
Verzeihen – Zugang zu Gott

1 Spannungen, Meinungsverschiedenheiten und Erschütterungen sowohl im persönlichen Leben als auch im Leben einer Gemeinschaft sind nicht zu vermeiden. Sie müssen ausgehalten und – wenn möglich – gelöst werden. Die Individualität eines jeden sollte allerdings unter allen Umständen gewahrt werden, und niemand darf sich über seinen Nächsten erheben. Gehe niemals Konflikten aus dem Weg, sondern versuche sie möglichst zusammen mit anderen Menschen zu lösen. Wichtig dabei ist, dir die Frage zu stellen, wie es nach einem Konflikt weitergehen soll.

Auseinandersetzungen sind notwendig und du solltest dich ihnen auch stellen. Vermeide jedoch jeglichen Streit. Wenn es aber unerwartet Streit gibt, so versuche von dir aus alles, ihn so bald wie möglich zu beenden. Oft liegt die Wurzel von Streitigkeiten tiefer, besonders wenn es um Ausübung von Macht und um Einfluss geht. Viele möchten – oft unbewusst – andere Menschen von sich abhängig machen, um mit ihnen entsprechend „umgehen" zu können.

Wenn du nicht aufpasst und negative Eindrücke nicht möglichst schnell wieder ausdrückst, besteht die Gefahr, dass aus kleinen und harmlosen Wut- und Zornausbrüchen Hass wird.

Bisweilen bricht auch in den Hafen der Sturm herein. Und obwohl es hier keine Klippen gibt, prallen die Schiffe aneinander und zerschellen.

Über Psalm 99,10

Ein Böse-Sein darf sich nicht verfestigen und verhärten, sodass Bleibendes daraus wird. Ein Mensch, der hasst, will für den anderen das Böse und letztlich damit auch seinen Tod.

Du hast – wie du sagst – nichts anderes getan, als einen Menschen gehasst. Aber genau dadurch hast du zuerst dich selbst getötet, und zwar noch vor dem anderen.

Predigt 49,7

Ein hassender Mensch entbehrt vollständig der Liebe. In seinem aggressiven Tun anderen Menschen gegenüber ist er so besessen, dass er nicht einmal bemerkt, wie er damit auch seine eigene Seele tötet.

2 Hüte dich vor allzu harten Worten. Hegst du sie jedoch in deinem Herzen und sind sie deinem Mund entglitten, dann versuche aus demselben Mund, der die Wunden geschlagen hat, auch die heilenden Worte der Vergebung hervorzubringen. Aber auch derjenige, den du beleidigt hast, sollte dir ohne lange Auseinandersetzungen verzeihen. Die Aussöhnung darf nicht lange auf sich warten lassen; sie muss schnell erfolgen. Unausgesprochenes setzt sich sonst fest und wird zu einer Krankheit, die deine Seele und damit die Wurzel deines Seins befällt. Du kannst besser mit jemandem auskommen, der zwar schnell wütend wird, aber einsieht, dass er Unrecht getan hat und dies schnell wieder gutmacht als mit jemandem, der nicht so aufbrausend ist, dafür jedoch nur zögernd oder gar nicht bereit ist, sich zu entschuldigen.

Eine eventuelle Unversöhnlichkeit deines Herzens schadet nicht nur dem anderen und dir selbst, sondern auch deinem Gebet. Wie kann ein Herz voll Argwohn, in dem sich vielleicht schon Hass angesammelt hat, aufrichtig die Vaterunser-Bitte aussprechen: „Vergib uns unsere Schuld, wie auch wir vergeben unseren Schuldigern.“? Nur wenn du verzeihst, öffnet sich dir ebenfalls der Zugang zu Gott wieder. Verzeihen bedeutet, den anderen erfahren lassen, dass er nicht mehr als Schuldiger vor dir steht. Andernfalls wird dein Beten des Vaterunser zu einer Lüge.

Der Herr, dein Gott, sagt zu dir:
„Sobald du vergibst, dann vergebe auch ich.
Hast du nicht vergeben, dann bist du es
selbst, der seine eigene Schuld gegen sich
sprechen lässt, nicht ich."
Predigt 59,13

3 Allzu leicht nur werden die Güte und das Wohlwollen eines Menschen in führender Position ausgenutzt. Es ist auf beiden Seiten notwendig, eine gewisse Disziplin zu wahren, um letztlich Freiheit genießen zu können. Bist du jedoch als Mutter, Vater oder Vorgesetzter durch harte Worte zu weit gegangen und hast das rechte Maß überschritten, sodass sich jemand verletzt fühlt, für den du Verantwortung trägst, dann denke über diesen Schritt sorgfältig nach. Viele lassen alles auf sich beruhen, um ihre Autorität nicht durch ein Wort der Entschuldigung zu untergraben. Sie haben Angst, dass hierdurch der Getadelte stolz und überheblich werden würde. Andere wiederum wenden sich ihren Kindern oder Mitarbeitern vertrauensvoll zu, um in einem ruhigen Gespräch die Angelegenheit zu klären oder gar ein Zuweit zu entschuldigen.

Wenn dir jedoch dieses nicht möglich ist, dann bitte inständig den Herrn aller Menschen um Verzeihung und finde baldmöglichst ein gütiges Wort. Darin wird der Betroffene deine unausgesprochene Entschuldigung spüren.

Eine „Liebe“, in der der Egoismus an erster Stelle steht, in der Zerstrittenheit und Missgunst herrschen und verleumderisches Reden, Hass und Herrschsucht eine Rolle spielen, kann nicht als Liebe bezeichnet werden. Die wahre Liebe zueinander muss sich vom Geist Gottes leiten lassen. Da wir jedoch keine reinen Geistwesen sind, offenbart sich selbstverständlich eine wahre Liebe auch durch unseren Leib – sie drückt sich körperlich aus und nimmt entsprechend Gestalt an. Denn menschliche Liebe ist kaum denkbar in einem rein vergeistigten Zustand.

Eine wahre, vom Geist Christi geleitete Liebe besteht in der Liebe zum Nächsten. Sie ist ganz auf das Wohl des anderen ausgerichtet, sodass das eigene Ich nicht mehr im Mittelpunkt steht.

Der Mensch muss lernen,
sich zu lieben, indem er lernt,
auf die Liebe zu sich selbst
zu verzichten.

Predigt 92,2,2

Kapitel 11
Gemeinschaft – Quelle der Innerlichkeit

1 In jeder Gemeinschaft, besonders in einer religiös geprägten, muss es einen inneren Zusammenhalt geben. Jeder sollte erfahren, wie wichtig er für alle ist und dass niemand ausgeschlossen wird. Das gemeinsame Leben kann somit zu einem Quell der Freude und der Innerlichkeit werden. Die Mitte ist Christus, aus der alle schöpfen.

Es wird immer jemanden geben müssen wie zum Beispiel eine Mutter oder einen Vater, der mehr Verantwortung trägt und das letzte Wort hat. Selbst wenn du nicht alles anerkennen und bejahen kannst, was die Vorgesetzten sagen und tun, so denke daran, dass Gott in jedem Menschen auf eine ganz besondere Weise anwesend ist. Dieses Bewusstsein wird dich davor schützen, jemandem Unrecht zu tun oder unliebsam vorzugehen.

2 Die Wünsche des anderen erkennen und sie – soweit es möglich ist – zu erfüllen, kann nur geschehen, wenn ein gegenseitiges Vertrauensverhältnis auf der Grundlage einer wahren Liebe besteht. In einer Familie wie auch in einer jeden anderen Gemeinschaft ist es für alle Mitglieder unumgänglich, sich zeitweilig unterzuordnen und das Wohl des anderen und der Gemeinschaft an die erste Stelle zu setzen. Dazu gehört auch im recht ver-

standenen Sinn der Gehorsam. Den Eltern und Vorgesetzten kommt hier eine besonders verantwortungsvolle Aufgaben und Rolle zu.

Trägst du eine Verantwortung für andere Menschen, so darfst du niemals misstrauisch oder engherzig sein. Das, was du sagst und von anderen erwartest, musst du selbst glaubwürdig leben. Von hier aus gehe auf die dir Anvertrauten zu und stelle die Liebe über jede Regel. Baue die Schwächeren auf, ermutige die Ängstlichen und habe Geduld mit jedem Einzelnen. Du weißt um deine Verantwortung, doch lass auch jeden erfahren, dass er für jeden verantwortlich ist.

3 Für diejenigen, die an der Spitze stehen und Verantwortung tragen, geht es keinesfalls darum, andere zu beherrschen, sondern ihnen zu dienen. Somit kann das Amt eines Vorgesetzten zeitweilig auch zu einer großen Last für diesen werden. Die Verantwortung kann er nur tragen, wenn er nicht nur an der Spitze einer Gemeinschaft steht, sondern gleichzeitig vertraut ist mit ihrer Basis. Die Verantwortung kann er nur tragen, wenn er anerkannt, geachtet und geliebt wird.

Wird der „Obere“ jedoch von der Gemeinschaft oder der Familie nicht akzeptiert oder unterstützt, erschweren sie ihm nicht nur durch ständige Kritik seine Aufgabe, sondern sie können ihm sogar seine Kraft nehmen.

Das Herz des Toren gleicht dem Rad am Wagen. Es hat nur Stroh und Heu zu tragen, doch es ächzt. Denn das Wagenrad kann das Ächzen nicht lassen.

Über Psalm 132,12

Einen anderen höher einzuschätzen als sich selbst ist eine Grundvoraussetzung für einen guten täglichen Umgang miteinander.

Bedenke: So wie du dich zu deinem Mitmenschen verhältst, so stehst du zugleich vor Gott. Sei also mehr darauf bedacht, von anderen geliebt als gefürchtet zu werden. In allem jedoch achte darauf, dass das Geliebt- und Respektiertwerden nicht um deinetwillen, sondern um Gottes Willen geschieht. Zur wahren Liebe gehört sowohl Ehrfurcht als auch Respekt.

4 Die Liebe zu Gott ist der größte Dienst, den wir uns selbst erweisen können. Wer nicht immer wieder versucht, mit der Schöpfung in Einklang zu leben und damit den Willen Gottes an sich geschehen lässt, ist nicht barmherzig, sondern grausam gegen sich und andere. Barmherzigkeit – ein Herz haben für den anderen – kannst du am besten üben, wenn du ein geistliches Ziel anstrebst und es an die erste Stelle deines Lebens setzt. Auf diesem Weg kommt auch dem Aufeinander-Hören eine große Bedeutung zu, denn die Rücksicht gehört mit zu einem wichtigen Werk der

Nächstenliebe. Der Liebe dienen und sie verwirklichen, führt somit auch zu unserem eigenen Heil.

Ihr seid zur Freiheit berufen.
Nur nehmt die Freiheit nicht zum Vorwand für die Selbstsucht, sondern dient einander in Liebe!
Brief an die Galater 5,13

Kapitel 12
Gnade – Liebeswerben Gottes

1 Viele Menschen sind spontan begeistert davon, geistlich zu leben. Sie haben gute Vorsätze und beginnen mit großem inneren Engagement. Doch leider erlischt diese Begeisterung schnell wieder und gerade da, wo sie durchhalten sollten, geben sie auf. Die Routine des Alltags holt sie ein und nimmt sie ganz in Anspruch. So gestaltet sich das Leben vieler Christen.

Geistlich zu leben bedarf keiner großen Anspannung und Leistung, sondern nur der rechten Gesinnung, der richtigen Einstellung und der Tat. Wir tragen in unserer Seele die Schönheit Gottes, die ihren Ursprung unerschaffen in Gott selbst hat. Verglichen mit der sich immer wieder verändernden und vergehenden Schönheit der Welt schenkt uns die göttliche Schönheit bleibende innere Ruhe und einen beständigen Frieden. Die Liebe allein vermag es, zu dieser Quelle vorzudringen und aus ihr zu schöpfen. In allem – auch in den Härten und Dunkelheiten dieser Welt – ist uns Christus Vorbild. Unsere vornehmliche Aufgabe ist es, ihn in uns durch unser Leben zum Leuchten zu bringen.

Je mehr in mir die Hoffnung wächst, jene Schönheit zu erblicken, desto mehr wendet sich ihr all mein Lieben und Verlangen zu.

Alleingespräche I, 17

Ist ein Mensch von der Liebe zu dieser geistigen Schönheit erfasst, dann beginnt er diese auch auszustrahlen. Er fühlt sich von vielem, was sein Leben belastete, befreit und empfängt eine ungeahnte Gnade, die er anderen weiterschenkt.

Die Sünde soll nicht über euch herrschen; denn ihr steht nicht unter dem Gesetz, sondern unter der Gnade.

Brief an die Römer 6,14

Ein Leben in Christus ist ein freier und froher Dienst vor Gott und kein erzwungenes Erfüllen von Vorschriften. Ein äußerlicher Gesetzesdienst entspricht weder der Botschaft Christi noch dem Leben eines Christen.

Wo der Geist des Herrn wirkt, da ist Freiheit.

2. Brief an die Korinther 3,17b

Durch dich und dein Leben mit und in Christus, der dich zur Freiheit befreit, kann die Anziehungskraft, die von ihm ausgeht, für andere Menschen erfahrbar und zum Heil werden.

2 Betrachte den Text, der eine Widerspiegelung der Heiligen Schrift sein möchte, als Hinführung zu einem geistlichen Leben, als Aufruf zu einem Leben in Freude und Freiheit und nicht als Gesetz oder gar Zwang. Bei allem jedoch ist es wichtig, Gesagtes nicht nur bejahend anzunehmen, sondern auch in das tägliche Handeln umzusetzen. Dabei sollte die Liebe zum Nächsten an erster Stelle stehen. Mögest du dich oft an das Gesagte und Empfohlene erinnern und dazu wiederholt diesen Text lesen, was dir gegen die Vergesslichkeit hilft und Wesentliches erneuert. Sei beim Lesen und Erinnern jedoch wach und falle nicht in Gedankenlosigkeit. Übersieh neben dem Dunklen, das es in deinem Leben gibt, nicht das Lichtvolle und deine guten Werke. Danke dem Herrn für alles, aber rühme dich nicht deines Gut-Seins.

LOBE DICH NICHT, AUCH WENN DU GUT BIST,
DENN DADURCH, DASS DU DICH DEINER
GÜTE RÜHMST, WIRST DU SCHLECHT.
ÜBER PSALM 25,2,11

Danke dem Herrn aus ganzem Herzen, dem Geber alles Guten, wenn es dir heute geschenkt und gelungen ist, mit anderen besser umzugehen und offen für sie zu sein. Bist du jedoch hinter dem, was du dir vorgenommen hast, zurückgeblieben, dann zweifle nicht an dir, sondern hoffe darauf, dass Gott dir in allem vergibt. Er schickt dir die Kraft, neu zu beginnen. Auch deine Fehler – siehst du sie ein und führen sie dich zur Demut – haben den Sinn, dich zum Besseren zu motivieren.

Für Menschen, die Gott lieben, lässt Er alles zum Guten werden. „Alles“ ist so umfassend, dass selbst einer dadurch, dass er vom rechten Weg abkommt und abirrt, noch Fortschritte im Guten machen kann, weil er demütiger und an Erfahrungen reicher zurück kehrt.

Über Zurechtweisung und Gnade 9,24

Nimm dich für die Zukunft in Acht und bitte Gott darum, nicht der Versuchung zur Eigenliebe zu erliegen. Bitte ihn um echte und wahre Liebe, die die Erde wieder mit dem Himmel verbindet, andere Menschen aufrichtet und ihnen Lebensfreude schenkt.

Benedikt

476/80 bis 547

Benediktiner Abt

Jedes Mal, wenn die Kirche sich zu sehr veräußerlichte und eine Einrichtung der Welt zu werden drohte, waren es geisterfüllte Menschen und Gemeinschaften, die den Geist der Kirche retteten und weitertrugen. Durch Entsagung und Versenkung im Gebet schenkte sich ihnen die Klarheit und Entschiedenheit des Heiligen Geistes, der sich somit neu entfalten konnte. Es wird immer Menschen geben, die das Zeitliche in die Ewigkeit hineintragen und somit die lebendige und geisterfüllte Verbindung von Himmel und Erde aufrechterhalten.

Die Regel des heiligen *Benedikt* hat wesentlich dazu beigetragen, der Kirche den geistlichen Charakter zu erhalten, der ihr von Anfang an eigen war und zu ihrem Wesen gehört. Die einzige erhaltene Quelle für das Leben Benedikts und das erste Zeugnis für seine Mönchsregel ist das „Buch II der Dialoge“ von *Gregor dem Großen* (540–604).

Benedikt, der zwischen 476 und 480 in Nursia (heute Norcia, 110 Kilometer nordöstlich von Rom) geboren wurde, entstammte dem altrömischen Landadel des Sabinergebirges. Nach unvollendetem Studium der Rechte in Rom – um nicht der moralischen Unordnung seiner Mitstudenten zu erliegen – entschied sich Benedikt mit siebzehn Jahren für die Einsamkeit und wurde Mönch. Von einer Asketengemeinschaft, der er sich zunächst angeschlossen hatte, zog er sich zurück und lebte drei Jahre als Einsiedler in einer Grotte in

Subiaco. Hier im Aniotal sammelte sich schon sehr schnell ein Kreis von Schülern um ihn, die er in kleine Lebensgemeinschaften aufteilte. Mit der Zeit entstanden daraus zwölf Klöster, die Benedikt leitete.

Um 529 gründete er die erste Abtei auf dem Montecassino, ungefähr 120 Kilometer nordöstlich von Rom. Benedikt, eher ein nüchterner Römer, war ganz und gar vom geisterfüllten Wesen des Mönchtums durchdrungen. Bewusst wollte er in der Tradition der Kirche leben, doch gleichzeitig war er ein Mann der Freiheit, der sich verschiedenen Richtungen in der Kirche und der Welt öffnete, der horchte und vor allem weiterkommen wollte. Beeindruckend war seine Demut, die sich darin zeigte, dass er sich immer am Anfang wusste – gering vor Gott. Fantastische, teuflische Trugbilder, die seine Mönche erschreckten, durchschaute Benedikt als ein Nichts. Er las in den Herzen und erkannte geheime Schwächen seiner Mönche. Er besaß die Gabe der Unterscheidung und der Vorausschau. Er verstand es, in sich und anderen einen Raum des Schweigens zu schaffen, in dem der Mensch sich für die Gegenwart Gottes öffnen kann. Die Liebe war für ihn auf dem geistlichen Weg Ausgangspunkt und Ziel. So sehr Benedikt den Wert der Gemeinschaft schätzte, so vereinnahmte er doch nicht die einzelne Person, sondern ließ ihr liebende Rücksichtnahme zuteil werden.

Ab 534 verfasste Benedikt auf dem Montecassino seine Mönchsregel. Sie wurde nicht in einem Stück geschrieben, sondern ist im Laufe vieler Jahre gewachsen, korrigiert, überarbeitet und ergänzt worden. Da Benedikt mit der antiken und biblischen Rhetorik vertraut war, konnte er den Worten der Regel größtmögliche Eindringlichkeit verschaffen. Sie betrachtet die Heilige Schrift als ihren eigentlichen Grund. Die bedeutenden Mönchsregeln der Zeit wie zum Beispiel die des *Basilius* und *Augustinus*, waren Benedikt bekannt. Hinzu kommt die Magisterregel eines unbekannten Mönches. Einen weiteren großen Einfluss auf Benedikt hatte *Johannes Cassian* (um 360–435), der das Leben, Wirken und Beten der Wüstenväter beschrieb.

Die Regel ist ein Buch geistlicher Weisung. Sie möchte Hilfestellung geben, damit der Einzelne wie auch eine Gemeinschaft nach dem Evangelium leben kann. Die Christus-Begeisterung Benedikts spiegelt sich in der Regel wider: Christus, der Auferstandene, ist der Mittelpunkt von allem. Der Schlüssel zum Verständnis der gesamten Regel ist das Wort aus dem 72. Kapitel: *Christus überhaupt nichts vorziehen, der uns alle gemeinsam zum ewigen Leben führen möge.*

Diese Worte stellen den Höhepunkt und gleichzeitig die Tiefendimension der Regel dar: die Radikalität der Christus- und Nächstenliebe, die Dynamik des Weges zu Gott, das Miteinander von Gnade und Menschlichkeit und die Wichtigkeit des Gebetes. Auf Christus hin werden die Grundhaltungen geistlichen Lebens eingeübt: Beten ohne Unterlass, Achtsamkeit auf das Wort des Herrn, wache Aufmerksamkeit für die Bedürfnisse des Einzelnen, Achtung voreinander, Rücksicht auf die Schwachen, Kranken und Älteren und die Nächstenliebe.

Gebet und Arbeit durchdringen sich gegenseitig. Gott soll nicht nur durch das Gebet, sondern auch durch die alltägliche Arbeit verherrlicht werden. *Bete und arbeite* war die sprichwörtliche Fassung für Benedikts Gesamtidee vom Mönchtum. Darüber hinaus betont er besonders den Wert des Schweigens, der Demut und des inneren Gebetes.

Der Mensch, der aus der Regel spricht, und der, der angesprochen wird, ist ein aufgeweckter und aufgeschlossener, sich seiner Grenzen und seiner guten und schlechten Eigenschaften bewusster und lebensbejahender Mensch. Die Voraussetzung, dass die Regel ihrem Wesen entsprechend sinnerfüllend wirkt und formen kann, ist guter Wille und die Bereitschaft zu lernen. Die Benediktregel möchte denjenigen, der sie beachtet, ganz von Gott erfüllen – in ruhevoller Bewegung von Gott her auf Gott hin, von der Arbeit zum Gebet und zum Schweigen.

Sie leitet dazu an, die unbegrenzten Möglichkeiten zum Guten und Besseren zu erfahren und sich von dunklen und bösen Kräften abzugrenzen, um den eigentlichen Kern eines jeden Menschen wahrnehmen und ehren zu können.

Zum Schluss der Regel öffnet Benedikt weit die Tore auf die Unendlichkeit Gottes. Er hat uns nicht nur mit seinem Werk ein unvergängliches Lebenselement zukommen lassen, sondern auch dem ganzen Abendland stärkste kulturelle Anregungen geschenkt.

Er schrieb eine Regel für Mönche, ausgezeichnet durch maßvolle Unterscheidung und wegweisend durch ihr klares Wort. Wer sein Wesen und Leben genauer kennen lernen will, kann in den Weisungen dieser Regel alles finden, was er als Meister vorgelebt hat: Der heilige Mann konnte gar nicht anders lehren als er lebte.
(Gregor der Große, Buch II der Dialoge, 199)

Orden, die heute noch nach Benedikts Regel leben

Benediktiner und Benediktinerinnen, Zisterzienser und Zisterzienserinnen, Trappisten und Trappistinnen

Geistlich leben nach Benedikt

Vorwort

Horche mit deinem Herzen, der Mitte deines Wesens, auf die Weisung, die für dich bestimmt ist. Mache dich frei von allem, was dem wirklichen Schweigen im Wege steht, um für das Wort offen zu sein. Baue Vorurteile und innere Barrieren ab. Du kannst dein Leben nur dann im Sinne des Schöpfers verwirklichen, wenn du dem persönlichen Anruf Gottes entsprichst, seinen Zuspruch annimmst und in diesem Sinne handelst.

Hört das Wort nicht nur an,
sondern handelt danach;
sonst betrügt ihr euch selbst.
Brief des Jakobus 1,22

Sei dir bewusst, dass auch ein menschliches Wort die Aufgabe haben kann, das Wort Gottes zu vermitteln. Es will mit Liebe, Aufmerksamkeit und innerer Sammlung erlauscht und aufgenommen werden. Hat sich dein Weg von Gott entfernt, so hast du immer die Möglichkeit zu ihm zurückzukehren. Höre auf sein Wort und ge-„horche" ihm, indem du dich – vom Herrn eingeladen – von ihm anziehen lässt. Doch allzu leicht nur halten dich immer wieder Trägheit und Nachlässigkeit, Ablenkung und Oberflächlichkeit davon ab. Lässt du dich einfach gehen, besteht die große Gefahr, abzugleiten.

Bleibe daher wach und interessiert an allem, was deine Religiosität anspricht, sodass die Spiritualität deines Herzens wachsen kann. Indem du die Antwort Gottes vernimmst, die er in dich hineingelegt hat, kehrst du horchend, hörend und gehorchend zum eigentlichen Leben zurück. Das Wort, das an dich gerichtet ist, möge dich, wer auch immer du bist, zutiefst berühren. Es ist ein Wort, das nicht von Menschen, sondern vom Vater stammt. Alles, was der Nachfolge Christi im Wege steht, solltest du hinter dir lassen. Widersage den Werken des Bösen und lege deine Eigenwilligkeit ab.

Richte dich vielmehr mit Leib und Seele ganz auf Gott aus und meide alles, was seinem Heilsplan widerstrebt, das heißt, alles, was der Beziehung zu Gott und zu den Menschen entgegensteht. Lass Christus, den wahren König, zu deiner Lebensmitte werden. Zu dieser Mitte und aus ihr heraus gestalte dein Leben. Folge Christus, tue das Gute, indem du dich zunächst vom Bösen abwendest. Antworte dem Bösen mit dem Guten und liebe deinen Nächsten.

Was auch immer du dir an Gutem vorgenommen hast: Beginne stets mit einem Gebet der Hingabe. Bitte den Herrn, dass er all das, was du geplant oder womit du bereits begonnen hast, vollenden möge. Ohne Gottes Hilfe vermögen wir nichts. Verliere ihn daher niemals aus deinen Augen und aus deinem Herzen. Vertraue auf die große Macht des Gebetes und damit auf die Hilfe des Herrn. Gott wirkt Wunder und macht aus allen Fragmenten des Guten etwas Vollendetes. Halte daher im Gebet Ausschau nach seinen heilenden und vollendenden Kräften.

O Gott, komm mir zu Hilfe!
Herr, eile mir zu helfen.
Johannes Cassian, Coll. 10,10

Die vielen Fragmente des Guten, die du angesammelt hast, werden von ihm, dessen einziges Anliegen du bist, zu einem Ganzen zusammengefügt. Als Kind Gottes trägst du zwar Verantwortung für dein Tun, doch darfst du der helfenden Gnade und Güte Gottes gewiss sein. Sorge also dafür, dass du dich niemals der Liebe Gottes entfremdest.

Gott hat sich in Jesus Christus für uns Menschen entschieden. Sollte daher unsere Entscheidung nicht auch für ihn entsprechend ausfallen? Er bewirkt Gutes in uns und bittet darum, ihm zu folgen. Es liegt einzig und allein an dir, dich Christus und seinem Wort anzuschließen und ihm so auf dem Weg in die Auferstehung und die Herrlichkeit zu folgen. Du hast jedoch auch die Freiheit, dich seinem Angebot zu verweigern, eigene Wege zu gehen und somit die Möglichkeit des Scheiterns in Kauf zu nehmen. Eine Entscheidung birgt stets etwas sehr Ernstes und Konsequentes in sich.

In jedem von uns ist eine Stimme, die uns ruft, vom Schlaf aufzustehen. Diese Stimme, die uns zur Wachsamkeit mahnt, spricht ebenso aus der Schrift zu uns.

Bedenkt die gegenwärtige Zeit:
Die Stunde ist gekommen, aufzustehen
vom Schlaf. Die Nacht ist vorgerückt,
der Tag ist nahe.

Brief an die Römer 13,11a.12a

Lass also den Schlaf, der dich von Gott entfernen kann, hinter dir und stehe auf. Sei wach und gegenwärtig, um das Wort, das an dich gerichtet ist, wahrzunehmen. Christus selbst ist und spricht dieses Wort. Er möchte dich aus unendlicher Liebe zu dir in seine Auferstehung hineinnehmen und dir die Herrlichkeit und ewiges Leben schenken.

Auf deinem geistlichen Weg offenbart Gott sich dir in deinem Herzen – sowohl im Wort als auch im Licht. Du hörst das Wort Gottes, begreifst seinen Sinn, verstehst die Bilder und Gleichnisse der Schrift und steigst langsam zur Erkenntnis der tieferen Wirklichkeit des Glaubens auf. Dieser Vorgang ist von einer immer größer werdenden Helligkeit begleitet. Das innere Licht, durch das du die Liebe Gottes erfährst, ist unbeschreiblich und unsagbar. Deine Seele und dein Geist jedoch können es „schauen". Täglich neu möchte dich sein Wort wecken und zusammen mit dem göttlichen Licht

Einlass in deine Seele finden. Überwinde deine äußere und innere Trägheit, damit Wandlung und Auferstehung an dir geschehen kann.

Wenn Wasser, das von Natur aus weich ist, ständig auf einen harten Stein tropft, höhlt es ihn aus. So kann auch das Wort Gottes ein verhärtetes Herz erweichen und in ihm Raum schaffen, sodass das Wort verinnerlicht wird. Richte dich heute, morgen und stets auf das Wort Gottes aus, das er zu dir spricht. Nicht nur deine Ohren, sondern auch dein Herz und dein ganzes Leben sollen erfüllt davon sein.

Christus selbst spricht dich an und ruft dich auf den Weg, ihm nachzufolgen. Strenge dich nicht an, dein Leben allein, in Eigenregie, zu gestalten und ihm eine starre Richtung zu geben, sondern entdecke das in dir, was dir mit- und aufgegeben ist: sein Wort, die Stimme des Heiligen Geistes. Diese ist nicht nur gegenwärtig in dir, sondern spiegelt sich auch in der Heiligen Schrift wider.

Kommt, ihr Kinder, hört mir zu!

Psalm 34,12a

Geh deinen Weg, solange du das Licht des Lebens hast. Geh deinen Weg konsequent und nicht zu langsam, damit dich nicht die Finsternis überrascht und die Schatten des Todes dich nicht überwältigen. Gott möchte dein Heil. Wer und wo du auch bist: Er bietet dir Licht und Leben an. Er möchte dich als Helfer gewinnen, sein Reich auf Erden zu verwirklichen – durch deine Gedanken, Worte und Werke, deine Arbeit und vor allem durch den Dienst an anderen Menschen. Jesus Christus ist es, dessen Sehnsucht du bist und der dich immerfort sucht. Christus drängt sich dir jedoch nicht auf. Er bleibt vor deiner Tür stehen und lässt dir die Freiheit, ihm zu öffnen. Behutsam fragt er dich, ohne dich belehren zu wollen oder dir gar zu befehlen. Erkennst du deine Stärken und Schwächen und nimmst dich selbst an, indem du zu dir stehst, wirst du im Innehalten lebenswahrhaftig auf seine Frage antworten können.

WER IST DER MENSCH, DER DAS LEBEN LIEBT
UND GUTE TAGE ZU SEHEN WÜNSCHT?
PSALM 34,13

Kannst du auf diese Frage anders antworten als mit „Ich"? Ja, du wirst dich für ihn als das Leben entscheiden und dich zu Christus bekennen. Da du mit Sicherheit dunkle Tage in dieser Welt kennst und die Sehnsucht nach Gutem und Lichtvollem in dir lebt, tue den nächsten Schritt und verwirkliche, was Christus dir sagt.

BEWAHRE DEINE ZUNGE VOR BÖSEM
UND DEINE LIPPEN VOR FALSCHER REDE!
MEIDE DAS BÖSE UND TU DAS GUTE;
SUCHE DEN FRIEDEN UND JAGE IHM NACH!
PSALM 34,14–15

Bist du auf diesem Weg und hältst dich an sein Wort, darfst du der liebenden und helfenden Gegenwart Christi gewiss sein. Das Suchen nach Frieden ist ein Suchen nach Gott und führt zur Liebe. Bevor du ihn bittest und zu ihm betest, wird er dich bereits erfahren lassen: „Siehe, ich bin da."

Was gibt es Beglückenderes als seine Gegenwart zu erfahren, sein Wort, das er an dich richtet, zu hören und seiner Einladung zu folgen, mit ihm in Gemeinschaft zu sein? Hörst du auf seine Stimme und folgst seinem Ruf, dann ge-hörst du auch zu ihm. Und er wird dir deinen eigenen Weg des Lebens zeigen, ohne dass du Umwege machen musst.

Geführt durch die frohe Botschaft, das Wort, das Christus ist, mache dich auf den Weg und lass Christus durch dein Leben sichtbar werden. Seine Strahlkraft möchte durch dich hinaus in die Welt leuchten. Seine Gnade ruft dich gleichzeitig zu ihm, den du mit den Augen deines Herzens schauen darfst. Die Frage, was du tun musst, um zum Heil zu gelangen, beantwortet dir auf wunderbare Weise Psalm 15: Um die Gegenwart Gottes zu erfahren und bei ihm zu wohnen, ist es notwendig, seinen Willen zu erfüllen und entsprechend zu leben, das Rechte zu tun, von Herzen die Wahrheit zu sagen und niemanden zu verleumden. Weise alle bösen Einflüsse von dir ab, indem du ihnen keine Aufmerksamkeit schenkst, und orientiere dich in allem an Christus.

Gehst du diesen Weg, wirst du niemals überheblich. Du weißt, dass das Gute, von dem du dich angezogen fühlst und dem du treu bleiben möchtest, nicht durch dein eigenes Können, sondern durch den Herrn geschieht.

Durch Gottes Gnade bin ich, was ich bin,
und sein gnädiges Handeln an mir
ist nicht ohne Wirkung geblieben.
1. Brief an die Korinther 15,10a

Christus wird zu deinem Fundament, und das Leben, das du auf ihn und sein Wort ausrichtest, kann niemals im Untergang enden. Sturm und Wolkenbrüche können einem Haus, das in Fels gebaut ist, nichts anhaben – es wird niemals wanken.

Der Herr jedoch erwartet von dir, dass du ihm durch dein Beten und deine Taten antwortest, durch deine guten Vorsätze und durch alles, was dich auf deinem Weg zu ihm weiterführt. Du darfst von der Geduld und Güte Gottes überzeugt sein. Voraussetzung hierfür ist, dass du mit der dir geschenkten Lebenszeit verantwortungsbewusst, überlegt und wachsam umgehst. Der Herr möchte dir ein Leben in Fülle schenken, den Reichtum seiner Liebe und seine ewige Freundschaft.

Dich für ihn zu bereiten sollte dir nicht schwer fallen und zu einer Selbstverständlichkeit werden. Und bitte vergiss nicht: Der Weg, auf den du dich einlässt, muss von dir mit Leib und Seele beschritten werden, das heißt, dass du dich nicht nur von deiner Innerlichkeit her, sondern auch körperlich bereiten solltest. Du wirst zu einem späteren Zeitpunkt Näheres hierüber erfahren.

In der tiefsten Tiefe seiner Seele sehnt sich der Mensch nach unvergänglichem Leben. Folgst du dem Angebot und den Weisungen des Herrn, kommt er dir entgegen, macht Unmögliches möglich und erfüllt deine Sehnsucht. Nutze daher die dir geschenkte Lebenszeit und mache dich täglich wieder neu auf den Weg zu ihm.

Bist du eingetreten in die Schule des Herrn, so wird es für dich lebenslanges Lernen in der Nachfolge Christi bedeuten. Du wirst in die Wahrheit des Evangeliums eingeführt, sodass du Erkanntes leicht in deinem Alltag umsetzen kannst. Das Grundelement dieser Schule Christi besteht darin, Christus in dir – und damit der Wahrheit und dem Leben – auf die Spur zu kommen. Ein weiteres Element besteht im Gottesdienst, im Dienst für den Nächsten und in der Nächstenliebe. Leistet nicht auch der Herr einen Dienst an dir? Wie antwortest du ihm?

Denn auch der Menschensohn ist nicht gekommen, um sich dienen zu lassen, sondern um zu dienen.

Markus 10,45a

Sowohl der Weg, den du gehst, als auch der Anspruch, der an dich gestellt wird, werden dich niemals überfordern. Schrittweise kommst du voran, und du wirst Erfahrungen machen, die du niemals mehr missen möchtest. Du kannst jedoch Hartes und Schweres nicht immer ausschließen – sie gehören zur menschlichen Wirklichkeit. Und bedenke: Auch der Herr selbst hat sie auf sich nehmen müssen.

Du lernst durch sie zurückzustehen, zu verzeihen, Verständnis zu haben, sodass Raum für mehr Liebe geschaffen wird. Lass weder Angst noch Panik zu und fliehe niemals vor dir selbst – auch wenn der Weg zum Leben vorübergehend eng zu werden scheint. Vertraue dich immer neu dem Weg an und du wirst seine Schönheiten entdecken, vor allem aber wunderbare Hilfe und Heil erfahren. Selbst wenn rechts und links Gefahren lauern: Hab keine Angst, sondern verlasse dich auf Christus, der dich sicher führt.

Euer Gemüt soll nicht in Engherzigkeit, Ungeduld und Kleinmut zusammengeschrumpft sein, sondern macht euch im Herzen weit in den ausgedehnten Grenzen jener Liebe, die alles aushält.

Johannes Cassian, Coll. 16,27,2

Der Fortschritt auf deinem geistlichen Weg zeigt sich darin, dass sich dein Herz zu allen Menschen weitet.

Stelle dich dem, was die Lehre Christi dir zu sagen hat, ohne auszuweichen. Gewinne durch Christus deinen Standort und verwurzle dich bejahend in ihm, damit du dich der ganzen Welt liebend öffnen kannst.

Dazu gehört es, in Geduld deine eigenen Schwächen wie auch die anderer Menschen anzunehmen und zu ertragen. Oft schließt Geduld ein Leiden nicht aus. Nahm nicht auch Christus unsere Schwächen auf sich? Indem er dies weiterhin und immerwährend tut, gewährt er uns schon heute Anteil an seinem göttlichen Reich.

Kapitel 1
Gott suchen

Es gibt verschiedene geistliche Wege. Einen Weg mit anderen gemeinsam zu gehen, bringt viele Vorteile. In Zeiten der Anfeindungen und des Zweifelns wirst du von anderen getragen und erhältst Hilfe. Aber auch in der Gemeinschaft ist das Alleinsein vor Gott in der eigenen persönlichen Verantwortung nicht aufgehoben. Im Gegensatz zu einem geistlichen Weg, den du von Anfang an allein gehst, verlangt die Gemeinschaft, dass du dich eingliederst und Regelmäßigkeit und Treue zeigst. Ein gemeinsames geistliches Leben sollte daher immer die Voraussetzung für einen eventuellen späteren Alleingang sein.

Einen geistlichen Weg allein zu gehen, setzt bestimmte Lebensqualitäten und Erfahrungen voraus. Für einen Jugendlichen ist es keineswegs ratsam, sich länger in die Einsamkeit zurückzuziehen. Auseinandersetzungen mit Widergöttlichem müssen zunächst immer geleistet werden. Dazu benötigen wir Unterstützung und menschliche Hilfe, denn sowohl die Sinne als auch die Gedanken müssen in einem langen Prozess kultiviert werden. Auf dieser Grundlage kann das innerliche Leben reifen und wachsen. In der Einsamkeit besteht die Gefahr, dass der Mensch gegen den Menschen im eigenen Inneren aufsteht und das Denken mehr um die eigene Person kreist als um andere. Einzig und allein der eigene Wille darf niemals zur Richtschnur des Handelns werden. Daher solltest du bestimmte Vorgaben auf deinem geistlichen Weg anerkennen und dich nach ihnen richten – möglichst zusammen mit anderen Menschen.

Es gibt viele „Gott Suchende", die niemals zur Ruhe kommen, da sie immer unterwegs sind. „Immer unterwegs und niemals beständig" ist nicht nur äußerlich zu verstehen, sondern drückt auch innere Unruhe und Haltlosigkeit aus. Sie suchen einen angenehm zu gehenden geistlichen Weg, ohne selbst einen Beitrag zu leisten. Wird jedoch von ihnen Mitarbeit gefordert, ziehen sie äußerlich und innerlich weiter. Da sie überall zu Gast sind, kennen sie zwar viele geistliche Ausrichtungen, sind jedoch in keiner wirklich zu Hause. Sie fliehen vor der inneren Ruhe, vor Stille und Stetigkeit. Letztlich leiden sie – ohne es selbst zu empfinden – unter Orientierungslosigkeit. Eine vorgegebene Ordnung und Disziplin sind jedoch Voraussetzungen für innere Freiheit und religiöses Wachstum.

Selbstverständlich gehört zu allem, was du tust und tun möchtest, die Unterstützung durch die göttliche Gnade.

Herr, Jesus Christus, du bist immer gegenwärtig,
wo ich auch bin und was ich auch tue,
du weisst um mich und nichts ist dir verborgen.
Lehre mich Beständigkeit und Geduld,
bleibe bei mir und in mir und lass mich Anteil
haben an deiner unendlichen Liebe.

Kapitel 2
Geistlich begleiten

Es gibt, wenn du auch manches Mal etwas länger suchen musst, wunderbare und Gott nahe geistliche Begleiter. Wie es in deiner Kindheit Mutter und Vater waren – oder gar heute noch sind – und dann später vielleicht deine Lehrerinnen und Lehrer, so sollte dir im Erwachsenenalter auch jemand zur Seite stehen, der dein geistliches Leben begleitet. Es ist fördernd für Leib und Seele, einer geistigen Gemeinschaft oder Familie anzugehören. Bei aller anzustrebenden Selbstentfaltung und Erfüllung ist es notwendig – so empfehlen es die heiligen und ältesten Schriften – sich einem geistlichen Lehrer anzuschließen.

In einem Kloster ist dies der Abt (Vater) oder die Äbtissin, der Prior oder die Priorin, in anderen christlichen Gemeinschaften der Obere oder die Oberin, der Spiritual und Beichtvater, oder, wenn du keiner Gemeinschaft angehörst, ein Mensch deines Vertrauens. Sicherlich hast du die Erfahrung gemacht oder machst sie immer neu, dass ein bestimmter Mensch dich durch seine geistliche Botschaft, durch seine Stimme und seine Ausstrahlung anzieht. Für ein Kind wird es Risse im Fundament seines Urvertrauens geben, wenn es von der Mutter oder dem Vater enttäuscht wird, denn sie bedeuten für ein Kind alles – und damit Gott. Dieser hohe Anspruch geht später über auf den geistlichen Vater, der auf Erden eine stellvertretende Aufgabe hat. Wie Gottvater in Christus für alle Menschen sichtbar wird, so sollte auch in besonderer Weise Christus in denen sichtbar werden, die andere Menschen geistlich begleiten.

Schließe dich einem geistlichen Begleiter an, vertraue ihm und lass dich in allem, was du tust, von seinem Geist berühren. Achte jedoch darauf, dass alles, was er sagt und tut, alles, was er dir rät und empfiehlt, im Evangelium begründet und vom Geist Christi getragen ist. Durch seine Nähe zur Wahrheit und zum Licht kann der geistliche Begleiter vorübergehend von dir abgelehnt werden, da er in dir Dinge belichtet, die dem Leuchten deines inneren Lichtes im Wege stehen.

Haben sich dir Menschen, die du geistlich begleiten darfst, anvertraut, wisse um die große Verantwortung, die du trägst. Dein Vorbild wirkt mehr als Worte, und somit ist das, was du zu sagen hast, zunächst etwas, was deinem eigenen Leben entspricht. Achte daher darauf, dass deine Worte und dein Tun identisch sind. Ziehe niemanden vor und lehne niemanden ab. Versuche in allem einen klaren Standpunkt zu beziehen. Mahne und weise zurecht, wenn es geboten ist – lass Güte sprechen und ermutige den anderen, im Guten fortzuschreiten. Doch übersieh auch bei niemandem die Fehler oder tue nicht so, als wären sie nicht vorhanden. Je eher und klarer du ein Fehlverhalten ansprichst, umso schneller und gründlicher kann sich der Angesprochene ändern. Flüchte dich weder in eine kurzsichtige Harmonie, noch scheue es, dich Konflikten zu stellen. Und wisse: Im Gespräch mit jemandem, der deine Hilfe sucht, erkennst du auch deine eigenen Fehler.

Sei stets darum bemüht, die Seele eines Menschen vor Abgründen zu retten und Licht und Liebe in ihr zu entfalten. Und denke daran: Wenn du ein „Mehr“ vom Schöpfer empfangen hast, wird auch ein „Mehr“ von dir gefordert. Von dir wird ein verstehendes und liebendes Einfühlen und Eingehen auf ganz verschieden geartete Charaktere verlangt – ein Gespür für Menschen, ihre Bedürfnisse, Fähigkeiten, Ansprüche und Grenzen. Nur wenn du wahrhaft siehst, wer der andere ist, kannst du ihm richtig begegnen und eventuell formend auf ihn einwirken. Wenn du auch das Wachstum und den Fortschritt des Einzelnen im Auge hast, so darfst du sicher sein, dass du dadurch zur Vervollkommnung aller, ja, sogar der gesamten Schöpfung beiträgst. Dem einzelnen Menschen seelsorglich beizustehen, ist weitaus wertvoller als Kulturwerte in Wissenschaft und Kunst zu pflegen. Äußere Dinge bekommen nur dann eine wesentliche Bedeutung, wenn sie zum Heil der Seele beitragen. Das geistliche Leben sollte immer Vorrang haben.

Benediktiner

Euch aber muss es zuerst um sein Reich
und um seine Gerechtigkeit gehen;
dann wird euch alles andere dazugegeben.
Matthäus 6,33

Als geistlicher Begleiter gehen nicht nur von dir Leben unterstützende Kräfte aus, sondern auch von denjenigen, die du auf ihrem geistlichen Weg begleitest. Diese gegenseitige Heiligung ist ein geheimnisvoller Vorgang aus dem Gnadenwirken des Heiligen Geistes, der erst später offenbar werden wird.

Kapitel 3
Wahrhaft mitreden

Halte dich, wenn du in Gemeinschaft bist, nicht schweigend zurück, sondern bringe dich wahrhaft ein. Du bist wichtig wie jeder andere auch. Dein Beitrag sei aufbauend und diene dem Ganzen, das aus der Vielgestaltigkeit Vieler entstehen möchte – vor allem aber dem Frieden. Je mehr du Verantwortung übernimmst oder mitträgst, umso tiefer ist deine Teilnahme an der Gemeinschaft. Ein Gefühl der Mitverantwortung sollte dich zu wahrhafter Aussprache in der Gemeinschaft führen. Bevor du dich jedoch einbringst, denke über das, was du sagen möchtest, nach, erwäge das Für und Wider und beleuchte es von verschiedenen Seiten.

Höre auch einem jüngeren Menschen zu, von dem du vielleicht glaubst, dass er noch nicht genügend Lebenserfahrung besitzt, um mitreden zu können. Oft offenbart der Herr einem Jüngeren, was das Bessere ist.

Ich preise dich, Vater, Herr des Himmels und der Erde, weil du all das den Weisen und Klugen verborgen, den Unmündigen aber offenbart hast.
Matthäus 11,25

Eine sich oft ergebende Spannung zwischen Gemeinschaft und Individuum kann auf wunderbare Weise durch eine geistliche Regel wie auch durch das gelebte Evangelium ausgeglichen werden. Verlass dich nicht einzig und allein auf deine eigene Ansicht, sondern beziehe die Ansicht anderer mit ein.

Tu nichts ohne Rat und Überlegung, dann hast du dir nach der Tat nichts vorzuwerfen.
Jesus Sirach 32,19

Kapitel 4
Geistliche Kunst einüben

Möchtest du auf dieser Grundlage geistlich leben, so sei bereit, dich für Christus, seine Botschaft und sein Reich mit besonderer Hingabe einzusetzen.

Vor allem: den Herrn, deinen Gott,
lieben mit ganzem Herzen und ganzer Seele,
mit all deinen Gedanken und all deiner Kraft.
Als zweites kommt hinzu:
Du sollst deinen Nächsten lieben wie dich selbst.
Markus 12,30–31a

Die folgenden Grundregeln können dir dabei helfen. Sie zu leben wird dir leicht fallen, wenn du dich im Gebet immer wieder in die Hingabe an Christus einübst.

- Greife niemals störend in ein Leben ein. Vor allem aber: Zerstöre kein Leben.
- Enttäusche und verletze niemanden, dem du deine Treue zugesagt hast. Dies gilt insbesondere für deinen Partner oder deine Partnerin.
- Nimm nichts, was anderen gehört, und mache es dir zu eigen. Mache auch nicht das Schicksal eines anderen Menschen zu deinem eigenen Schicksal.
- Bleibe in allem in der Wahrheit. Schweige eher als dass du jemanden durch deine Worte belastest.
- Sieh in jedem Menschen einen Widerschein des Schöpfers und ehre ihn.
- Behandle den anderen so wie auch du behandelt werden möchtest.
- Steuere die Wünsche deines Körpers selbst und lass dich nicht von deinem Körper steuern.
- Verliere dich nur in Hingabe und Gottesliebe – nicht in anderen Dingen.

- Gib in allem Christus in deinem Leben den Vorrang.
- Übe von Zeit zu Zeit die Enthaltsamkeit.
- Vergiss nie, dich den Menschen zuzuwenden, die deine Hilfe benötigen. Werde sensibel für ihre Belange.
- Lass allzu laute Eindrücke in deinem Alltag nicht überhand nehmen, sodass du durch sie belastet wirst.
- Setze deinen religiösen Weg, die Hingabe an Christus, an die erste Stelle in deinem Leben. Handle nicht unüberlegt, solange dich deine Intuition trügen kann.
- Sei darauf bedacht, alle Dunkelheit deines Herzens auszuleuchten und alle Hindernisse, die dem Strömen wahrer Liebesenergie im Wege stehen, aufzulösen.
- Vergelte niemals Gleiches mit Gleichem, sondern stelle Vergebung und Liebe über alles.
- Baue Vorurteile gegenüber anderen Menschen so gut und schnell wie möglich ab, um dich der eigentlichen Wahrheit nähern zu können.
- Gestehe Fehlverhalten ein und entschuldige dich dafür.
- Sieh diejenigen, die du nicht magst, als Herausforderung und lerne Wesentliches aus dieser Erfahrung.
- Segne in deinem Herzen und in deinem Gebet alle, die schlecht über dich reden, die dir deine Gaben nicht gönnen und hinter deinem Rücken abfällige Bemerkungen machen.
- Überhebe dich nicht über andere und meide jeglichen Stolz.
- Halte Maß im Essen und Trinken. Gönne dir gesunden Schlaf – lass jedoch keine Trägheit zu.

- Wenn Launen oder Dunkelheiten aufkommen, gehe ihnen auf den Grund und versuche die Ursache zu beseitigen.
- Setze all deine Hoffnung auf Gott und denke daran, dass alles Gute, was du erfährst, von ihm ausgeht.
- Beziehe den Tod, der unumgänglich ist, in dein Leben ein.
- Sei dir der Folgen deines Tuns und Lassens bewusst und handle aus dieser Verantwortung.
- Und wisse: Der Schöpfer ist allgegenwärtig, sodass du ihm in allen Menschen und in allem Geschaffenen begegnen kannst.
- Sprich mit jemandem, dem du dein Vertrauen schenken kannst, über dein geistliches Leben und folge seinem Rat. Ersetze alle dunklen Gedanken durch lichtvolle, die du auf Christus ausrichtest.
- Lass nichts Dunkles in dich hinein und hüte dich vor verkehrtem und zu vielem Reden.
- Verbringe auch in deinem Alltag einen Teil deiner Zeit mit geistlicher Literatur.
- Das Gebet jedoch sollte den ersten Platz in deinem Leben einnehmen.
- Halte dich so weit wie möglich von dunklen und deprimierenden Dingen fern.
- Kultiviere deine sexuellen Wünsche und lass dich nicht von ihnen beherrschen.
- Folge auch da den Weisungen deines geistlichen Begleiters, wo du den Sinn nicht sofort einsiehst.

- Pflege ein gesundes Selbstbewusstsein, doch hüte dich vor Überheblichkeit und Selbstüberschätzung.
- Werde feinfühliger, um inmitten alles Vergänglichen das Unvergängliche und Ewige wahrnehmen zu können.
- Spüre immer wieder neu, wie sich der Wille Gottes in deinem Leben ausdrücken möchte. Handle danach.
- Nimm jeden Menschen als einmaliges Geschenk des Schöpfers an. Ehre und liebe deine Mitmenschen.
- Bete auch für diejenigen, die du noch nicht ehren und lieben kannst.
- Bei einem Streit mit anderen kehre noch vor Sonnenuntergang zum Frieden zurück.
- Zweifle niemals an der Gnade und der Barmherzigkeit Gottes, selbst dann, wenn du seine Zuwendung nicht gleichbleibend spürst.

Geistlich zu leben ist eine große Gabe, die du nicht nur erbitten, sondern auch aktiv einleiten und unterstützen kannst. Du solltest niemals müde werden, dich in dieser geistlichen Kunst zu üben. Gott selbst wird dir entgegenkommen und halten, was er versprochen hat.

Was kein Auge gesehen und kein Ohr gehört hat, was keinem Menschen in den Sinn gekommen ist: das Grosse, das Gott denen bereitet hat, die ihn lieben.

1. Brief an die Korinther 2,9

Kapitel 5
Horchen und Ge-Horchen

Lebst du in einer Gemeinschaft, bleibt es nicht aus, dass du bestimmten Regeln und Anweisungen folgst. Der Tagesablauf, die Aufgaben eines jeden wie auch sein geistliches Leben und das Leben der Gemeinschaft müssen geregelt sein. All das, was das gemeinsame Leben stört, sollte vermieden und das, was es aufbaut, gefördert werden. Sich einzugliedern und – wenn nötig – den Wünschen der anderen zu entsprechen, ist die Vorstufe zur Demut: ein hoher geistiger Wert.

Ohne demütig zu sein kannst du weder wahrhaft leben noch die Stellung des Menschen Gott gegenüber erkennen. Pflegst du die Demut nicht, läufst du Gefahr, ich-bezogen, stolz und unwahr zu werden. Horche daher sowohl auf deine innere Stimme als auch auf das, was andere dir zu sagen haben. Wäge ab, prüfe und handle entsprechend. Nach eigenem Gutdünken zu leben und den eigenen Gelüsten und Begierden zu gehorchen, kann sehr gefährlich für dich werden und dich vom Eigentlichen trennen.

Ich bin nicht vom Himmel herabgekommen,
um meinen Willen zu tun,
sondern den Willen dessen,
der mich gesandt hat.
Johannes 6,38

Gern, gleich und ganz solltest du dich ans Werk machen, wenn die inneren Voraussetzungen stimmen. Jeglicher innerer oder äußerer Zwang bewirkt nichts Gutes und führt nicht zum Heil. Ist Glaube jedoch erfahrbar geworden und zur Liebe gereift, kannst du bedenkenlos horchen und ge-horchen. Deine Seele hat erkannt, dass es nichts Höheres und Wertvolleres sowohl in der geschaffenen als auch in der unerschaffenen Welt gibt als Christus, von dem alles Leben ausgeht und zu dem es sich zurückzukehren sehnt. Dein Leben ist so geschaffen, dass der Herr – erfüllst du die Voraussetzungen – in dir aufleuchtet und somit auch für andere Menschen sichtbar wird. Eine dieser wichtigen Voraussetzungen besteht darin, aus Liebe zu Christus auf seine Botschaft zu horchen und zu versuchen, sie in deinem Leben zu verwirklichen.

Kapitel 6
Schweigen lernen, um inneres Leben zu wahren

Ich will auf meine Wege achten,
damit ich nicht sündige mit meiner Zunge.
Ich lege meinem Mund einen Zaum an.

Psalm 39,2

Das gesprochene Wort ist sehr wirkmächtig. Durch das Wort teilst du dich dem anderen mit. Es gewinnt Raum beim Zuhörenden und bewegt etwas in ihm. Einmal Ausgesprochenes kannst du nicht wieder zurückholen. Über die Macht des Wortes und die damit verbundene Verantwortung solltest du nachdenken und versuchen, alles Zerstörerische zu meiden. Allzu leicht nur passiert es, dass du durch zu vieles Reden eine unbedachte und ungute Verbindung mit einem Menschen schaffst. Bedenke und schreibe es dir in dein Herz: Das Schweigen macht frei für das Reden mit Gott. Es wird, wenn du es entsprechend übst, zu einer seelischen Haltung, die tragfähig ist und deine Innerlichkeit bereichert. Denn zu den Schweigenden redet Gott.

Bei vielem Reden bleibt die Sünde nicht aus,
wer seine Lippen zügelt, ist klug.
Tod und Leben
stehen in der Macht der Zunge.
Sprichwörter 10,19 und 18,21a

In manchen Gemeinschaften wird sogar das Schweigen höher gewertet als gutes und hohes intellektuelles Reden. Um wie viel mehr ist da müßiges Reden, unnützes Geschwätz oder albernes Gelächter unangebracht? Jeder ist darum bemüht, dass ein froher, heiterer – jedoch vornehmer – Geist in der Gemeinschaft herrschen möge.

Kapitel 7
Demut üben – frei werden für Gott

Erhebst du dein Selbst über das gebührende Maß hinaus und betonst du in allem dein Ich zu stark, dann hat der Stolz dich im Griff. Denke an das Wort Jesu, das von den Folgen der Selbsterhöhung spricht. Wie ist dir zumute, wenn jemand hochmütig über dich hinwegsieht? Hochmut führt unweigerlich zur Erniedrigung, weil er in sich unwahr ist. Wer sich dagegen nicht aufdrängt, sondern sich bescheiden zurückhält, der wird erhöht werden, wenn sein wahrer innerer Wert erkannt ist. Überhebe dich niemals sowohl nach innen als auch nach außen, denn dann würdest du die Grenzen der Wahrhaftigkeit überschreiten und unter den Folgen entsetzlich leiden.

Auf der Leiter, die Jakob im Traum erschien, sah er Engel auf- und niedersteigen. Die Leiter ist unser irdisches Leben – der eine Längsbalken ist unser Leib, der andere unsere Seele. Durch Selbsterhöhung steigen wir hinab und durch Demut hinauf.

Der Herr öffnet uns den Himmel, wenn unser Herz demütig geworden ist. Selbst wenn du vieles nicht einsiehst, was dir das Leben an Dunklem gebracht hat oder bringt, so verzweifle nicht, sondern gib dich im Gebet der Hingabe ganz der Führung Gottes anheim. Ein tieferer Sinn wird sich dir offenbaren, denn es gibt nichts und rein gar nichts, was nicht zum Tor des Himmels werden kann. Selbst in größter Verlassenheit bietet sich der Seele eine Himmelsleiter an.

Erste Stufe der Demut

Mache Gott, den Schöpfer des Himmels und der Erde, zum Maßstab aller Dinge und damit auch deines Lebens. Die seelische Gottverbundenheit sollte durch dein Beten, Denken und Tun verlebendigt und die Gott-Ebenbildlichkeit deiner Seele belichtet werden. Lass dir aus dieser Kraft, die Liebe ist, Sinn und Motivation für dein Leben schenken.

Demut lässt dich die Himmelsleiter emporsteigen und führt in die Nähe Gottes. Sei wach, spüre deine Verantwortung und kultiviere deinen Willen dahingehend, dass er zum Willen Gottes wird. Sowohl der Leib als auch die Seele müssen die Demut üben. Jede Übung der Demut besteht darin, die vom Schöpfer vorgegebenen Grenzen anzuerkennen und zu wahren und das Göttlich-Ewige zum Maßstab von allem zu machen. Dein Denken, dein Wollen und die sinnlichen Begierden tragen in sich die Tendenz, diese Grenzen voreilig zu überschreiten und dich in Leid zu stürzen.

Die erste Demutstufe ist die Voraussetzung für alles weitere und tiefere geistliche Leben.

Gottesfurcht ist Anfang der Erkenntnis.

Sprichwörter 1,7a

Zweite Stufe der Demut

Du solltest aufhorchen, wenn dir die Erfüllung deiner eigenen Wünsche langfristig keine bleibende Freude und innere Erfüllung bereitet. Könnte dein Wollen nicht im Einklang mit dem Willen des Schöpfers stehen? Zur Grundlage deines geistlichen Lebens gehört es, Wege zu finden, die dir das Vorhaben Gottes offenbaren. Dann sollte dein Tun, Reden, Denken und Fühlen sich so ausrichten, dass sich die dritte Vaterunser-Bitte erfüllt. Durch horchendes und demütiges Verhalten erspürst du langsam den tieferen Sinn deines Lebens und deine Sendung in dieser Welt, die dir vom Heiligen Geist eingegeben wird. Dass es auf diesem Weg leidvolle Phasen geben kann, ist nicht auszuschließen.

DENN ICH BIN NICHT VOM HIMMEL HERABGEKOMMEN, UM MEINEN WILLEN ZU TUN, SONDERN DEN WILLEN DESSEN, DER MICH GESANDT HAT.

JOHANNES 6,38

Dritte Stufe der Demut

Oft wird uns der Wille Gottes, der uns eingegeben ist, erst durch andere Menschen bewusst. Durch sie erfahren wir Wesentliches für unser Leben, was jedoch erst fruchtet, wenn wir uns auch danach richten. In vielen Fällen ist es durchaus nicht leicht, Eigenes zurückzustellen und dem Wort eines anderen Menschen zu folgen.

Beziehe diese wunderbare Übung der Demut, die einem zeitweiligen Ge-Horchen gleichkommt, in dein Leben ein.

Vierte Stufe der Demut

Wie schon bei der zweiten Stufe der Demut angedeutet, bleiben auf dem geistlichen Weg oft harte und widrige Dinge, ja sogar Unrecht, nicht aus. In den meisten Fällen ist es ratsam, sich nicht zu verteidigen oder zu rechtfertigen, sondern zu schweigen und auszuharren. Laufe auch nicht vor etwas Unangenehmem davon, sondern bleibe standhaft ohne müde zu werden.

Hoffe auf den Herrn und sei stark!

Psalm 27,14a

Übst du dich in Geduld und bleibst dem Weg der Hingabe im Gebet treu, werden dir ungeahnte Kräfte zuwachsen, die dich dem Wesentlichen ein Stück näher bringen.

Doch all das überwinden wir durch den, der uns geliebt hat.

Brief an die Römer 8,37

Vornehmlich sind es immer wieder andere Menschen – ihr Verhalten, ihr Sprechen, ihr Einfluss auf uns –, mit denen wir uns auseinander zu setzen haben. Sie lösen etwas in uns aus, wozu wir klar Stellung beziehen oder was wir eventuell ausräumen müssen, damit die göttliche Liebesenergie wieder strömen kann. Es heißt letztlich nicht, andere oder dich selbst zu ertragen, sondern den Herrn. Deshalb wird es dir nicht schwer fallen, auch diejenigen zu segnen, die, wie du glaubst, es nicht gut mit dir meinen.

Fünfte Stufe der Demut

Einem Menschen deines Vertrauens solltest du dich ganz offenbaren. Vieles in deinem Leben, besonders die Schattenseiten, bedürfen der Aussprache und des Bekenntnisses. Wir können uns nicht davor schützen, dass sich immer wieder Dunkles in unser Herz schleicht und das Lichtvolle unseres Wesens nicht durchkommen lässt. Es befreit und tut unendlich gut, Bedrückendes auszusprechen und selbst noch bei Vergehen Bejahung und neue Hoffnung zu erfahren.

Da bekannte ich dir meine Sünde
und verbarg nicht länger meine Schuld vor dir.
Ich sagte: Ich will dem Herrn meine Frevel
bekennen. Und du hast mir die Schuld vergeben.

Psalm 32,5

Das Bekenntnis befreit die Seele, sodass sie wieder Heiligen Geist atmen kann. Du solltest jedoch nicht auf die Unterstützung eines geistlichen Begleiters verzichten, sondern dich mit ihm im gegenseitigen Vertrauen austauschen. Nicht im Alleingang, sondern nur in Gemeinschaft ist ein Wachstum der Einheit in der Liebe zu Christus möglich.

Gib im Gebet der Hingabe dein eigenes Ich bis auf den letzten Gedanken restlos auf und setze dein Vertrauen einzig und allein auf Gott.

Sechste Stufe der Demut

Die innere Einstellung und Gesinnung haben vor Gott Gewicht, nicht jedoch das Glänzende der äußeren Tätigkeiten. Allein wichtig ist, wie weit du dich immer wieder dem Schöpfer hingeben kannst ohne an etwas anderem zu hängen. Du solltest es einmal in deinem Leben gelernt haben, auch mit wenig Gütern auszukommen und mit Wertlosem innerlich zufrieden zu sein. Die Gefahr besteht, dass du bei zu hohen äußeren Ansprüchen, Aufgaben und Ämtern den Kontakt zur eigentlichen Quelle verlierst. Demut führt in die Nähe Gottes.

Siebte Stufe der Demut

Dass ich gedemütigt wurde, war für mich gut;
denn so lernte ich deine Gesetze.
Die Weisung deines Mundes ist mir lieb,
mehr als grosse Mengen von Gold und Silber.

Psalm 119,71–72

Erhebe dich nicht über andere und überschätze dich nicht. Bleibe bescheiden und lerne zu entsagen, wenn es geboten ist. Gott allein kennt deinen inneren Wert und weiß auch um deine Schwächen. Selbst wenn seine Gnade uns umgibt, neigen wir doch immer wieder dazu, zu versagen. Natürlich ist es wichtig, dich zu behaupten – hüte dich jedoch vor Überheblichkeit. Sei ehrlich zu dir selbst und spüre die guten Kräfte, die in deiner innersten Wahrhaftigkeit liegen. Durch demütiges Verhalten wirst du nicht nur befähigt, Fehler zu vermeiden, sondern auch deine eigenen Grenzen zu erkennen und dich von der Ausschreitung im Guten zurückzuhalten.

Achte Stufe der Demut

Halte dich an die Heilige Schrift und – wenn du in einer Gemeinschaft lebst – an die von ihr aufgestellte Ordnung. Menschen, die ihr Leben in der christlichen Tradition gelebt, gemeistert und Gott hingegeben haben, sollten dir in allem Vorbild sein. Folge Christus nach, jedoch ohne ihn nachzuahmen. Bleibe in der Demut und entwickle kein Besserwissen oder ein übertriebenes Streben nach Höherem. Spüre in der Nachfolge Christi die dir gemäße Gangart und bleibe ihr treu.

Neunte Stufe der Demut

Jemand, der viel schwätzt, wird mit seinem Leben nicht gut zurechtkommen. Hüte dich vor allem vor Besserwisserei und falle niemandem ins Wort. Sprich nur von dir und deinen religiösen Erfahrungen, wenn du danach gefragt wirst. Denke daran, dass dieses Reden deinen inneren Seelengehalt aufdeckt und somit nicht für jeden bestimmt ist. Zu schweigen bis man gefragt wird – selbstverständlich nicht in alltäglichen Dingen –, bedeutet eine hohe Stufe der Demut. Und einmal wird dein Schweigen zu einem heiligen Schweigen und dein Reden zu einem heiligen Reden werden.

Zehnte Stufe der Demut

Die Toren haben ihr Herz auf der Zunge,
die Weisen haben ihre Zunge im Herzen.

Jesus Sirach 21,26

Wie ein Mensch lacht verrät seine innere Gesinnung. Es gibt ein unangenehmes, ja, sogar schmerzendes Lachen, in dem sich eine oberflächliche und leichtfertige Gesinnung äußert. Lache nicht, wenn dir dazu nicht zumute ist, und vor allem nicht, um anderen einen Gefallen zu tun oder um sie nicht bloßzustellen. Auf der anderen Seite: Lass deinen freudigen Impulsen freien Lauf. Wisse jedoch, dass du schon an wenigen Worten erkannt wirst.

Elfte Stufe der Demut

Der Weise schweigt bis zur rechten Zeit,
der Tor aber achtet nicht auf die rechte Zeit.

Jesus Sirach 20,7

Vermeide unbeherrschtes und lautes Reden und sei eher in deiner Stimme zurückhaltend und gemäßigt. Kleinliches und Kleinkrämerei seien dir fremd. Setze deine Vernunft und dein Denken ein, bevor du sprichst. Auf einer höheren Stufe jedoch kannst du dich mehr und mehr auf deine Intuition verlassen, durch die Heiliger Geist zu dir spricht.

Du erhältst tiefere Einsicht, und Weisheit entwickelt sich in dir, wenn sich Wille und Verstand, Geist und Herz miteinander verbinden. Bist du durch und in innerer Ruhe gefestigt, wird das, was du sprichst, immer angemessen und Leben unterstützend sein.

Zwölfte Stufe der Demut

Dein Körper spricht die Sprache der Seele; er drückt das aus, was du innerlich bist und fühlst. Somit spiegelt sich auch die Demut – vorausgesetzt, du übst sie ein – in deinem Verhalten wider: beim Gottesdienst, beim Gebet, im Gespräch mit anderen, in deinem Beruf, ja, bei allem, was du tust, denkst und fühlst. Nichts bleibt in deinem Inneren verschlossen, sondern alles tritt in deiner äußeren Haltung in Erscheinung.

Leib und Seele möchten in einen Gleichklang kommen und sich darin wohl fühlen. Deine Persönlichkeit strahlt wachsende Gottverbundenheit aus und belebt und bereichert nicht nur dein geistliches Leben, sondern auch die Kultur im Allgemeinen. Hüte dich jedoch vor Überheblichkeit und denke an den Zöllner, der sich im Gegensatz zur Haltung des Pharisäers bescheiden zurücknimmt.

Übst du diese Stufe der Demut ein, wird ganz von selbst die Gottesliebe in dir wachsen, die alle Furcht vertreibt.

Furcht gibt es in der Liebe nicht,
sondern die vollkommene Liebe vertreibt
die Furcht. Denn die Furcht rechnet
mit Strafe, und wer sich fürchtet,
dessen Liebe ist nicht vollendet.

1. Brief des Johannes 4,18

Was du auch unternimmst, sprichst, denkst und fühlst: Nichts geschieht mehr aus Furcht, sondern aus Liebe zu Christus. Die Übungen zur Demut reinigen dich von allen Widrigkeiten und Verkehrtheiten, sodass mehr und mehr Heiliger Geist in dir pulsieren kann. Durch völlige Hingabe in der Liebe löst du dich von deinem eigenen Ich und erfährst zunehmend innere Freiheit. Deine Gottesliebe wird immer vollkommener, wenn du die notwendigen Voraussetzungen erfüllst:

- den Schöpfer anerkennen, wahrnehmen und auf sein Wort hören,
- die innere Herzensdemut üben, die auch dein äußeres Leben neu gestaltet.

Der Schöpfer, den du auf deinem Weg mehr und mehr zu lieben beginnst, offenbart dir durch seinen Heiligen Geist die Liebe zu Christus. Somit tritt dein Sein und Tun in eine tiefe Beziehung zum innergöttlichen Leben der Heiligsten Dreifaltigkeit.

Kapitel 8
Gott dienen

Von Natur aus besteht zwischen dem Geschöpf und dem Schöpfer eine tiefe Verbindung. Die Sehnsucht, diese Verbundenheit zu ent-decken, gehört zum Menschen. Dein Gebet, besonders das der Hingabe, kommt nicht nur deiner Sehnsucht entgegen, sondern auch der Gottes, denn die Sehnsucht Gottes ist der Mensch. Sehr hilfreich ist es, wenn du dich zum Gebet und Gotteslob einer Gemeinschaft anschließt, die sich regelmäßig trifft.

Und denke daran: Durch dein Gebet schließt du dich dem Lobpreis Gottes an, das die gesamte Schöpfung ihm darbringt. Beginne bereits am frühen Morgen und stelle dein Gebet in die vom Lauf der Sonne bestimmte Zeit.

Kapitel 9
Gott loben

Herr, öffne meine Lippen,
damit mein Mund dein Lob verkünde.
Psalm 51,17/Stundenbuch

Ein gesungener Text, ein Hymnus, wird dir gerade am Morgen besondere Kraft verleihen. In Wort und Melodie belebt und erhebt er dich. Singe im Stehen und breite dich aus.

Gott, komm mir zu Hilfe;
Herr, eile mir zu helfen.
Psalm 70,2/Stundenbuch

Dann setze dich zum Gebet und verhalte dich eher passiv. Betest du die Psalmen, so wiederhole zwischenzeitlich dreimal einen Psalmvers, der dich besonders anspricht. Die Wiederholung ein und desselben Wortes bewirkt Intensivierung und Vertiefung. Am Ende eines Psalms bete, indem du dich erhebst und dich verneigst: „Ehre sei dem Vater und dem Sohn und dem Heiligen Geist. Wie es war im Anfang so auch jetzt und alle Zeit und in Ewigkeit. Amen."

Am Ende dieses morgendlichen Gebetes ist es ratsam, einen kurzen geistlichen Text zu lesen.

Kapitel 10–19
Benediktinisch beten

Möchtest du tiefer in den ursprünglichen benediktinischen Gebetsrhythmus und damit in die monastische Spiritualität Benedikts einsteigen, so halte dich an die benediktinischen Gebetszeiten und ihre Psalmenordnung.

Kapitel 20
Gemeinsam und allein die Verbindung zu Gott suchen

Bei deinem ausgesprochenen Gebet lass nur das über deine Lippen kommen, was du auch im Herzen trägst. Verbinde deine Seele mit dem Wort Gottes – geformt vom Heiligen Geist. Sei dir bewusst, wen du im Gebet ansprichst oder anrufst: Es ist der Herr und Gott des Weltalls. In welchem Anliegen du auch immer dem Herrn begegnest: Dein Gebet sollte in eine von allem Menschlichen befreite Hingabe deiner Seele übergehen. Auf dieser letzten Stufe bedarf es nicht mehr vieler Worte. Gott kennt uns und er schaut in unsere Seele.

Dein persönliches Gebet ist ein anderes als das der Gemeinschaft. Beide Arten des Betens ergänzen sich. Das Gebet der Gemeinschaft ist vom Heiligen Geist geformt – in deinem persönlichen Beten drängt dein Herz von sich aus Gott entgegen und der Geist Christi betet in dir. Übe immer wieder die von allem Geschaffenen gelöste Hingabe an den Herrn ein. Die von Gottes Erbarmen und seiner Größe überwältigte Seele gerät in ein Staunen und Schweigen. Auf dem Weg dorthin lösen oft Tränen das aus, was der dir zugedachten Gnade hinderlich ist. Längere Zeit ohne Ablenkung zu beten, ist vielen vorerst noch nicht möglich. Daher soll das Gebet kurz sein. Sollte es jedoch von der göttlichen Gnade erfasst werden, achte nicht auf die Zeit.

Beende jedes gemeinsame Gebet mit Stillschweigen, was somit zum kontemplativen Ausklang des Gotteslobes wird. Aber auch dieses Ausschwingen der Seele sollte nicht allzu lange dauern.

Kapitel 21–22
Rat annehmen und umsetzen

Wenn dich eines Tages dein geistlicher Begleiter anspricht, um dich darauf vorzubereiten, selbst einmal Menschen auf ihrem geistlichen Weg zu begleiten, weise dieses Ansinnen nicht von dir. Du darfst davon ausgehen, dass du von anderen angesehen bist, ja, geschätzt und geliebt wirst. Du genießt Vertrauen, das du niemals missbrauchen solltest. Nicht äußere Leistungen sind wichtig, um andere Menschen geistlich zu begleiten, sondern deine geistige, charakterliche Reife und deine Erfahrungen – vornehmlich im Gebet. Gehst du diesen Weg, bleibe mit deinem geistlichen Begleiter so lange in Kontakt wie möglich. Viele, die sich selbstständig gemacht haben, scheiterten durch ihren Hochmut.

Wie wunderbar und fruchtbringend ist es, wenn junge und ältere Menschen unter einem Dach zusammenleben. Sie nehmen gegenseitig an ihrem Leben teil: Die Jüngeren sollten Rat und Weisung annehmen – die Älteren Hilfe von den Jüngeren. Dunkle und zerstörerische Kräfte schleichen sich nur allzu leicht ein und binden an ein geistloses Unten. Menschen mit reicherer Lebenserfahrung sind eher in der Lage, Dunkelheiten der ihnen Anvertrauten auszuleuchten und aufzuhellen als Unerfahrene. Man würde tiefere Einsicht in sein eigenes Leben gewinnen und vor vielem Leidvollen bewahrt. Wie unklug, wenn jemand eine solche Hilfe nicht annehmen will!

Kapitel 23–30
Grenzen einhalten – Freiheit erfahren

Es gibt im zwischenmenschlichen Bereich bestimmte Gesetze und Regeln, die nicht überschritten werden dürfen. Paulus spricht im ersten Brief an die Korinther 5,1–13 eine gravierende Verfehlung an und zieht daraus bestimmte Konsequenzen, um die Familie oder die Gemeinschaft vor neuen Übergriffen zu schützen und um die verdunkelte Seele auf den Heilsweg zurückzuführen.

Dabei geht das Wohl der Gemeinschaft und ihre Unversehrtheit dem Schicksal des Einzelnen vor.

Handelt jemand aus einer widerspenstigen oder gar bösartigen Gesinnung, bedeutet er eine Gefahr für den Geist der Gemeinschaft. Er wird zu einem störenden Element, mit dem sich die Angehörigen oder die Mitglieder einer Gemeinschaft auseinander setzen müssen. Durch seine Unzufriedenheit und Ablehnung, durch seine ständige Kritik und seinen Hochmut macht er andere unsicher und missmutig. Was ist zu tun, wenn eine Gemeinschaft durch einen einzelnen Menschen beträchtlichen Schaden nimmt? Der Unruhestifter muss entweder als tragfähiges und aufbauendes Glied wieder aufgenommen oder aus der Gemeinschaft entfernt werden (vgl. Matthäus 18,15–17).

Du kannst nur in einer Gemeinschaft gewinnbringend für dich selbst und die anderen leben, wenn du auch bereit bist, dich einzufügen und – wenn es sein muss – dich unterzuordnen. Spürst du hingegen eine ständige Auflehnung, solltest du deinen Weg neu überdenken und dich mit jemandem beraten.

Spüre auch, inwieweit du eine Gemeinschaft auf die Dauer belastest. Denke dabei nicht nur an dich selbst, sondern vor allem an die anderen. Erwäge dabei, was dir die Gemeinschaft bedeutet und was sie an Segen in sich birgt und ausstrahlt. Der Mensch ist auf ein Du, auf eine Lebensgemeinschaft veranlagt. Gib daher nicht voreilig etwas auf, was dir später Leid tut.

Hüte dich davor, mit bestimmten Mitgliedern der Gruppe zu sympathisieren und die anderen auszuschließen oder gar gegen sie vorzugehen. Bist du verantwortlich für eine Gemeinschaft, so kümmere dich mit besonderer Sorgfalt und Liebe um diejenigen, die unsicher sind, schwanken oder traurig sind.

Nicht die Gesunden brauchen den Arzt,
sondern die Kranken.
Matthäus 9,12

Wichtig sind Gespräche, in denen die Betroffenen zu sich selbst geführt werden und ihre äußere und seelische Lage richtig einsehen. Selbsterkenntnis bildet dann die Grundlage, wieder in die Gemeinschaft hineinzuwachsen oder andere angemessenere Lebensformen zu finden. Niemals darf Unsicherheit oder Traurigkeit das Übergewicht erhalten gegenüber der reichen Barmherzigkeit und Liebe Gottes. Hier ist das Gebet von großer Bedeutung, damit Gnade im Inneren der Seele wirken kann.

Kapitel 31
Verantwortung tragen

Obliegt dir beruflich neben deinen Aufgaben eine äußere Verwaltung – und damit auch Verantwortung –, so gehe sehr sorgfältig damit um. Denke daran, welche Voraussetzungen und Erfordernisse notwendig waren, bis dir diese Position übertragen werden konnte. Gehst du einmal deinem von Verantwortung getragenen Beruf auf den Grund, wirst du feststellen, dass es sich letztlich um eine dir von Gott übertragene höhere Aufgabe handelt. Neben den ökonomischen Aufgaben im personellen, wirtschaftlichen und finanziellen Bereich sollte geistliches Leben deinen Beruf durchdringen. Zeichnest du dich durch besondere Fachkenntnis aus und bist Spezialist auf deinem Gebiet, so achte in besonderer Weise darauf, dass du nicht einseitig denkst und handelst, sondern deine gesamte Persönlichkeit immer neu geistlich ausrichtest.

Überheblichkeit sei dir fern. Mit dem umfassenden Ziel vor Augen wirst du anerkannt und nach allen Seiten Erfolg haben. Bewusstes Zögern allerdings werden deine Aufgaben nicht vertragen, denn Verschwendung ist nicht Güte, sondern Nachlässigkeit und Mangel an Verantwortungsgefühl.

Empfange im Gebet und im Gottesdienst durch seinen Heiligen Geist immer neu die Gaben, die du zur Ausführung deines Berufes dringend benötigst. Versuche, niemanden zu betrügen oder zurückzuweisen – selbst wenn du nicht die Wünsche eines jeden erfüllen kannst.

Mein Sohn, bring keinen Makel auf deine Wohltaten und füg zu keiner Gabe kränkende Worte! Vertreibt nicht der Tau die Hitze? So ist das Wort mehr als die Gabe.

Jesus Sirach 18,15–16

Sich in die Lage eines anderen zu versetzen, der vielleicht deine personelle, wirtschaftliche und finanzielle Verantwortung nicht kennt, erfordert Demut. Weise niemanden von dir, der durch dich enttäuscht, verärgert, verwirrt oder betrübt wurde. Nicht die Sorge für dich und deine eigene Seele steht an der Spitze deines Tuns, sondern die Sorge für die dir Anvertrauten, für die du Verantwortung mitträgst. Bleibe im Gebet und damit in ständigem Kontakt zu Gott, damit deine körperliche und seelische Spannkraft nicht unter deinem Beruf leidet oder gar zeitweilig versagt. Wie wunderbar ist es, wenn Ruhe, Ausgeglichenheit und Harmonie als Widerschein der göttlichen Ruhe von dir ausgehen – und das inmitten deiner vollen Aktivität.

Kapitel 32–34
Ganzheit erkennen inmitten der Ungleichheit

Hast du Verantwortung übernommen, die sich nicht nur auf Menschen oder andere Lebewesen bezieht, sondern auch auf materielle Güter, so handhabe die dir anvertrauten Dinge ebenfalls pflichtbewusst. Führe eine klare Ordnung und Übersicht ein. Gehe gewissenhaft mit materiellen und finanziellen Werten um, besonders wenn du sie nicht dein Eigen nennst.

Maße dir auch nicht an, für dich persönlich etwas zu benutzen, was dir nicht gehört, oder es gar ungesehen zu entwenden. Stelle eher anderen privat etwas zur Verfügung als es dir selbst ungefragt zu nehmen.

Dass du nicht allen, für die du verantwortlich bist – ob in der Familie, im Beruf oder im Kloster – das Gleiche zukommen lassen kannst, versteht sich von selbst. Nicht allein Charakterstärken und -schwächen spielen da eine Rolle. Das Alter, eine eventuelle Krankheit oder Behinderung, die Leistungsfähigkeit des Einzelnen, seine Bedürftigkeit, aber auch besondere Anforderungen, Aufträge und eine Reihe sich ständig ändernder Verhältnisse werden immer wieder Ausnahmen notwendig machen. Erkenne aus deiner geistlichen Haltung in dieser scheinbaren Ungleichheit die Aufrechterhaltung der gleichgerichteten Ganzheit. Schalte dazu nicht die Individualität des Einzelnen aus oder unterdrücke sie, sondern erkenne sie in ihrer Stärke oder Schwäche an und ergänze sie entsprechend. Denn jeder ist ein organisches Glied des Ganzen.

Auf Unzufriedenheit und ein ständiges Murren solltest du liebevoll, jedoch konsequent, reagieren, damit nicht der Friede in seinen Grundfesten gestört wird.

Kapitel 35
In Liebe dienen

Die Speisen und Getränke, die wir zu uns nehmen, haben sowohl für unser praktisches als auch für unser geistliches Leben große Bedeutung. Wer sie zubereitet hat, mit welchen Gedanken und Wünschen und wie sie zubereitet wurden – all das hat Einfluss auf uns.

Gute zur Verfügung stehende Kräfte sollten sich auf verschiedensten Ebenen gegenseitig ergänzen. Daher ist es wichtig, möglichst mit Gleichgesinnten „Küchendienst" zu übernehmen und gemeinsam – und in Ruhe – das Essen einzunehmen. Wir sollten dabei das Wohl und die Bedürfnisse des anderen im Auge haben. Hat auch der andere diese Einstellung, wird uns nichts fehlen, da wir uns somit gegenseitig be-dienen.

Dem Zubereiten des Essens und den gemeinsamen Mahlzeiten kommt große Bedeutung zu. Reichere Gnade und Offenheit für das Wesentliche schenken sich allerdings nur, wenn Geben und Nehmen einander abwechseln. Das bedeutet, sich nicht nur bedienen zu lassen, sondern auch anderen zu dienen. Durch eine solche Mahl-Gemeinschaft strömt größere Liebe in die Herzen ein, sodass sowohl der Einzelne als auch die Gemeinschaft innerlich bereichert wird.

Selbstverständlich musst du Kindern, Kranken und älteren Menschen mehr helfen, als sie dir helfen können. Jedoch geht auch von ihnen Segen aus, den du als

Dank für dein Tun bedenkenlos annehmen darfst. Nimm Rücksicht auf die Schwächeren und gewähre ihnen die Hilfe, die sie benötigen. Dienst du auf diese Weise den anderen, dienst du damit Gott.

Selbst wenn du Aufgaben hast, die in deinen Augen höheren Nutzen haben als deine Mitarbeit in der Küche, solltest du trotzdem ab und an diesen Dienst tun. Deine Fähigkeiten, besonders aber deine Liebe, sind auch hier zum Wohle aller sowie für dein eigenes Wohlergehen gefordert. Denke daran, dich und andere – wenn du es beeinflussen kannst –, einfach und fleischlos zu ernähren. Bringe beim Bereiten der Speisen dein Wohlwollen, gute Gedanken, Gebete und Segen mit ein und du erlebst, welche guten Kräfte die Speisen entfalten. Halte daher neben dem Empfang der Eucharistie auch das gemeinsame Mahl in Ehren, denn beide weisen auf das Letzte Abendmahl des Herrn hin und sind Ausdruck inniger göttlicher Gemeinschaft.

Vermeide kleine Mängel, die sich immer wieder einschleichen, und halte in allem gute Ordnung. Sei aus Mitverantwortung darauf bedacht, jede unfrohe Stimmung fern zu halten – sowohl beim Zubereiten des Essens als auch bei der Mahlzeit selbst. So wie die Seelenspeise auf den Körper wirkt, so hat auch die körperliche Nahrung Einfluss auf die Seele. In Gott gründende Gedanken und Gebete sollten all dein Tun begleiten – ganz gleich, ob du dich bedienen lässt oder andere bedienst. Segne jede Mahlzeit und lass sie für dich und andere zu einer kleinen Liturgie werden. Spüre die Einheit von Religion und Leben und mache sie auch anderen Menschen bewusst.

Kapitel 36
Sorge tragen für die Kranken

Gibt es einen kranken Menschen, für den du Verantwortung mitträgst, so sieh die Sorge für ihn als ersten und wichtigsten Liebesdienst an. Hierdurch dienst du Christus selbst.

Ich war krank und ihr habt mich besucht.
Was ihr für einen meiner geringsten Brüder getan habt, das habt ihr mir getan.
Matthäus 25,36b.40b

Leider steckt im Menschen eine Tendenz, sich von Kranken und Schwachen abzuwenden. Überwinde diese Schwelle, wenn du sie in dir fühlst, und wende dich gerade ihnen liebevoll zu. Versuche dem Leidenden beizustehen, so als wäre er Christus. Durch ihn hat die Welt eine große Wandlung in der Beurteilung und im Umgang mit dem Leiden erfahren.

Der Kranke selbst soll keine übertriebenen Ansprüche stellen und versuchen, Unabänderliches geduldig anzunehmen. Sein Leben muss sich jetzt in besonderer

Weise aus dem Glauben bewähren. Er sollte und darf sich nicht gehen lassen, sollte bescheiden bleiben und denen, die ihn pflegen, Dankbarkeit zeigen. Stellst du bei einem Kranken jedoch diese Eigenschaften nicht fest, und er bereitet dir in der Pflege große Schwierigkeiten, dann nimm ihn so an, wie er ist, und ertrage sein Verhalten mit Geduld. Du wirst viel Gnade empfangen und deine Nächstenliebe und deine Liebe zu Gott werden wachsen, wenn du durchhältst und ihn begleitest, bis er wieder gesund ist oder im Tod seine Seele Gott zurückgibt.

Wünscht sich ein Schwerkranker oder Sterbender, Fleisch zu sich zu nehmen, so bereite es ihm liebevoll und lass ihn davon essen, so viel er möchte. Ist er jedoch auf dem Weg der Besserung oder wieder genesen, so überzeuge ihn davon, dass es besser ist, kein Fleisch zu essen.

Kapitel 37
Sorge tragen für Kinder und ältere Menschen

Sowohl Kinder als auch ältere Menschen bedürfen einer besonderen und liebevollen Zuwendung. Man sagt, dass der Mensch von Natur aus zu liebender Rücksicht gegenüber Kindern und Älteren neigt. Doch muss bei vielen diese natürliche Eigenschaft erheblich kultiviert werden. Bei sehr vielen älteren Menschen nehmen die Krankheiten zu. Ein Kind dagegen gleicht einem Genesenden, der an Lebenskraft gewinnt und immer mehr auf eigenen Füßen stehen kann. Wir sollten sowohl den Abstieg als auch den Aufstieg der Lebenskraft unterstützend und teilnahmsvoll begleiten. Deine besondere Sorge gelte also sowohl denjenigen, die durch ihr Alter das Leben nicht mehr meistern können, als auch denen, die noch nicht aus sich selbst das Leben bestehen können.

Menschliche Gebrechlichkeit und kindliche Unfertigkeit mögen dein Herz berühren und auch Dinge außerhalb der Norm zulassen, die du einem gesunden Erwachsenen nicht gewähren würdest.

Kapitel 38
Gutes durch Gutes unterstützen

Bei Tisch sollte es vermieden werden, zu persönliche Fragen zu stellen oder auch generell Fragen, die Gelegenheit geben, sich heftig auseinander zu setzen und damit Unfrieden stiften.

Es gibt Gemeinschaften, die ihre Mahlzeiten schweigend einnehmen und dabei einem Vorleser zuhören. Das Schweigen und die Stimme des Tischlesers geben beim Essen dem Raum eine besondere Stimmung. Wie durch die Speisen die körperlichen Kräfte gestärkt werden, so bietet die Lesung geistige Nahrung. Fade und oberflächliche Unterhaltung bleibt aus und der Mensch wird tiefer und ganzheitlich angesprochen.

Bei Kindern, älteren Menschen und Kranken sollte jedoch bei Tisch gesprochen und erzählt werden. Auch für viele Menschen, die oft nur zu den Mahlzeiten zusammenkommen, ist es wichtig, Neues und Bewegendes gegenseitig auszutauschen, um nicht zu verkrampfen oder gar zu resignieren. Das gesprochene Wort beim Essen sollte jedoch nicht zu heftig sein, sondern eher zu einem Segen für die Mahlzeit werden.

Kapitel 39
Maßhalten im Essen

Einmal am Tag eine warme Mahlzeit einzunehmen ist ratsam. Sie sollte aus zwei unterschiedlichen Gerichten bestehen, damit man von dem einen oder von dem anderen mehr oder weniger zu sich nehmen kann. Sehr zu empfehlen ist es, frisches Gemüse, Salate und Obst zusätzlich zu reichen. Brot sollte bei den Mahlzeiten nicht fehlen. Achte darauf, dich niemals zu übersättigen, sondern bleibe in allem genügsam. Dies bekommt sowohl deinem Körper als auch deiner Seele am besten.

Ein ständiges Zuviel im Essen entspricht nicht dem ureigenen Wesen des Menschen. Die Materie bindet uns zu stark an sich und trennt uns damit von Gott. Sei daher genügsam und eher sparsam in allem, was du zu dir nimmst, und übertreibe nichts.

Himmel und Erde werden vergehen,
aber meine Worte werden nicht vergehen.
Nehmt euch in Acht, dass Rausch und
Trunkenheit und die Sorgen des Alltags euch
nicht verwirren und dass jener Tag
euch nicht plötzlich überrascht.
Lukas 21,33–34

Auf deinem Weg, geistlich zu leben, wirst du feststellen, dass du nach einiger Zeit Fleischspeisen ablehnst, weil sie dir nicht mehr so gut bekommen. Zunächst wird es für dich zur Selbstverständlichkeit, kein Fleisch mehr von vierfüßigen Tieren zu essen. Freien Herzens und gern auf Geflügel und Fisch zu verzichten, macht dann später eine weitere Stufe der Veränderung deiner Ernährung aus. Zwinge nichts willentlich. Lebst du mehr und mehr geistlich, geschieht alles mit dir, was geschehen soll, auf wunderbare Weise ganz von selbst. Du nimmst die Veränderung selbstverständlich an, weil sie deine Persönlichkeitsentwicklung unterstützt. Urteile jedoch niemals über andere, was und wie viel sie essen. Du kennst ihre Vorgeschichte nicht, weißt nicht, wie gefordert oder gar wie krank sie sind.

Kapitel 40
Maßhalten im Trinken

Auch der Genuss von alkoholischen Getränken erfährt auf deinem geistlichen Weg eine Veränderung: Du spürst kein Verlangen mehr nach Alkohol, der dich in dieser oder jener Weise immer ein wenig verändert. Du stellst dich klarer den Anforderungen des Lebens, ohne sie durch den Konsum von Alkohol oder Medikamenten, die nicht vom Arzt verordnet sind, zu verschleiern oder gar zu verdrängen. Trunkenheit in jeglicher Hinsicht bedeutet Verlangsamung auf deinem geistlichen Weg und eventuell Rückschritt.

Ein Viertelliter Wein jedoch zu den Mahlzeiten kann nicht schaden und müsste einem jeden bekömmlich sein. Wer sich allerdings ganz enthält, sollte sich auch, ohne Rücksicht zu nehmen, in der Öffentlichkeit dazu bekennen.

Nimm diese Worte über das Essen und Trinken nicht als allgemein gültige Norm, sondern handle und entscheide auf der Grundlage deines gelebten Glaubens. Lass jedoch Veränderungen, die sich unweigerlich einstellen, bejahend zu. Vergleiche dich nicht mit anderen; fühle dich weder geringer als sie, noch erhebe dich über sie. Vermeide es, unzufrieden zu sein oder gar zu murren. Miss einem guten Tisch nicht eine zu große und besondere Bedeutung bei. Das Nörgeln – auch über andere Dinge als Speise und Trank – zieht deine Energie vom Wesentlichen ab und stiftet bei dir und anderen Unruhe.

Kapitel 41
Natürliche Ordnung wahren

Essen und Trinken sollen dein Leben, deine Arbeit und deine geistliche Entwicklung unterstützen. Es ist daher nicht gut, am späten Abend zu essen. Die Speisen liegen dann schwer im Magen, verursachen Träume und eine gewisse Unruhe. Fastentage einzulegen ist sehr empfehlenswert. In der Zeit von Ostern bis Pfingsten, in den heiligen fünfzig Tagen, solltest du allerdings nicht fasten. Zum Fasten außerhalb dieser Zeit bieten sich der Mittwoch und der Freitag an. An diesen Tagen könntest du weniger essen oder nur eine Mahlzeit einnehmen. Bei schwerer körperlicher Arbeit solltest du allerdings davon Abstand nehmen. Am Tage zu essen anstatt bei künstlicher Beleuchtung bringt für Leib und Seele Vorteile.

Religion und Leben, natürliche Ordnung und Notwendigkeit wie auch göttliche Gnade müssen sich ergänzen und ihren von Gott gewollten Ausgleich finden.

Kapitel 42
Schweigen üben

Im natürlichen Schöpfungsrhythmus liegt begründet, dass der Tag die Zeit der Arbeit und des Tuns, die Nacht die Zeit der Ruhe und des Schweigens ist. Zur Nacht solltest du in die Welt der Stille eintreten, die äußeren Dinge lassen und bei dir selbst einkehren. Das Reden, die Mitteilung an andere, verstummt und du kannst bei dir selbst bleiben. Im Schweigen erfährst du tiefe Ruhe und wesentlich intensiver die Nähe Gottes. Beschäftige dich am Abend möglichst nicht mehr mit aufregenden Dingen, sondern mit dem, was dich auf die Liebe Gottes ausrichtet und dich ruhig schlafen lässt. Meide dagegen Aufregendes, mit dem du dich im Schlaf weiter auseinander setzt und was dich, ohne dass du es bemerkst, über viele Stunden unruhig macht und dir die Ruhe der Nacht raubt.

Bist du von Natur aus empfindsam, wirkt ein erregender oder schlechter Eindruck am Abend auf dich umso intensiver. Du kannst deine Gedanken nicht loslassen, Wünsche und Fantasiebilder nicht abgeben, sodass du weder beten kannst noch innerlich zum wahren Schweigen kommst.

Beschließe deinen Tag mit der Komplet, dem Abendgebet der Kirche. Lebst du in einer Gemeinschaft oder auch allein, sollte unbedingt nach diesem Gebet geschwiegen werden und die Nachtruhe folgen. Ausnahmen bestehen selbstverständlich, wenn dringende und lebensnotwendige Aufgaben zu verrichten sind. Lass dein Schweigen zur Nacht nicht einfach zu einem toten Verstummen werden, sondern halte in deinem Bewusstsein die Gegenwart Gottes aufrecht, bis sie sich dir von selbst schenkt.

Auch am Tag kannst du ein heilsames Schweigen üben, wenn du dich nicht gleich in alles einmischst und wartest, bis du gefragt bist.

Kapitel 43–47
Nichts dem Dienst an Gott vorziehen

Gib deinem persönlichen Gebet wie auch dem Beten in der Gemeinschaft und somit jeglichem Gottesdienst vor allem den Vorrang. Nimmst du an einem gemeinsamen Gottesdienst teil, so vermeide es, unpünktlich zu sein. Vermeide es ebenso, die gemeinsame Feier vorzeitig zu verlassen. Die Ehrfurcht vor dem Gottesdienst verlangt höchste Pünktlichkeit. Verspätung bedeutet Geringschätzung und Störung der Gemeinschaft.

Kommst du zu spät zum Essen, das heißt, zur festgesetzten Mahlzeit, und hast keine verständliche Entschuldigung, bedeutet dein Zuspätkommen eine Geringschätzung der Tischgemeinschaft. Das gemeinsame Mahl, besonders in der Familie, sollte geordnet und ganzheitlich stattfinden – beginnend mit einem Gebet und endend mit dem Segen.

Was auch immer du als Einzelperson zu leisten vermagst: Vernachlässige niemals das Gemeinschaftsleben und nimm teil am Geist der Gemeinschaft. Dein individuelles Tun sollte besonders dann zurückstehen, wenn es um das gemeinsame Werk Gottes und den Dienst an Gott geht. Es ist bedauerlich, wenn äußere Ansprüche dazwischentreten und das Gefühl für den Rhythmus des Kosmos und die Berührung mit der sakralen Welt verloren gehen.

Machst du dich anderen gegenüber schuldig, vornehmlich deiner Familie oder der Gemeinschaft, der du angehörst, so versuche alles, um dein Verhalten wiedergutzumachen. Auch Nachlässigkeit verlangt eine gewisse Korrektur. Sind es hingegen innere Schwierigkeiten, die dich besetzen oder quälen, dann besprich sie unbedingt mit deinem geistlichen Begleiter. Zögere nicht, auch Unangenehmes auszusprechen, damit du keinen Schaden an deiner Seele nimmst. Jegliche Wunde kann geheilt werden – vorausgesetzt, du öffnest dich der Seelsorge und den Mitteln des Heils.

Dem Dienst an Gott soll nichts vorgezogen werden. Nur so kann sich der tiefere Sinn im Ganzen des Tages-, des Wochen- und sogar des Lebenslaufes erfüllen. Dazu ist es notwendig, eine gewisse Disziplin einzuhalten, die Klarheit bedeutet. Du erfährst im Gottesdienst – wenn du bereit bist, dich mehr und mehr hinzugeben – den Sinn der heiligen Worte, eine tiefe innerseelische Bereicherung und die Gnade des Heiligen Geistes. Wenn du durch Hingabe auf diesem Weg fortschreitest, ergreift dich eine Erschütterung durch die lebendige und liebende Gegenwart Gottes, die dich aber nicht erschrecken lässt, sondern beglückt. Hier beginnt dein religiöses Bewusstsein die Grenzen menschlicher Ausdrucksfähigkeit zu überschreiten. Dein Bewusstsein wird von einem ahnenden Miterleben der Nähe Gottes und zu einer tiefen Verbundenheit zu ihm erfüllt.

Kapitel 48
Beten und arbeiten

Wenn du es eben vermagst, richte deinen Tagesablauf so ein, dass körperliche und geistige Arbeit einander abwechseln. Der größte Feind der Seele ist das Untätigsein, da ihr dann die Sammlung der geistigen Kräfte fehlt. Zielstrebigkeit ist Voraussetzung, um diese Kräfte zu aktivieren. In all deinem Tun – ob geistig, geistlich oder körperlich – sollte immer ein Aspekt vorhanden sein, der sich auf andere und damit auf die Allgemeinheit bezieht. Eine so ausgeführte und ausgerichtete Arbeit kommt letztlich allen zugute. Die Arbeit gehört neben dem geistlichen Tun wesentlich dazu, dass sich die Seele entwickelt und wohlfühlt. Hinzu kommt selbstverständlich der existenzielle und auch der wirtschaftliche Aspekt.

Bist du mehr praktisch und handwerklich veranlagt, so nimm dir trotzdem Zeit, Geistliches – wie zum Beispiel das tiefe Gebet der Hingabe – einzuüben, bei dem du Gott alles, was dich ausmacht, in seine Hände legst. Arbeitest du vorwiegend geistig, so unterbrich beizeiten deine Arbeit und wende dich praktischen und alltäglichen Dingen zu. Eine gute geistig-körperliche Ausgeglichenheit ist die Grundlage für ein erfüllendes geistliches Leben. Vergiss nicht, besonders mittags, Phasen der Ruhe einzulegen. Vor allem aber sollte der Abend nicht mit neuen und allzu großen Aktivitäten belastet werden.

Richte in gesunden Jahren deine Arbeit und dein Leben so ein, dass du nicht auf Kosten anderer lebst, sondern dir das für dich Notwendige selbst verdienst. Es gibt Phasen, in denen du auf besondere Weise gefordert bist. Weiche ihnen nicht aus, sondern stelle dich den erhöhten Anforderungen. Um deine wirklichen Grenzen zu erfahren, benötigst du von Zeit zu Zeit bestimmte Herausforderungen, damit du nicht in der Mittelmäßigkeit des Alltags untergehst. Löse dich auch von der Einstellung, praktische Arbeit habe etwas Erniedrigendes. Sie gehört auch zu dir und hat für viele schon den Himmel geöffnet.

Ganz ohne geistliche Lektüre und religiöse Bücher solltest du deinen Weg nicht gehen. Sie geben dir

Geleit, Korrektur und Bestätigung. Aus der Erfahrung anderer kannst du lernen; sie weisen dich tiefer in den Glauben ein und führen dich sicher auf dem Weg zu Christus. Nicht die Fülle der Literatur ist entscheidend, sondern ihre Tiefe. Nimm lieber ein Buch zur Hand und lies es des Öfteren mit Gewinn als zu viele Bücher, deren Inhalt an dir vorübergeht. Nutze die Fasten- und Adventszeit für ein intensiveres geistliches Exerzitium. Halte dich nicht mit unnötigem Geschwätz und oberflächlichen Dingen auf, sondern investiere deine so wichtige Lebenszeit in Wesentliches. Vor allem aber: Heilige den Sonntag, indem du dich innerlich in das von Gott Geschaffene und in das göttliche Wort versenkst. Wenn es eben möglich ist, beschäftige dich am Sonntag mit den Dingen, die dir entsprechen.

Auch ältere Menschen sollten Aufgaben haben, die sie in das aktive Leben einreihen und ihnen das Gefühl geben, gebraucht zu werden. Es ist wichtig darauf zu achten, dass jede Arbeit eine körperliche und eine geistige Dimension hat. Zu hohe Anforderungen dürfen jedoch nicht gestellt werden, da sie die Leistungsfähigkeit und -freudigkeit beeinträchtigen.

Neben deiner praktischen oder geistigen Arbeit – beides sollte einander abwechseln – gelange durch Gebet und Meditation langsam zu geistlichen Werten. Den Weg dahin weisen zahlreiche geistliche Schriftsteller – bei der Heiligen Schrift und den Kirchenvätern beginnend.

Kapitel 49
Der Fastenzeit Sinn geben

Die vierzig Tage der Fastenzeit haben – vollziehst du sie mit – große Wirkung auf Körper, Geist und Seele. Jeweils neu und vertieft im Glauben kannst du den Tod und die Auferstehung des Herrn in sakraler Form miterleben, und reiche Gnade schenkt sich dir. Nutze die vierzig Tage als Zeit der Einkehr, der Entsagung und des Fastens. Was dir vielleicht in der übrigen Zeit des Jahres nicht so leicht möglich ist, sollte hier verwirklicht werden: äußeres und inneres Freiwerden von jeglicher Abhängigkeit. Belastungen, Spannungen und Hindernisse fallen von dir ab und lösen sich, sodass die Reinheit des Herzens zur Grundhaltung der Seele werden kann, wie Johannes Cassian sagt. Du wendest dich bewusst und verstärkt allem zu, was den Aufstieg zu Gott fördert: dem Gebet, der Meditation und dem Schweigen. Hinzu kommt die Einschränkung von Bedürfnissen, von Speise und Trank sowie die Entsagung von Unterhaltung und jeglicher Oberflächlichkeit.

Doch an erster Stelle sollte immer das tiefere Gebet, das Gebet der Hingabe, stehen. Es bereitet dem Wirken des Heiligen Geistes den Weg.

In den vierzig Tagen der Fastenzeit kannst du in besonderer Weise vieles konkret verwirklichen, was vielleicht lange nur dein Wunsch war. Bitte darum, dass die

Gnadenkraft dieser heiligen Zeit auch dein übriges seelisches Leben formt, wie auch das der Menschen, für die du Verantwortung mitträgst.

Kapitel 50–52
Den rechten Ort und die rechte Zeit wählen

Wenn auch die Zeit – fast fliehend – an dir vorüberzieht, so hat hingegen der Ort etwas Bleibendes, den du dir für dein jetziges Leben gewählt hast. Er sollte für dich zum ruhenden Pol werden und nicht – wie vieles andere – der Unbeständigkeit unterliegen. Du spürst genau, dass dein Gleichgewicht in allen Lebensbeziehungen erst dann vorhanden ist, wenn die rechte Zeit und der ihr gemäße Ort in Übereinstimmung sind. Kannst du nicht am gewohnten Ort dein Gebet und den Gottesdienst vollziehen, so versuche da, wo du gerade bist, zumindest deine Gebetszeit einzuhalten. Achte darauf, dass durch deine Arbeit dein Innehalten und dein Gebet nicht verdrängt werden. Deine tägliche Einübung in die Hingabe an Gott darf niemals einer anderen Tätigkeit weichen – selbst auf Reisen, wenn du von zufälligen Ereignissen abhängig bist.
Gehörst du zu einer Gemeinschaft, dann sei dir bewusst, dass die Gebetsgemeinschaft aufs Engste mit der Tischgemeinschaft verknüpft ist. Beobachte die dafür festgesetzten Zeiten und folge nur in Ausnahmen fremden

Einladungen. Lass in diesem Fall alle wissen, wo und bei wem du dich befindest. Bist du jedoch viel außerhalb deines Ortes, so bist du sehr schnell für die Gemeinschaft „draußen".

Jede religiöse Gemeinschaft wird über besonders stille Räume verfügen, in denen der Gottesdienst gefeiert und gebetet wird. Hier vollzieht sich ihr tieferer Sinn und ihr Wesen. Daher sollte in diesem Raum außerhalb des Gottesdienstes und des gemeinsamen Gebetes geschwiegen werden. Verneige dich beim Betreten und Verlassen dieses von Gott erfüllten Raumes oder bezeuge ihm durch eine Kniebeuge deine Ehrfurcht. Neben der Feier der Liturgie pflege in besonderer Weise das Schweigen und die tiefe innere Versenkung. Besuche oft diesen Ort der Stille und der Kraft, um allein zu beten und zu meditieren.

Lebst du allein oder in einer Familie, richte dir einen Platz ein, an den du dich ungehindert und gern zum Gebet zurückziehen kannst.

Kapitel 53
Gastfreundlich sein

Nimmst du einen Gast auf, lass ihn am Familienleben teilnehmen. Betrachte und behandle ihn so, als nähmst du Christus auf.

Ich war fremd und obdachlos, und ihr habt mich aufgenommen.

Matthäus 25,35b

Mit diesem Wort des Evangeliums nimmt die Gastfreundschaft einen religiösen Charakter an – besonders, wenn der Besucher Fragen zum Glauben stellen möchte. Als Erstes jedoch bete zusammen mit deinem Gast und spüre, ob er vielleicht unlautere Absichten hat und deine Gastfreundschaft missbrauchen will. Wenn er jedoch echte Hilfe sucht, wird sich ihm durch das Gebet ein geistlicher Raum eröffnen. Die menschliche Begegnung soll vom Gebet getragen sein – somit hat in allem das Geistliche Vorrang.

Besucht der Gast ein Kloster, so soll er zuerst am Tagesgebet aller teilnehmen. Gewähre ihm ebenso Teilnahme am gemeinsamen Mahl und vermittle ihm ein Heimatgefühl. Jeder Gast sollte gut und mit freundlichem Entgegenkommen betreut werden. Ziehst du dich jedoch auf dich selbst zurück, läufst du Gefahr, Christi Ankunft zu verpassen.

Verletze niemals die Höflichkeit, doch grenze dich beizeiten ab, wenn der Gast zu viel redet oder gar zudringlich wird. Wehre dich vor unguten und nicht förderlichen Einflüssen. Segne jedoch deinen Gast – wer auch immer er ist. Es ist besser, auch einmal einen dunkel gesinnten Menschen aufzunehmen als einen guten auszuschließen.

Bei dir selbst zu Hause zu sein, ist die Voraussetzung, jemanden einzuladen und sich auf ihn einzulassen. Erst wenn du deine eigene Identität gefunden hast, kannst du ganz präsent sein, zuhören und Orientierungshilfe geben. Sei auf Überraschungen gefasst und verzichte darauf, auf alles eine Antwort zu geben, alles festzulegen und zu kalkulieren.

Kapitel 54–57
Trotz Begabung bescheiden bleiben

Bist du auf dem geistlichen Weg erfahren und man weiß um deinen guten Rat, wirst du viele Briefe erhalten. So geht es auch manchen Menschen, die einem Orden angehören. Sie erhalten Post von Außenstehenden mit der Bitte um Beantwortung. Briefe ersetzen nicht nur die mündliche Unterhaltung, sondern sind oft klarer, überdachter, ehrlicher und somit manchmal auch schonungsloser. Im Gegensatz zu flüchtig verhallenden Worten bleibt in Schriftstücken die Persönlichkeit des Schreibers gegenwärtig. Geschriebene Worte können dir mehr zu Herzen gehen als gesprochene; sie können aber auch verletzender sein.

Durch einen Brief wird eine andere Welt in die deine gebracht. Schützen kannst du dich nicht vor ihr, doch solltest du Belastendes nicht allein tragen, sondern mit einem Menschen deines Vertrauens besprechen. Er kann vieles relativieren, was du vielleicht zu persönlich nimmst und was dir wehtut. Du kannst mit ihm bereden, ob und was du antworten sollst, um ein Zuviel abzubauen oder um etwas richtig zu stellen. Bleibe auf keinen Fall allein, wenn du tief beeindruckt und bewegt bist.

Mache es dir zur Regel, ein Kleidungsstück abzugeben, wenn du ein neues bekommst. Handhabe es ebenso mit deinen Schuhen. Auf diese Weise wird sich keine überflüssige Kleidung ansammeln, die noch von anderen getragen werden kann. Damit trägst du auch die Sorge für diejenigen, die weniger haben als du und die auf deine Güte angewiesen sind.

Die Kleidung, die du bei deiner Arbeit trägst, sei deinem Beruf angemessen. Besonders angenehm und empfehlenswert sind Kleidungsstücke aus ungefärbter Wolle. Offenbare durch deine Kleidung deinen Sinn für Ordnung, Sauberkeit, Einfachheit und Würde – behalte jedoch deine Individualität. Hierdurch gewährleistest du kein Untergehen in der Masse.

Hast du besondere handwerkliche oder künstlerische Fähigkeiten, dann pflege sie und lass sie auch zur Freude der anderen zur Geltung kommen. Vermeide jedoch jegliche Überheblichkeit, bleibe in allem eher bescheiden und zurückhaltend – selbst wenn deine Arbeit dir und anderen viel einbringt. Genieße zwar deine Erfolge, werde jedoch niemals eitel.

In einer Gemeinschaft zeigt die gleiche Tätigkeit einen neuen Charakter. Du kannst sie nur zum Wohl aller aufrechterhalten, wenn du dich als Glied der Gemeinschaft verstehst und demütig bist. Lohn und Ruhm werden dir hier in anderer Weise zuteil, als wenn du allein leben würdest, denn das gemeinsame Leben, das nach bestimmten Regeln abläuft, hat in allem Vorrang. Überheblichkeit wegen deines Könnens fällt sofort auf und du musst unweigerlich darunter leiden. Von dem durchschnittlichen handwerklichen Können vieler wird kein Aufhebens gemacht. Es wird als selbstverständlich vorausgesetzt. Denke daran, wenn du über besondere Begabungen verfügst.

Wissenschaftler wie auch Künstler ziehen immer besondere Aufmerksamkeit auf sich und ernten Bewunderung. Hier liegt eine Gefahr zum Hochmut und zur Überheblichkeit gegenüber denen, deren Arbeit weniger gewürdigt, geringer oder gar nicht bezahlt wird. Hinzu kommt, dass in einer Glaubensgemeinschaft der Wert und das Wesen der Gemeinschaft höher stehen als die bewunderte Persönlichkeit und ihr Werk.

Kapitel 58
Geistlich leben

Wenn du dich einem intensiveren geistlichen Leben zuwenden möchtest, solltest du diesen Weg nicht allein gehen. Ein geistlicher Begleiter sollte dir unbedingt zur Seite stehen – ganz gleich, ob du allein bleiben willst oder in eine Gemeinschaft eintreten oder dich ihr anschließen möchtest. Da du in eine neue Welt eintreten wirst, müssen dich die Verantwortlichen zunächst besser kennen lernen.

Sie werden dich mahnen, nichts übereilt, sondern deiner Gangart entsprechend Schritt für Schritt zu tun. Der Frage muss nachgegangen werden, ob du von Gott und seinem Heiligen Geist geführt oder ob du von irgendwelchen vordergründigen Absichten geleitet wirst. Du wirst gefragt, ob dein tiefer Wunsch darin besteht, Gott zu suchen und du bereit bist, die Erfahrungen auf dem Weg zu ihm anzunehmen. Du wirst als Neuling bei anderen eine gewisse Zurückhaltung erfahren, die du aber keinesfalls als Ablehnung werten sollst.

Es muss geprüft werden, ob es eventuell menschliche oder berufliche Enttäuschungen sind, die dich einen geistlichen Weg suchen lassen, und inwieweit es eine Flucht aus der Welt ist, die du eigentlich bestehen solltest. Es führt nicht weiter, wenn sich schon am Anfang ungute Elemente einschleichen. Deine Tragfähigkeit muss erprobt werden. Lass dich jedoch durch nichts entmutigen, was dir in den Weg gelegt wird. Lass deine gute Absicht in allem erkennen, bleibe geduldig und bescheiden.

Der geistliche Weg, der die Einübung in den Willen und die Liebe Gottes zum Ziel hat, beginnt unter anderem damit, auf jemanden zu hören und sich gegebenenfalls in ein Gemeinschaftsleben einzuüben. Deinem geistlichen Begleiter kommt eine tiefe und weit greifende Aufgabe zu: dich erkennen zu lassen, wer du bist, dir Mittel und Möglichkeiten an die Hand zu geben, um dich von unguten Abhängigkeiten zu lösen und dir den Weg zu Gott zu zeigen. Dein Begleiter muss dich in deiner Eigenart kennen und wissen, welche Art von Begleitung für dich die richtige ist. Dabei stehen die Einübung in das persönliche Gebet und in das gemeinsame Beten an der ersten Stelle. Und gleichzeitig wirst du lernen, die äußere Wirklichkeit zu bestehen und vorhandene Spannungen und Härten auszuhalten.

Sei dir bewusst, dass du in allem die Freiheit hast, den dir vorgelegten Weg wieder zu verlassen, dir einen anderen zu suchen oder erst einmal eine Pause einzulegen. Wichtig sind deine Erfahrungen und das Leben selbst.

Öffne mir die Augen
für das Wunderbare an deiner Weisung.
Ich eile voran auf dem Weg deiner Gebote,
denn mein Herz machst du weit.
Ich weiche nicht ab von deinen Entscheiden,
du hast mich ja selbst unterwiesen.
Ich sehne mich, Herr, nach deiner Hilfe
und deine Weisung macht mich froh.

Psalm 119,18.32.102.174

Selbst wenn du dich schon lange auf einem geistlichen Weg befindest, so ist doch von Zeit zu Zeit eine Rückerinnerung notwendig, denn besonders in Krisenzeiten kann sie das Vertrauen stärken in die Führung Gottes. Jede geistliche Erneuerung möchte bewirken, dass sich hier ein neuer Durchbruch zu Gott, zum Du deines Nächsten und zur Welt schenkt. Gott sieht unser Bemühen – das Eigentliche jedoch möchte er uns schenken.

Kapitel 59–61
Niemanden abweisen

Geistlich zu leben bedeutet immer wieder die Selbsthingabe an Gott zu üben. Es liegt in deiner freien Entscheidung, ob du einen solchen Weg gehen willst oder nicht. Berate dich und lass dir viel Zeit, bis du einen Entschluss fasst. Hat ein Minderjähriger bereits den Wunsch, sich mit geistlichem Leben zu beschäftigen, so sollen seine Eltern in alles eingeweiht sein und ihre Zustimmung geben, wenn er sich einem Lehrer oder einer Gemeinschaft anschließen möchte. Gerade für einen jungen Menschen können die Verlockungen auf dem geistlichen Weg sehr groß werden und die Gefahr besteht, dass er tief fällt. Daher hat sein Lehrer oder Begleiter eine hohe Verantwortung – aber auch die Eltern übernehmen Mitverantwortung.

Dem jungen Menschen sollte jedoch auf seinem Entwicklungs- und Lebensweg jede freie Entscheidung offen bleiben. Eine Bindung durch fremden Willenseinfluss darf niemandem auferlegt werden, denn unabhängige Selbstbestimmung gilt als erste Voraussetzung der Persönlichkeit. Andererseits jedoch muss der junge Mensch mit ganzer Seele der ihm gebotenen Gnade zustimmen, um sich und das, was der Schöpfer mit ihm vorhat, zu verwirklichen.

Kommt jemand, der bisher einen nichtchristlichen Weg gegangen ist, zu dir und bittet um ein Gespräch, weise ihn nicht ab. Frage ihn nach seinen Beweggründen. Lass dir jedoch von ihm nichts aufdrängen – dränge dich ihm aber auch unter keinen Umständen auf. Wenn er dich allerdings nach deinem geistlichen Leben fragt, antworte ihm aus vollem Herzen und begleite ihn, wenn er einen christlichen Weg beschreiten möchte. Lass dich nicht zu sehr beeindrucken durch eventuelle Kenntnisse und Erfahrungen, von denen er berichtet. Baue das Christwerden und Christsein schrittweise in ihm auf und sei ihm ein guter Begleiter.

Fühlst du dich jedoch überfordert, stelle eine Verbindung her zu einer geistlich lebenden Gemeinschaft, die ihm entsprechen könnte. Auch sie jedoch sollte behutsam mit ihm umgehen, ihn nicht vorzeitig aufnehmen, sondern ihn prüfen. Er muss sich zum Seinsgehalt des Christentums bekennen und die einzelnen Schritte bis zur Aufnahme erfolgversprechend durchlaufen. Erst dann kann die Kirche und die Gemeinschaft ihn in sich aufnehmen.

Schafft es jemand allerdings nicht, sich sowohl äußerlich als auch innerlich einzugliedern, so bleibt er ein Fremdkörper und kann die Gemeinschaft empfindlich stören. Andernfalls sollte er herzlich willkommen sein – auch mit eventueller Kritik und Verbesserungsvorschlägen.

Bedenke und erwäge, ob der Herr nicht gerade dir diese oder jene Begegnung schickt, um dich herauszufordern, dich zu prüfen, dir einen neuen Weg zu zeigen oder dein geistliches Leben zu vertiefen! Wichtig jedoch ist, dass jemand nicht ständig von einem zum anderen Ort zieht und immer neue Menschen nach dem rechten Weg zur Innerlichkeit fragt, sondern beständig ist. Ist er ganz von seinem geistlichen Tun durchdrungen, zeigt er Festigkeit und Kraft.

Kapitel 62
Priesterlichen Dienst tun

Auf dem geistlichen Weg muss sich der innere Lebensvorgang nicht nur vollziehen, sondern er muss auch wachsen. Zu diesem Wachstum trägt wesentlich die Feier der Heiligen Messe bei. Vornehmlich liest der Priester die Heilige Messe als Gemeinde-Gottesdienst. Doch ist es wünschenswert, dass auch religiöse Gemeinschaften, Konvente und Klöster von einem eigenen Priester betreut werden. Er hat die wesentliche Aufgabe, die Gläubigen in eine größere Christusnähe zu führen, ihre innere Entwicklung und das allgemeinkirchliche Leben zu fördern. In besonderer Weise muss ein Priester, dem die Güter des Erlösungswerkes Christi anvertraut sind, in allem Vorbild sein.

Zisterzienser

Beim Dienst am Altar steht er als Mittler zwischen Gott und der Gemeinde. Maßt er sich jedoch eine Macht an, die über andere bestimmen möchte, verliert er zwar nicht sein Priestertum, doch wird er als Diener Gottes unglaubwürdig und von vielen innerlich abgelehnt. Er, der dem heiligsten Bereich christlichen Lebens angehört, würde durch selbstständige Machtausübung die gesamte Gemeinde irreführen und den Sinn des Priestertums in sein Gegenteil verkehren. Hört er nicht auf die Mahnung des Bischofs, muss er abgesetzt werden. Dies ist das einzige Heilmittel zur Rettung der Gemeinde oder Gemeinschaft.

Das Priestertum bedeutet eine Kraftquelle für die Kirche und die Welt. Das priesterliche Sein soll sich durch würdiges Spenden der Sakramente und durch seelsorgliches Wirken auszeichnen. Ein Teil seines Lebens ist ganz verborgen in Gott und breitet unsichtbar den Gnadensegen des Heiligen Geistes aus.

Kapitel 63
Um Segen bitten

Schaust du dir tief und noch tiefer die geschaffene Welt an, wirst du in allem eine wunderbare Ordnung entdecken. Dich in eine natürliche Gesetzmäßigkeit einzugliedern und sie trotz deines bewegten und vielgestaltigen Lebens aufrechtzuerhalten, sollte zu einer vornehmlichen Aufgabe für dich werden. Die Geordnetheit der von Gott geschaffenen Welt darf nicht gestört werden, denn sonst entstehen dunkle Kräfte, die sich auf dich und den gesamten Kosmos verheerend auswirken. Eine auf dich zukommende und für dich bestimmte Ordnung kannst du nicht ohne Schaden für dich und andere willkürlich ändern. Die allem zu Grunde liegende kosmische Geordnetheit hat nichts Starres an sich, da sie einem lebendigen Organismus gleicht. Verändern kannst du sie nicht – wohl aber stören. Lass dich zu deinem Heil von ihr verändern.

Diese kosmische Ordnung spiegelt sich auch unter den Menschen wider. Bist du feinfühlig genug, sie wahrzunehmen und dich nach ihr zu richten? Nicht nur der gute Ton, sondern alle Umgangsformen sind Ausdruck deines inneren Zustandes und deiner Befindlichkeit. Inwieweit sind dein Wort und deine Haltung erfüllt von dieser religiösen Einstellung? Bist du in der Begegnung mit anderen von Christus geformt?
Dein äußeres Benehmen drückt deine innere Gesinnung aus. Begegnest du bestimmten Menschen, bitte sie um ihren Segen. Lege in dein Grußwort einen religiösen Sinn. Kommt ein älterer Mensch zu dir, erhebe dich von deinem Sitz und biete ihm deinen Platz an. Setze du dich erst dann wieder, wenn der Ältere dich dazu auffordert. Nicht nur weltliche Etikette, sondern insbesondere die Heilige Schrift hält dazu an, mit Ehrerbietung einander zuvorzukommen.

Übertrefft euch in gegenseitiger Achtung.

Brief an die Römer 12,10b

Der Einklang zwischen innerem und äußerem Leben wächst langsam. Diese hohe Stufe der Charakterbildung bedarf der Einübung und zeigt sich oft erst bei Menschen, deren Leben durch reiche Erfahrung gereift ist. Auch die Formen gemeinsamen Lebens müssen begriffen und aus innerer Überzeugung erfüllt werden. Vornehmheit, Ehrerbietung und Rücksichtnahme formen sowohl den äußeren als auch den inneren Menschen. Die äußere Erscheinung spiegelt das Innere eines Menschen wider.

Die Liebe, die wir untereinander zeigen, ist Voraussetzung für die Liebe zu Christus. Sie befähigt uns zur Nachfolge Christi.

Kapitel 64–65
Mehr helfen als herrschen

Nimmst du die Rolle eines Vorgesetzten wahr, gelten für dich besondere Richtlinien, die du unbedingt zum Wohle aller, für die du Verantwortung trägst, einhalten solltest. Neben vielem, was du mit anderen besprichst und gemeinsam erarbeitest, müssen doch die wesentlichen Kräfte, die Zielsetzung und der geistige Antrieb von dir ausgehen. Ein kluger, Gott naher Vorgesetzter ist nicht nur in seinem eigenen Verantwortungsbereich erfolgreich, sondern er ist auch ein Segen für sein gesamtes Umfeld.

Hast du die Aufgaben eines Vorgesetzten übernommen, sieh es als deine dringende Pflicht an, mehr vorauszusehen als vorzustehen. Selbstverständlich musst du fachkundig und in allem bewandert sein. Hinzu kommt noch, dass dir verborgene Quellen zugänglich werden und du aus ihnen schöpfen kannst.

Jeder Schriftgelehrte also, der ein Jünger des Himmelreiches geworden ist, gleicht einem Hausherrn, der aus seinem reichen Vorrat Neues und Altes hervorholt.
Matthäus 13,52

Selbstlosigkeit, Nüchternheit und Barmherzigkeit sind Eigenschaften, die dir nicht fehlen sollten. Lass dich bei schwierigeren menschlichen Aufgaben von Mitgefühl leiten und geh nicht zu weit, sonst könnte der Mensch wie ein Gefäß zerbrechen, aus dem du mit aller Gewalt den Rost herauskratzen willst. Versuche mit Güte und Liebe vorzugehen statt durch Härte und Abschrecken das Ziel zu erreichen. Sei nicht übertrieben in deinen Forderungen und vor allem nicht unzugänglich, nicht maßlos und nicht engstirnig, nicht eifersüchtig und nicht zu misstrauisch – sonst kommst du nie zur Ruhe. Du kannst nur Frieden geben, wenn du Frieden hast.

Bei allen deinen Entscheidungen sei vorausschauend, abwägend und besonnen. Bilde dir sowohl bei geistlichen als auch bei weltlichen Aufgaben ein klares Urteil und bringe jede Aufgabe in ihr richtiges Maß. Halte in allem Maß, damit die Starken weiter herausgefordert werden und die Schwachen nicht davonlaufen.

Selig, den der Herr damit beschäftigt findet, wenn er kommt! Er wird ihn zum Verwalter seines ganzen Vermögens machen.

Matthäus 24,46–47

Kapitel 66
Den Weg bereiten von der Ordnung zur Liebe

An zentraler Stelle im Leben sollten durch Erfahrungen gereifte Menschen stehen, die von Natur aus freundlich sind und es verstehen, Auskunft zu geben. An einen solchen Menschen, den man nach dem geistlichen Weg und dem entsprechenden Leben fragt, werden hohe Anforderungen gestellt. Er muss einerseits verschwiegen, andererseits aber auch beredt sein und über Weisheit, Klugheit, Urteilsfähigkeit und Menschenkenntnis verfügen. Durch ihn kommen zwei Welten zusammen: die innere und die äußere. Wissen und Liebe klingt mit bei allem, was er sagt und was er tut. Er fasst die Probleme und Angelegenheiten der Fragenden richtig auf und gibt gleichzeitig Auskunft oder vermittelt zu fachkompetenteren Menschen.

Für ihn – und damit für das, was er sagt und tut – sind nicht so sehr die wirtschaftlichen Gesichtspunkte maßgebend, sondern das Heil der Seelen. In seine Hand ist ein Schlüssel gegeben, der viele Türen öffnen kann.

Kapitel 67
Abwesende mit guten Kräften begleiten

Bist du beruflich viel unterwegs, sorge in besonderer Weise dafür, dass du ein gutes Zuhause hast und es Menschen gibt, die sich auf dein Wiederkommen freuen. Du bleibst als Abwesender gegenwärtig, umso mehr, wenn für dich gebetet wird. Die Verbundenheit mit deinem Zuhause wird dir in der Fremde besonders bewusst – erst recht dann, wenn du in Auseinandersetzungen verwickelt wirst, schlechtem Gerede und dunklen, zerstörerischen Kräften begegnest. Wie leicht – ohne dass du es möchtest – bleiben verwirrende Eindrücke in deinem Inneren haften.

Bei deiner Rückkehr solltest du nicht alles, was du gehört und gesehen hast, allen erzählen, um sie nicht zu belasten. Einem Menschen deines Vertrauens allerdings öffne bedenkenlos dein Inneres und besprich mit ihm das Notwendige. Wissenswertes, Belehrendes, heitere Begebenheiten und Freude gib dagegen an alle weiter.

Lass deine Familie oder die Gemeinschaft wissen, wo du dich aufhältst und wann du zurückkehrst. Du bleibst ihnen gegenwärtig, schenkst Vertrauen und löst eine herzliche Wiedersehensfreude aus.

Kapitel 68–70
Den Ja-Geist Gottes annehmen

Wird dir ein Auftrag erteilt und du glaubst, dass du ihn nicht erfüllen kannst, lehne dich nicht gleich dagegen auf, sondern nimm ihn erst einmal in aller Ruhe an. Stellt sich jedoch heraus, dass er wirklich zu schwer für dich ist, sprich offen mit demjenigen, der ihn dir erteilt hat und sage ihm, deine Leistungsfähigkeit sei dieser Aufgabe nicht gewachsen. Bringe jedoch deine Gegengründe nicht mit Heftigkeit und Auflehnung vor, sondern versuche, den Auftraggeber ruhig und sachlich zu überzeugen. Bleibt er jedoch trotz deiner Darlegung der Schwierigkeiten bei seinem Auftrag, dann nimm ihn an im Bewusstsein, dass es richtig für dich ist und dir die entsprechenden Kräfte zuwachsen.

Im zwischenmenschlichen Bereich erhältst du meist spontan eine Antwort, nach der du dich richten kannst. Sind es dagegen Lebensaufgaben oder gar Lasten, die dir das Schicksal diktiert, kannst du nicht ausweichen. Du kannst nicht anders als aus Liebe und mit Vertrauen auf Gottes Hilfe das dir Zugedachte annehmen. Liebe und

Vertrauen bringen als erstes deiner Seele Beruhigung und ermöglichen mit guter Überlegung und Energie sowohl die Durchführung dieser Aufgabe als auch das Annehmen des Unausweichlichen. In diesem Fall sagst du – selbst wenn du es nicht verstehst – Ja zum Willen Gottes. Heiliger Geist erleuchtet deinen Verstand, gibt deinem Willen Kraft und lässt dich die Notwendigkeit des Unabänderlichen einsehen. Richte in allem deine Haltung auf die göttliche Gnade aus. Scheint es dir, dass dir Unmögliches aufgetragen wird, dann nimm es aus dem Glauben und in Hingabe an – es wird dir und vielen zum Heil.

Weichst du vor einer schwierigen dir zugedachten Aufgabe aus, verlierst du unnötig Kraft und belastest zudem andere, besonders dir nahe stehende Menschen. Du stellst dein sich wehrendes Ich in den Mittelpunkt und verlangst von anderen sofortige Hilfe. Du schreibst – auch unausgesprochen – anderen etwas vor, was ihnen eventuell überhaupt nicht entspricht. Eine Art Bevormundung und zwingende Kraft gehen von dir aus. Du erschütterst dadurch das Vertrauen der anderen.

Wende dich in Hingabe an Jesus Christus und bitte ihn um Hilfe. Dann erreichst du durch die Liebe Christi auf einer höheren Ebene deine Mitmenschen, die dir jetzt freiwillig und aus Liebe das geben, was sie dir geben können. Lass also niemals dieses Grundgesetz aller Liebe außer Acht, sonst ist der Liebe das Kostbarste genommen: ihr Ewigkeitswert.

Erlaube es dir niemals, über einen anderen Menschen zu richten. Jegliche Überheblichkeit sei dir fremd. Schließe niemanden aus und lass unter keinen Umständen Hassgefühle zu. Wie schnell sind wir geneigt, jemanden zu übersehen und jede Unterhaltung mit ihm zu meiden.

Was dir selbst verhasst ist,
das mute auch einem anderen nicht zu!
Tobit 4,15a

Alles, was ihr also von anderen erwartet,
das tut auch ihnen!
Matthäus 7,12a

Kapitel 71
Zum Segen werden

Nur in Hochachtung gegenüber der Schöpfung und seinen Geschöpfen kannst du den Weg zu Gott finden und gehen. Lebst du in einer Verbindung mit anderen Menschen – von Gottes Schöpfungsplan her sollte es so sein – ist gegenseitige Rücksichtnahme und ein Hören auf den anderen unumgänglich: ganz gleich, ob du in einer Familie, Ehe, Freundschaft oder geistlichen Gemeinschaft lebst. Begegne dem Älteren mit besonderer Liebe und Aufmerksamkeit, folge seinem Rat, denn er kommt aus einem gereiften und weisen Herzen. Gib dem Älteren stets den Vorzug. Diese Stufung ist auf dem Weg zu Gott eine Notwendigkeit.

Entziehe dich weder dieser großen Aufgabe, einmütig und in Liebe miteinander zu leben, noch handle ihr zuwider. Hast du jedoch Wunden geschlagen, entschuldige dich und versuche alles, sie zu heilen. Segne vielmehr die Menschen, die dir nahe stehen und die dir anvertraut sind.

Kapitel 72
Christus und die Menschen lieben

Es gibt menschliches Verhalten, welches von Gott trennt wie beispielsweise Hass, Misstrauen, Fanatismus, Krieg und Terror. Verletzungen der Menschenrechte, Ungerechtigkeiten, Armut und Vereinsamung sind die Folge. Andererseits gibt es jedoch auch menschliches Verhalten, das von der Sünde trennt und zu Gott und zum ewigen Leben führt. Mit allen Konsequenzen geistlich zu leben führt dich auf diesen Weg. Werde dir deiner kostbaren und wertvollen Lebenszeit, die dir geschenkt ist, bewusst, um sie sinnvoll zu nutzen. Setze deine Lebenskraft durch und mit Christus in die Tat um, damit sie zur wirkenden Gegenwart Christi wird.

Achte und ehre in denjenigen, mit denen du zusammenlebst und die dir begegnen, Christus. Ertrage in Geduld die körperlichen und charakterlichen Schwächen der anderen, denn auch sie müssen deine Schwächen und Schattenseiten ertragen. Es gibt kein Zusammenleben, in dem nicht der eine durch seine körperlichen und physischen Mängel dem anderen eine Last auflegt. Übe Geduld und Nachsicht. Trage die Schwächen der anderen mit. Indem du so ihren Weg mitgehst, hilfst du ihnen, das Negative zu überwinden. Übersieh manches, um nicht zu verletzen. Viele wissen oft gar nicht um ihre Unzulänglichkeiten, die andere auf eine harte Probe stellen: körperliche und geistige Unruhe, Rechthaberei, Redseligkeit, Egoismus, Kränklichkeit und Altersschwäche. Das Wohl des anderen und nicht das eigene im Auge und im Herzen zu haben, fördert nicht nur das Wachstum der Nächstenliebe, sondern trägt dazu bei, die eigenen Bedürfnisse nicht in den Vordergrund zu stellen. Der Egoismus des Menschen ist sein größter Feind.

Denkt dabei nicht an euch selbst,
sondern an die anderen.
Auch ich suche allen in allem
entgegenzukommen;
ich suche nicht meinen Nutzen,
sondern den Nutzen aller,
damit sie gerettet werden.
1. Brief an die Korinther 10,24.33

Die von Gott geschenkte Liebe, sein Heiliger Geist, ist die Voraussetzung für die Liebe unter den Menschen. Die übernatürliche Liebe möchte sich in der natürlichen Menschenliebe ausdrücken, da sie sonst keine Erfüllung findet und abstrakt bleibt. Diese Liebe können wir nur auf menschliche Weise ausdrücken und uns einander schenken. Die menschliche Liebe wird durch die göttliche Liebe, der wir uns immer wieder im Gebet und im Schweigen zuwenden, kultiviert, veredelt und geheiligt. Das setzt voraus, dass alle unsere Egoismen einer dienenden, opfernden und zutiefst erfüllenden Liebe weichen.

Wer seinen Bruder liebt, bleibt im Licht;
da gibt es für ihn kein Straucheln.
1. Brief des Johannes 2,10

Wir wissen, dass wir aus dem Tod
in das Leben hinübergegangen sind,
weil wir die Brüder lieben.
Wer nicht liebt, bleibt im Tod.
1. Brief des Johannes 3,14

Christus, auf den alles Geschaffene hinstrebt, soll nichts vorgezogen werden, denn alles Geschaffene ist Abbild und Gleichnis Christi. Es weist auf ihn hin: dem Urbild und der Quelle allen Seins. Doch immer wieder ist der Mensch versucht, etwas anderes Christus vorzuziehen:

Menschen, eigene Interessen und eigene Lebensentwürfe, Bequemlichkeit, die eigene Ehre, Leistungen und Erfolge. Mit seiner Gnade schenkt uns der Herr jedoch immer wieder die Chance neuer Entscheidungen, denn er möchte uns alle zum ewigen Leben führen.

Kapitel 73
Einen neuen Anfang setzen

Die vorhergehenden 72 Kapitel und dieses letzte möchten dir helfen, den Weg zu Christus zu finden und zu gehen. Sie sind für dich, der du nach Vollkommenheit strebst, aufgezeichnet und darüber hinaus für eine Gemeinschaft, die sich als höchstes Ziel gesetzt hat, Heiligkeit zu erreichen. Die Texte möchten dein Leben begleiten. Es reicht nicht aus, dass du sie nur betrachtest; du solltest sie mit Aufmerksamkeit befolgen.

Wenn du mit deinem bisherigen Leben nur teilweise oder gar nicht zufrieden bist, setze einen neuen Anfang – und du bist auf einem geraden Weg zum Endziel: dem Schöpfer. Richtest du dich nach diesen Empfehlungen, wird sich dein Leben in wunderbarer Weise ändern – vornehmlich durch Übung der Demut und durch Hingabe im Gebet. Sowohl dein äußeres Verhalten als auch deine innere Haltung werden liebevoller. Bescheidenheit – aber auch Gemeinschaftsfähigkeit wachsen und dein Glaube wird durch Erfahrung reicher. Auf dem

Weg, geistlich zu leben, lernst du, dass du das Wesentliche nicht mit viel gutem Willen und Anstrengung erreichen kannst, sondern, dass es dir zur rechten Zeit geschenkt wird. Von Schritt zu Schritt wird dein Herz weiter, und die größer werdende Gottesliebe drückt sich in unaussprechlicher Freude aus.

Die Lehren der heiligen Väter sollten dich begleiten. Die Kirchenväter haben ein heiliges Leben geführt und entsprechende Schriften hinterlassen, in denen die Heilige Schrift und die Tradition gleichermaßen aufleuchten. Worte des Alten und des Neuen Testaments sind göttlichen Ursprungs. Gott tritt durch die heiligen Schriften in einen Dialog mit den Menschen. In besonderer Weise können die Väter helfen, das Herz und den Geist Gottes unter den Buchstaben zu entdecken. So sind insbesondere die Werke von Johannes Cassian zu empfehlen, Lebensbeschreibungen der Heiligen und die Regel des heiligen Basilius, die aus Leitlinien der Heiligen Schrift besteht.

Wer immer du bist: Setze diese Worte in die Tat um und beginne geistlich zu leben, um deine ureigenste Heimat wiederzufinden. Die Texte und der damit beschriebene Weg helfen nicht nur denen, die sich am Anfang wissen, sondern allen, die ernsthaft ihren Glauben erneuern und ihre Erfahrung vertiefen möchten. Wenn du einmal Zugang zu deinem göttlichen Grund gefunden hast und dich ihm öffnest, wird Gott dich weiterführen. Rufst du im Gebet deinen Beschützer an, darfst du sicher sein, dass er zugegen ist. Gott selbst ist uns Schutz und Geborgenheit auf dem geistlichen Weg, der auch steinig sein kann, letztlich jedoch ins Freie, in die Freiheit und zur größeren Liebe führt.

Eilt, solange ihr das Licht des Lebens habt.

Benedikt nach Johannes 12,35

Die Quelle der Anziehung und der Sehnsucht liegt in Gott, der uns einlädt, ruft, uns an sich zieht und den Weg zeigt. Und gleichzeitig kommt er uns entgegen, wenn wir uns auf den Weg machen.

Herr, eile mir zu Hilfe.

Franziskus

1181/82 BIS 1226

FRANZISKANER

Franziskus war Mensch des Mittelalters und ist zugleich ein Mensch der Gegenwart. Er war ein Poet und liebte das Konkrete; er war ein Realist und gleichzeitig ein Mystiker, der vom Feuer der Liebe Gottes verzehrt wurde. Seine mystische Erfahrung entrückte ihn nicht. Er fand immer wieder in die Wirklichkeit der Welt zurück. Franziskus genoss die Schöpfung, da er sich eins mit dem Schöpfer wusste. Um besser hören zu können, suchte er immer wieder die Einsamkeit. Er verstand es, in einer Zeit des Übergangs und der allgemeinen Krise, in der sich in der zweiten Hälfte des 13. Jahrhunderts Werte und Lebensformen befanden, einen klar definierten Weg zu finden.

Das Neue an Franziskus war, dass er ein radikales und realistisches Lebensprogramm erarbeitete und es gleichzeitig auch realisierte. Er war Laie und tief in der damaligen Volksfrömmigkeit verwurzelt. Dem Volk gab er die Feier des Geheimnisses Christi zurück und – damit verbunden – eine Frömmigkeit, die bis dahin als elitäre Spiritualität in den Klöstern gepflegt wurde.

Seine Schulbildung hatte der junge Franziskus in der Pfarrschule San Giorgio in Assisi wahrscheinlich in den Jahren um 1190 erhalten. Von seinem Vater, einem Tuchhändler, erlernte er Elemente der französischen Sprache. Die ersten religiösen Erfahrungen machte er durch das christliche Leben in der Familie. Er besaß eine ausgezeichnete Auffassungsgabe und ein vorzügliches Gedächtnis. Von seinem Vater wegen seiner extremen Lebensauffassung enterbt, stellte er sich in den Dienst Gottes und der Geringsten.

Im Alter von 23 Jahren vollzog sich bei ihm die Lebenswende. Die wichtigsten Stationen auf diesem Weg waren: das Gebet vor dem Kruzifix von San Damiano und die Begegnung mit dem Aussätzigen. Das geistliche Leben von Franziskus war ganz und gar auf Christus ausgerichtet – ohne zu definieren, zu ordnen, zu systematisieren. Diese Bedürfnisse der Schule und des Unterrichts spielten bei ihm keine Rolle.

Der Wille will nicht die Gnade lenken, sondern umgekehrt.

Und nachdem mir der Herr Brüder gegeben hat, zeigte mir niemand, was ich zu tun hätte, sondern der Höchste selbst hat mir geoffenbart, dass ich nach der Vorschrift des heiligen Evangeliums leben solle. (Franziskus, Testament, 14)

Im Frühjahr 1210 zog Franziskus mit seinen ersten Brüdern nach Rom, um sich bei Papst *Innozenz III.* die Erlaubnis zu holen, in Armut zu leben und zu predigen. So verkündeten sie mit Worten, vor allem aber mit ihrem Leben, den Frieden des Gottesreiches. Die franziskanische Gemeinschaft zählte bereits im ersten Jahrzehnt mehrere Tausend Mitglieder. Die Brüder sollten keine irdischen Sicherheiten und Sicherungen für ihr Leben haben, damit sie jederzeit frei und ungebunden dem Walten und Wirken Gottes zur Verfügung standen. Ab 1214 war Kardinal *Hugolin von Ostia* (der spätere Papst *Gregor IX.)* Protektor der franziskanischen Bruderschaft. 1219 kehrte Franziskus, malaria- und augenkrank, von einer Reise in den Orient nach Italien zurück und verzichtete 1221 auf die direkte Leitung des Ordens, da er nur Beispiel für andere sein wollte. In dieser Zeit verbreitete sich der Franziskaner-Orden in ganz Europa, Nordafrika und Palästina. Im September 1224 erlebte Franziskus in seiner Nachfolge Christi die Stigmatisation. Am Ende seines Lebens war er ein Mann, der von der päpstlichen Kurie gehört, von den Menschen bewundert und schon zu Lebzeiten als heilig galt. Am 3. Oktober 1226 starb Franziskus in Portiunkula bei Assisi.

Neu bei Franziskus war der Zug in die kosmische Weite und die heilsgeschichtliche Universalität, aus der die geschwisterliche Verbundenheit mit allem erwächst. Die ganze Schöpfung ist Offenbarung der göttlichen Liebe. Die erste, nicht von Rom bestätigte Regel, gab Franziskus im Jahr 1221 heraus. Vielen Mitbrüdern fehlten jedoch präzise Normen, Angaben über die Studienfrage und viele weitere Reglements. Franziskus wusste – als man seine Regel kritisierte, da sie zu viel Spielraum für die Freiheit des Einzelnen lässt –, dass mit etwas anderem als dem Evangelium nichts gewonnen ist. Gesetze, Strukturen und Institutionen können ein Leben nach dem Evangelium hindern und vielleicht sogar glauben lassen, es sei alles in Ordnung.

Franziskus distanzierte sich von vielem, was in Kirche und Gesellschaft selbstverständlich und gültig war.

Er wusste um die Freiheit des Geistes. Daher muss auch die von ihm aufgestellte zweite Regel geistlich gelesen werden. Er verfasste sie 1223, und am 29. November desselben Jahres wurde sie feierlich und unwiderruflich von Papst *Honorius III.* bestätigt. Die Kernaussagen beider Regeln sind die gleichen. Franziskus legte Wert darauf, dass die Regel weder theologisch noch juristisch ausgelegt werden durfte. Sie ist ein asketisch-moralischer Text, den man mehr oder weniger streng interpretieren kann. Die Regel darf nicht isoliert gesehen werden; sie muss erläutert und vom Leben des heiligen Franziskus erhellt werden. Und hierzu liefern wiederum die Schriften des Heiligen einen Beitrag, in denen er selbst unmittelbar und ganz persönlich spricht.

Aus seinen Schriften spricht seine Seele selbst. In diesen Blättern erschließt sich Franziskus seinen Lesern, wie er sich ehedem seinen Gefährten erschloss. (P. Sabatier)

Franziskus ist die lebendige Mitte seiner endgültigen Regel. Seine Persönlichkeit erschließt ihren wahren Sinn. Wer die Nachfolge Christi lebt, der soll frei sein: Er kann aktuelle Initiativen ergreifen, der Zeit angepasste Handlungen ausführen, neue Formen des Apostolats schaffen, ein weltabgewandtes Einsiedlerleben führen oder sich der Wissenschaft zuwenden. Die Regel zeigt sich als Lebensmodell, in dem die Lehre, das Leben, der Tod und die Auferstehung Jesu den Mittelpunkt bilden. Sie will nicht Gesetz, sondern Evangelium sein. Somit ist sie kein Dokument abstrakter Prinzipien, sondern Schlüssel zum Leben.

Die Regel des heiligen Franziskus hat über all die Jahrhunderte hindurch die Weisheit des Beständigen bewiesen. Der Text hat etwas äußerst Dynamisches, sodass er entsprechend der jeweiligen Zeit interpretiert werden kann, ohne die Treue zum Ursprung zu verlieren.

Orden, die heute noch nach Franziskus' Regel leben

Franziskaner und Franziskanerinnen (heute gibt es ungefähr 400 verschiedene Ausrichtungen der Franziskanerinnen), Kapuziner, der „Franziskanische Dritte Orden" (Terziaren und Terziarinnen), Kongregation der Armen Brüder des hl. Franziskus, Franziskaner vom hl. Kreuz, Missionsbrüder des hl. Franziskus von Assisi, Franciscan Brothers of the Third Orden Regular.

Geistlich leben nach Franziskus

Kapitel 1
Im Namen des Herrn

Die meisten Menschen, die geistlich leben, erhielten ihren ersten Impuls nicht durch ein geschriebenes Wort, sondern Anlass dieser im Glauben vertieften Lebensweise war oder ist für sie eine Persönlichkeit, die diesen Weg ging oder geht. Der heilige Franziskus gehört zu ihnen, der uns das „Buch des Lebens“ hinterlassen hat. Es will zur Überwindung dunkler und hemmender Kräfte beitragen und damit letztlich auch die Angst vor dem Tod nehmen. Es ist ein Buch, das ein vom Evangelium geformtes Leben aufzeigt. Alle, die Ernst machen wollen mit ihrem Christsein, werden aufgerufen, ihr Leben nach dem Evangelium zu führen. Dabei ist es wichtig, keine großen Ansprüche zu stellen, sondern sich mit dem jeweils Gegebenen zu begnügen. Dazu gehört auch die Anerkennung der Kirche, ohne die ein Leben nach dem Evangelium nicht möglich ist.

Es gibt erschreckende Beispiele, in denen das Leben nach dem Evangelium eigenwillig und willkürlich, eigenmächtig und selbstherrlich gedeutet und verwirklicht wurde.

Zum Leben der Franziskaner gehören die drei Gelübde: Gehorsam, Keuschheit und Eigentumslosigkeit. Diese machen ein Leben in der Kirche zu einem Ordensleben. Da das innere Leben der Kirche immer wieder durch Veräußerlichung und Machtanspruch gefährdet ist, kannst du einen wichtigen Beitrag zum Bestand des inneren Lebens der Kirche leisten, wenn du versuchst, geistlich zu leben im Sinne alter Klosterregeln.

Es geht darum, das Wort als „Geist und Leben“ zu entdecken und damit die Person Jesu als Anspruch, Herausforderung und Sinn für das eigene Leben anzunehmen.

Kapitel 2
Mit geistlichem Leben beginnen

Viele Menschen haben den Wunsch, geistlich zu leben. Sie spüren eine gesunde Unruhe und machen sich auf den Weg, das von ihnen Ersehnte zu finden. Es gibt Menschen, die diese innere Bewegung und den damit verbundenen Aufbruch Gottes Heiligem Geist zuschreiben. Sie fühlen sich sicher geführt und wissen, dass das Rechte ihnen zur rechten Zeit begegnet. In jedem Fall ist es jedoch ratsam, den neuen Weg mit einem geistlichen Begleiter zu besprechen und sich einer Gemeinschaft anzuschließen.

Die Grundanliegen müssen dir vertraut sein und von dir bejaht werden, damit du dich zielgerichtet verhalten kannst, ohne über belanglose menschliche Unebenheiten zu stolpern. Mach dir auch bewusst, dass die anfängliche Begeisterung vorübergehend schwinden kann und du eventuell Durststrecken aushalten musst. Mögen dir Menschen, die in diesem Leben und auf diesem Weg Erfahrungen gemacht haben, zur Seite stehen. Besprich deine Antworten auf bestimmte Fragen mit ihnen wie beispielsweise:

- Glaubst du zu wissen, was du möchtest?
- Lebst du in einer versöhnten Haltung oder bist du eher abwehrend?
- Ist dein Glaube lediglich Teil deiner Aktivitäten oder erlebst du deine religiösen Erfahrungen als tragendes Lebensfundament?
- Gibt es so etwas wie einen roten Faden, der sich durch dein Leben zieht?
- Suchst du Sicherheit und folgst daher einer Norm?
- Stehst du zu dir und übernimmst selbst die Verantwortung für dein Handeln?
- Führen dich deine Intuitionen zu neuen Horizonten oder blockieren sie dich?
- Strebst du nach einer anderen Lebensform, um deine christliche Identität zu leben?
- Inwieweit kannst du – besonders im Gebet – loslassen, um Gott in dir Raum zu geben?

Im tiefen Gebet der Hingabe ist es notwendig, alles abzugeben, was du dein Eigen nennst – auch deine Gedanken. Nur in einer solchen „Armut“ kann sich Gott dir frei und ungehindert schenken.

Behaltet darum nichts von euch selbst
für euch selbst, damit euch als Ganze
annehmen kann der,
welcher sich euch ganz hingibt.
Franziskus, nicht bestätigte Regel, 30.22–25

Als Gottes Eigentum gibst du ihm das zurück, was ihm gehört. Diese Hingabe ist die spürbar vollzogene Verherrlichung Gottes.

Kapitel 3
Die Freiheit des Evangeliums leben

Es ist nicht unbedingt notwendig, in Gemeinschaft zu beten. Du kannst dies zu jeder Zeit und an jedem Ort. Halte jedoch inne und fülle dein Beten mit Leben. Lass dein Leben für Gott und durch Gott in demütiger Danksagung und schlichter Anbetung zum Ausdruck kommen. Da sich dein Beten nicht abseits von den Menschen vollzieht – wie in einem strengen Kloster oder bei einem Eremiten – passe deine Gebetszeiten deiner Lebens- und Berufssituation an.

- Was kannst du von dir aus dazu beitragen, um Kraft aus den Glaubensquellen zu schöpfen – insbesondere aus dem Wort Gottes und den Sakramenten?
- Was kannst du tun, dass dein Gebet und dein inneres Leben tief greifender werden und an Bedeutung gewinnen?

Sicherlich hast du schon einmal eine Krise des Betens durchgemacht und an der Möglichkeit, Gott erfahren zu können, gezweifelt oder warst der Überzeugung, dass Gott nicht mehr die Voraussetzung der Existenz der Welt ist. Die Antwort auf viele Fragen lautet: Suche einen positiven Zugang zur Schöpfung und beginne neu und von Grund auf nach dem Evangelium zu leben. Du wirst die Erfahrung machen, dass allen Dingen ein ursprüngliches Gutsein zu Grunde liegt und Gottes Gegenwart in allem pulsiert. Du wirst dem Geheimnis des geistlichen Weges auf die Spur kommen: der Barmherzigkeit Gottes, des Schöpfers und Erlösers.

Zum Leben nach dem Evangelium gehört auch das Fasten. Äußeres Fasten wird zum Ausdruck innerer Enthaltsamkeit. Eine bestimmte Art böser Geister kann nur durch das Fasten und das Gebet vertrieben werden. Doch solltest du das Fasten nicht übertreiben. Hältst du die Fastenzeiten vor Weihnachten und vor Ostern ein und nimmst des Öfteren einen Freitag hinzu, sollte es genügen. Lebe mehr und mehr die Freiheit, die aus dem Evangelium spricht – und du kannst sicher gehen.

- Lebe so, dass du in allem, was du tust, für andere glaubwürdig bist.
- Durch das Zeugnis deines christlichen Lebens überzeuge Außenstehende von der Wahrheit des Evangeliums.
- Lass dich auf keinen Streit mit anderen ein und verurteile niemanden.
- Sei nicht bestrebt, in allem Recht zu haben.
- Versuche Grundhaltungen einzuüben, die dich von Ich-Bezogenheit frei machen und dich zur wahren Liebe befähigen, wie zum Beispiel zur Bescheidenheit und zur Demut.

Entziehe niemandem deine Zuwendung und deine Liebe. Denke an den Schöpfer, der über Gute und Böse seine Sonne aufgehen lässt. Sei im wahrsten Sinne liebens-würdig, der Liebe Gottes und der Menschen würdig. Du kannst viel zu der Liebe unter den Menschen beitragen, wenn du Frieden verbreitest. Bist du bei jemandem zu Gast, so iss und trink, was dir angeboten wird – ohne wählerisch zu sein.

Kapitel 4
„Nehmt euch in Acht …"

Wer durch Geld sein Leben sichern will, verfällt allzu leicht der Habsucht. Die Ausrichtung vieler Menschen wird von diesem „Haben-Wollen"· ganz in Anspruch genommen.

Gebt Acht, hütet euch vor jeder Art von Habgier. Denn der Sinn des Lebens besteht nicht darin, dass ein Mensch aufgrund seines grossen Vermögens im Überfluss lebt.

Lukas 12,15

Nehmt euch in Acht, dass Rausch und Trunkenheit und die Sorgen des Alltags euch nicht verwirren und dass jener Tag euch nicht plötzlich überrascht, so wie man in eine Falle gerät; denn er wird über alle Bewohner der ganzen Erde hereinbrechen. Wacht und betet allezeit, damit ihr allem, was geschehen wird, entrinnen und vor den Menschensohn hintreten könnt.

Lukas 21,34–36

Kapitel 5
Arbeit ist notwendig

Sorge durch deine Arbeit für deinen Lebensunterhalt. Lebst du in einer Gemeinschaft, trage durch deine Tätigkeit auch zum Lebensunterhalt der Gemeinschaft bei. Arbeiten-Können und Arbeiten-Dürfen ist eine Gnade Gottes. Achte jedoch darauf, dass durch deine Arbeit der Geist des Gebetes und der Hingabe an den

Willen Gottes nicht erstickt wird. Denn nur allzu leicht sucht und findet der Mensch in der Arbeit seine einzige Befriedigung. In diesem Fall dient er ausschließlich seinem eigenen Ich. Müßiggang, Langeweile und Trägheit sind die Tore, durch die Ungutes und Zerstörerisches bei dir eindringen können. In der Untätigkeit kommen Herz und Zunge auf unerlaubte Dinge.

Es kommt häufig vor, dass Menschen über ihre Arbeit das eine Notwendige vergessen: das Gebet und den Dienst an Gott. Verrichte keine Arbeit, die dem Heil der Seele zuwiderläuft. Versuche eine dir gemäße Arbeit zu finden und führe sie gewissenhaft aus. Sei dankbar für die dir entsprechende Arbeit, die du gefunden hast, und wechsle nicht ständig deinen Arbeitsplatz, um mehr zu verdienen. Sei mit den Forderungen, die du stellst, zurückhaltend. Sieh deine Arbeit als Gnade an, als Auftrag Gottes. Dieses Wort wird dir zur lebendigen Erfahrung, wenn deine Arbeit wie dein gesamtes Einssein dem Bewusstsein der Gottesliebe entspringt.

Ihr erinnert euch, wie wir uns gemüht und geplagt haben. Bei Tag und Nacht haben wir gearbeitet, um keinem von euch zur Last zu fallen, und haben euch so das Evangelium Gottes verkündet.

1. Brief an die Thessalonicher 2,9

Kapitel 6
Leihgaben des Schöpfers

Zu deiner Existenz und zur Erfüllung deiner Aufgaben benötigst du bestimmte Dinge, die – wenn du sie grundlegend betrachtest – Leihgaben des Schöpfers an dich sind. Die Dinge sollen stets verfügbar bleiben für ihren eigentlichen Eigentümer: für Gott. Haben- und Besitzenwollen dürfen sich niemals hindernd zwischen Gott und den Menschen stellen. Unsere Zeit auf dieser Welt ist kurz. Daher soll der, der etwas kauft, sich in Zukunft so verhalten, als würde er nicht Eigentümer. Derjenige, der sich die Welt zunutze macht, soll sich so verhalten als nutze er sie nicht, denn die Gestalt dieser Welt vergeht (vgl. 1. Brief an die Korinther 7,30–31). Verhalte dich so, als wärst du ein Gast auf Erden. In vielen unserer Verhaltensweisen kommt zum Ausdruck, dass wir Dinge oder Menschen besitzen, für uns haben und festhalten wollen. Dabei vergessen wir, dass sie Gott gehören. Eigenwillig wollen wir über Menschen und Dinge verfügen, selbst dann, wenn sie uns nach dem Willen Gottes oder in der augenblicklichen Situation nicht zustehen.

Denn ihr wisst, was Jesus Christus, unser Herr,
in seiner Liebe getan hat:
Er, der reich war, wurde euretwegen arm,
um euch durch seine Armut reich zu machen.

2. Brief an die Korinther 8,9

Du kannst durch dein geistliches Leben, was sich unter anderem auch in Bescheidenheit ausdrückt, wesentlich dazu beitragen, dass sich die erlösende Gnade Jesu Christi bei anderen Menschen und in seiner Kirche auswirken und entfalten kann. Es gibt Menschen, die wollen nichts zu Eigen haben, um alles in wirklichem Maß in Gott besitzen zu können.

Kapuziner

Der Wert gemeinsamen Lebens:
Der Christ ist ein Mensch, der unterwegs ist und einer anderen Welt entgegengeht. In ihm ist die Sehnsucht nach seiner eigentlichen Heimat wach. Er weiß, dass sie sich erfüllt, wenn er seinen Auftrag in dieser Welt nach dem göttlichen Willen ausführt. Wird es dir schwer oder gerätst du gar in Not, dann öffne und offenbare dich einem dir vertrauten und gleichgesinnten Menschen. Er wird dir Verstehen und Liebe schenken, sodass du dich nicht mehr allein und am Rande stehend fühlst.

Nimm deine Familienzugehörigkeit bewusst wahr und danke für das gemeinsame Leben. Darüber hinaus begegnen dir auf deinem Weg Menschen, die du als Schwestern und Brüder im Geist annehmen darfst und solltest. Bei ihnen bist du geborgen und gehalten. Die Kraft und Liebe einer Gemeinschaft wird dir erst recht bewusst, wenn Dunkelheit dich umgibt und du glaubst, den geistlichen Weg nicht weitergehen zu können. Bist du durch den Geist Christi mit deinen Schwestern und Brüdern verbunden, wirst du sie auch mit der Liebe Christi, die alle Erkenntnis übersteigt, lieben. Es ist die Liebe Gottes, die in Christus Mensch geworden ist, und die alle menschliche Liebe übersteigt.

Deine Liebe drückt sich nicht nur im Wort aus, sondern auch in der Tat. Voraussetzung hierfür ist allerdings, dass du deine Belastungen, deine Not und deine Hilfsbedürftigkeit auch anderen zu erkennen gibst, damit sie dir entgegenkommen und Liebe erweisen. Diese Liebe, die die inneren Regungen der Seele aufdeckt, beruhigt und heilt und kann unter Umständen auch begleitet werden durch ein strenges Wort oder durch Kritik. In der zuvorkommenden Liebe wartest du nicht erst die Bitte des anderen ab, sondern handelst spontan mit wachen Augen und offenem Herzen.

Denke daran, dass oft das Leben für einen gesunden Menschen schon sehr hart und unerbittlich sein kann. Wie viel mehr muss ein kranker Mensch leiden? Er ist in Gefahr, rückwärts zu schauen und aus Angst alle Hoffnung zu verlieren. Gerade in der Liebe zu einem kranken Menschen wird es sich zeigen, ob die Liebe frei ist von aller Ich-Bezogenheit und ob sie wirklich Liebe von der Liebe Christi ist.

Aber auch der Kranke muss etwas dazu beitragen, dass er sich öffnet, nach vorne schaut und das ihm von Gott Zugedachte annimmt. Er darf keine zu hohen Ansprüche stellen und keine Forderungen – auch nicht die Forderung nach seiner Gesundheit.

Durch eigene Krankheit oder durch die Pflege eines kranken Menschen wirst du freier für den Dienst Gottes und du kannst – losgelöst von aller Anhänglichkeit an irdische Dinge – seine Liebe zu dir tiefer erfahren.

Kapitel 7
„Besiege das Böse durch das Gute"

Sehr viele Menschen leiden geistliche Not und sind in ihrem Inneren krank. Eine ihnen bewusste oder unbewusste Schuld lastet auf ihnen – aufgeschichtet über Jahre. Wahrscheinlich kennst du Menschen, die auf diese Weise Schweres tragen. Vielleicht leben sie gar an deiner Seite und du begegnest ihnen und ihrem Schicksal täglich.

Mache ihnen niemals Vorhaltungen, erhebe dich nicht über sie, sei nicht ungeduldig oder entrüstet und richte niemanden. Zorn und Aufregung verraten meist eine große Ich-Bezogenheit. Es wäre wunderbar, wenn Erbarmen und Liebe in dir wachgerufen würden – ein Zeichen, dass geistliches Leben in dir Wirklichkeit wird. Schaue daher niemals mit selbstgefälligem Blick auf jene herab, die viele Fehler machen und innerlich leiden. Es darf niemanden auf der Welt geben – mag er auch noch so viel Schuld auf sich geladen haben –, der deine Augen gesehen und dann von dir fortgehen müsste ohne einen liebenden Blick oder ein versöhnendes Wort. Die dienende und selbstlose Liebe allein vermag ihn zu wandeln. Die Liebe Gottes wird durch dich erfahrbar, der uns durch Christus zu sich ruft.

Lass denjenigen durch dein Verhalten nicht noch tiefer fallen, der nach dem Fall sich nur schwer wieder aufrichten kann. Schau auf den Schöpfer: Er setzt seine

Macht den Menschen gegenüber nicht gewaltsam ein, sondern handelt in väterlicher Liebe. Härte und Strenge, die nicht aus der Liebe erwachsen, führen niemals zur Liebe Gottes. Schon eine gewisse Aufregung verhindert sowohl in dir selbst als auch in anderen die Liebe.

Hüte dich davor, das Fehlverhalten eines anderen Menschen breitzutreten oder gar zu veröffentlichen. Wandlung zum Besseren kann leichter und schneller in der Stille geschehen. Liebloses Gerede über andere erstickt in uns das Erbarmen. Versuche nicht gut zu erscheinen, sondern gut zu werden. Nur so kannst du wahre geistliche Hilfe gewähren.

Begegnest du Menschen, die sich in seelischer Not befinden und unter ihrem Fehlverhalten leiden, öffne dich noch mehr als zuvor der Gottesliebe, damit diese durch dich den Nächsten erreichen kann. Besonders schwer wird es für dich sein, wenn der andere, dem du Vergebung und Liebe schenken möchtest, dir selbst Unrecht getan hat.

Du darfst dich glücklich schätzen, wenn du deinen Nächsten in seiner Unzulänglichkeit genauso erträgst, wie du von ihm ertragen werden möchtest, wenn du in der gleichen Lage sein würdest. Denke darüber nach, inwieweit du für deinen Nächsten und deine Umwelt ein Kreuz bist. Wir wollen, dass andere uns ertragen, sind jedoch selbst oft nicht bereit, die Last der anderen auf uns zu nehmen.

Wenn einer sich zu einer Verfehlung hinreissen lässt, so sollt ihr, die ihr vom Geist erfüllt seid, ihn im Geist der Sanftmut wieder auf den rechten Weg bringen. Doch gib Acht, dass du nicht selbst in Versuchung gerätst.
Einer trage des anderen Last;
so werdet ihr das Gesetz Christi erfüllen.

Brief an die Galater 6,1–2

Fast jeder Mensch läuft Gefahr, in alte Fehler zurückzufallen und damit das eigene Ich allem voranzustellen. Das bedeutet eine starke Beeinträchtigung seines geistlichen Lebens. Oft merkst du es nicht einmal, da du dich selbst mit den Augen deines eigenen Ich siehst. Hier ist von unschätzbarem Wert ein geistlicher Begleiter oder eine Gemeinschaft, in der du lebst. Lass es zu, wenn ein anderer, der es gut mit dir meint, dich demütig und sorgfältig darauf aufmerksam macht und mahnt.

Wenn dein Bruder sündigt,
dann geh zu ihm und weise ihn unter
vier Augen zurecht. Hört er auf dich,
so hast du deinen Bruder zurückgewonnen.

Matthäus 18,15

Hörst du Menschen Böses reden oder siehst, dass sie es sogar tun, dann halte an und schreite ein. Rede in ihrer Gegenwart Gutes und tue es. Bete, dass sie von ihrem schlechten Reden und Tun ablassen. Preise den Herrn, der große Wunder vollbringt. Versuche, das Böse durch das Gute zu überwinden. Dein Verhalten stärkt den anderen und hilft, umzukehren und sich dem geistlichen Leben zuzuwenden.

Lass dich nicht vom Bösen besiegen,
sondern besiege das Böse durch das Gute!
Brief an die Römer 12,21

Kapitel 8
Verantwortung tragen alle

In einer Familie sorgen Mutter und Vater für das innere und äußere Leben ihrer Kinder. In allen Lebenslagen, besonders in schwierigen und rauen Zeiten, sollten die Eltern letzte Zuflucht sein und bleiben. Das Beispiel der dienenden Liebe Christi, der seinen Jüngern die Füße wusch, sollte alle Familienmitglieder davor bewahren, Macht untereinander auszuüben. Es geht darum, dass sowohl der Einzelne als auch die Gemeinschaft aus dem Geist des Evangeliums lebt.

Die Verantwortung für das Leben der Gemeinschaft sollte in den Händen aller liegen. Ein auf Gott ausgerichtetes Leben muss in einer Familie wie auch in einer anderen Gemeinschaft an erster Stelle stehen. Immer neu ist es notwendig, nach echten Ausdrucksformen einer lebendigen Geistlichkeit zu suchen. Dazu benötigt jede Gemeinschaft eine innere Ordnung, nach der sie lebt. Viele Bewegungen jedoch glaubten auf ihrer Suche nach dem evangelischen Ursprung auf eine interne Ordnung und die entsprechenden Formen verzichten zu müssen. Anstatt sich dem Urgrund des Evangeliums zu nähern, entfernten sie sich immer weiter von ihm.

Kapitel 9
Die Kraft des Wortes

Besitzt du die Gabe zu reden, dann solltest du sie auch nutzen, um anderen Menschen Wesentliches, was du im Glauben erfahren hast, mitzuteilen. Vor Gesprächen oder Vorträgen ziehe dich für einige Zeit zum Gebet in die Stille zurück und lass dir das schenken, was später in Form von Worten aus dir strömt. Mögest du selbst innerlich von den Worten entbrannt sein, die du anderen mitteilen möchtest. Sprich jedoch niemals, nur um etwas sagen zu müssen, kalte Worte aus. Sei in deinem Inneren nicht stolz auf deine guten Worte und Werke, hebe sie nicht besonders hervor und sei niemals selbstgefällig. Sei ein Diener des Wortes Gottes, ohne Ruhmsucht, Eitelkeit und Stolz.

Das, was du an Gutem in anderen bewirken kannst, darfst du nicht eitlen Ruhmes wegen anderen verkaufen. Du würdest dann nicht mehr Diener des Wortes

Gottes sein, sondern Diener deines eigenen Ich. Versenke dich daher zuerst in dein Inneres und horche auf die Stimme Gottes, die zu dir sprechen möchte. Zerre nicht alles gleich an die Öffentlichkeit, sondern lass die Zeit für das rechte Wort reifen.

Dein Wort soll in denen, die es hören, Glaubenskräfte wecken und zur Entfaltung bringen. Es soll Leben schenken und vermitteln. Doch – um es noch einmal zu sagen – sind dein persönliches Beten, das fürbittende Gebet und deine entsprechenden Taten Voraussetzung für ein dem Schöpfer entsprechendes wirkmächtiges Wort. Je mehr du Christus verbunden bist, desto mehr wirst du zum „Licht der Welt".

Halte keine großen Reden, sondern verkünde die Wahrheit und das Wort Gottes kurz und prägnant, so, wie du es aus dem Evangelium kennst. Wenn du dich durch Hingabe immer wieder ganz dem Wort und der Liebe Gottes öffnest, wirst du diese Liebe den Menschen genauso schlicht und einfach weitergeben wie der Herr selbst auf Erden gesprochen hat. Dein Wort wird dann nicht nur Zeugnis deines Wissens sein, sondern auch deines christlichen Lebens.

Darum hat Er euch alle in die Welt gesandt,
damit ihr mit Wort und Werk
für Seine Stimme Zeugnis ablegt.

Franziskus, Schreiben an das Kapitel, Prolog: 103,3–5

Kapitel 10
Horchen und Gehorchen

Beanspruche deinen eigenen Willen nicht als dein Eigentum, sondern versuche, sowohl im Gebet als auch außerhalb des Gebetes, deinen Willen in den Willen des Vaters zu legen. Folge hierin dem Herrn.

VATER, WENN DU WILLST, NIMM DIESEN KELCH
VON MIR! ABER NICHT MEIN,
SONDERN DEIN WILLE SOLL GESCHEHEN.
LUKAS 22,42

Wenn du möchtest, dass der Geist des Herrn in dir anwesend ist und du sein heiliges Wirken erfährst, horche auf sein Wort und lass im Ge-horsam seinen Willen an dir geschehen. Im Gebet der Hingabe verlierst du deine eigenen Lebensentwürfe, wenn du dein Leben in seine Hände legst, um ganz von ihm und seinem Heiligen Geist durchströmt zu werden. Die Voraussetzung ist ein Leersein oder die Armut des Geistes, von der Jesus am Beginn der Bergpredigt spricht.

Es kommt vor, dass die Quellen, aus denen du dein geistliches Leben schöpfst, dir zeitweilig nicht zugänglich sind. Schätze dich glücklich, wenn du einen geistlichen Begleiter hast, dem du dein Herz ausschütten kannst und der dir hilfreich zur Seite steht. Auch in einer Gemeinschaft sollte man sich gegenseitig stärken, ermahnen und zum geistlichen Leben auffordern.

Sind dir auf ihrem geistlichen Weg Menschen anvertraut, so achte darauf, dass sie niemals durch dich enttäuscht werden. Du hast Pflichten übernommen, die du nicht vernachlässigen darfst.

- Wenn derjenige, den du begleitest, über längere Zeit nichts von sich hören lässt, besuche ihn und gib ihm neuen Mut.
- Mache ihm erneut bewusst – ohne ihm etwas vorzuschreiben oder gar zu befehlen –, dass es in allem darum geht, Gottes Willen und seine Liebe, die er uns schenken möchte, zuzulassen. Erwecke Freude an den Worten und Werken Gottes und bahne dem anderen den Weg, der zur Liebe Gottes führt. Habe große Ehrfurcht vor dem Wirken Gottes in der Seele des anderen.
- Bleibe du, wenn dir Menschen anvertraut sind, um sie auf ihrem geistlichen Weg zu begleiten, ständig in der Übung des Hingabe-Gebetes. Denn es kann für dich weitaus schwieriger sein, auf die Stimme Gottes zu horchen als für denjenigen, der Rat und Hilfe von dir erbittet. In deiner Demut liegt Gewinn für die Seele.
- Versuche zu helfen, wenn du siehst, dass jemand in eine innere oder äußere Notlage geraten ist. Sorge dich so um ihn, wie du es für dich selbst wünschen würdest, wenn du in ähnlicher Lage wärst. Ist ein Kind in Not oder Gefahr, werden ihm die Eltern besondere Aufmerksamkeit und Liebe schenken.

Auch derjenige, der begleitet wird und Rat und Hilfe sucht, nimmt bestimmte Pflichten auf sich. Wenn du geistlich begleitet wirst, berücksichtige Folgendes:

- Nimm die Weisungen an, die dir von einem Gott nahen Menschen gegeben werden – selbst wenn du vieles in diesem Augenblick noch nicht verstehst. Wisse, dass jemand aus reicher Lebenserfahrung zu dir spricht, der auch die Höhen und Tiefen des Gebetsweges kennt.
- Bedenke bei allem, dass es in erster Linie um Gott geht und dann erst um dich oder etwas anderes. Wenn du dich deinem Ich zuliebe Gott entziehst, öffnest du dunklen und zerstörerischen Kräften die Tür.
- Auch wenn es dir mitunter schwer fällt, deinen geistlichen Begleiter wertzuschätzen, halte eine bestimmte Zeit bei ihm aus und wechsle nicht spontan von einem zum anderen. Nicht die Person ist entscheidend, sondern das, was sie bewirkt.
- Versuche nicht alles selbst zu lösen oder gar zu verdrängen. Offenbare dich – selbst wenn es dir schwer fällt – demjenigen, dem du dein Vertrauen gegeben hast und mit dem du gemeinsam den geistlichen Weg gehst. Und vor allem: Nimm Hilfe an, wenn sie dir geboten wird. Somit ist es wichtig, dass du der Hilfsbereitschaft mit deiner Vertrauensbereitschaft begegnest.

Bilde dir niemals etwas darauf ein, wenn der Herr durch dich etwas Gutes wirkt. Sei weder stolz noch ruhmsüchtig. Verfalle auch nicht deinem Ich, sondern gewähre dem Geist und der Liebe des Herrn in dir Raum. Du darfst und kannst der sich verschenkenden Liebe Gottes keine Vorschriften machen.

DARF ICH MIT DEM, WAS MIR GEHÖRT, NICHT TUN,
WAS ICH WILL? ODER BIST DU NEIDISCH,
WEIL ICH ZU ANDEREN GÜTIG BIN?
MATTHÄUS 20,15

Viele Menschen möchten etwas für sich haben und es allein besitzen, anstatt frei zu sein für Gottes Wirken und seine Gabe. Sie sind blind, sehen Christus, das wahre Licht, nicht und besitzen somit auch nicht die geistliche Weisheit, zu erkennen, dass der Sohn Gottes in ihnen lebt, der die wahre Weisheit des Vaters ist.

Etwas sehr Hemmendes auf dem geistlichen Weg ist die Unzufriedenheit und das ständige Kritisieren. Oft hängt beides mit einem verkehrt gerichteten Geltungsdrang zusammen, der sich zersetzend auswirkt. Versuche auch nicht Wissen durch Studien so einzusetzen, dass du weiser giltst als andere. Ein so eingesetztes Wissen steht nur im Dienst des eigenen Ich. Es bleibt tot und führt nicht zu einem geistlichen Leben.

JENE ABER SIND VOM GEIST DER HEILIGEN SCHRIFT
ZUM LEBEN GEBRACHT, DIE JEDES WORT, DAS SIE
KENNEN, NOCH TIEFER ZU ERKENNEN SUCHEN UND IHRE

Kenntnis nicht dem eigenen Ich zuschreiben,
sondern sie in Wort und Beispiel Gott,
dem höchsten Herrn, zurückerstatten,
dem jegliches Gute gehört.

Franziskus, Ermahnungen, Kap. 7: 95,29–33

Gott kann auf besondere Weise in den Menschen wirken, die innerlich frei von allen Abhängigkeiten und allem Widergöttlichen sind. Er ist auf der Suche nach den Menschen, die in sich Freiraum geschaffen haben, in dem sich die Liebe Gottes entfalten kann.

Wenn alles nach deinem Wunsch ginge, könntest du niemals erfahren, wie groß deine Geduld und deine Demut sind. Nimm das Unabänderliche an und verliere keine Kraft, dich dagegen aufzulehnen. Halte dich durch Gebet und Hingabe an Christus, der auch dann bei dir ist, wenn du leidest.

Der Geist des Herrn wird dich umso stärker begleiten und in dir sein, je mehr du bereit bist, zu vergeben und deine Feinde nicht zu hassen. Dies fordert einen hohen Grad Hingabe an die Liebe Gottes. Der Schöpfer führt uns über diese Stufen zur Einheit mit ihm in Jesus Christus.

Kapitel 11
Disziplin und Freiheit

Viele Menschen glauben auf ihrem geistlichen Weg das Körperliche leugnen zu müssen, da sie es als Ursache für ungezügelte Leidenschaft und Begehrlichkeit ansehen. Sie missverstehen die von Gott geschaffene gute Spannung zwischen Mann und Frau, und ihre menschlichen Beziehungen geraten in eine friedlose Zweideutigkeit. Die Geschlechtskraft ist ein Geschenk Gottes an den Menschen. Er darf sie im Sinne des Schöpfers verwalten und gebrauchen.

Bei einer speziell ausgeprägten Form des geistlichen Lebens verzichtet die Frau oder der Mann auf den Gebrauch dieser Kraft in jeglichem Sinne. Wenn jemand diesen Weg wählt, sollte er es erst nach reiflicher Überlegung und in Freiheit tun. Es gibt allzu leicht Brüche in der Person eines Menschen, wenn er sich dem ungeteilten Dienst an Gott wieder entzieht und die Lebensform menschlicher Partnerschaft wählt. Andererseits ist es nicht einfach, den zölibatären Weg zu gehen. Viele finden darin Erfüllung, andere wiederum steigen aus und gründen eine Familie. Beide Wege stehen dem Menschen offen; es bedarf großer Gnade, den für sich richtigen zu wählen.

Wenn du nicht mehr an sexuelle Kräfte gebunden bist und die innere Freiheit gegenüber deinem eigenen Ich gefunden hast, kannst du es wagen, zölibatär zu leben – ohne Gefahr zu laufen, zu einem halben und unerfüllten Menschen zu werden. Erfahrungen zeigen, dass nicht die Ehe das einzige Mittel zur vollen Entfaltung der menschlichen Persönlichkeit ist. Wenn aber der Weg der Ehelosigkeit aus Bequemlichkeit, aus falscher Einstellung zum Mann oder zur Frau oder zur Ehe beschritten wird, hat er weder vor Gott noch für die Menschen einen großen Wert. Aber auch der wahrhaft ehelos Lebende begegnet vielen Versuchungen, die er nur bestehen kann, wenn er durch ein lebendiges und persönliches Gebetsleben Glaubensstärkung erfährt und immer neu der eucharistischen Liebe Christi begegnet.

Du hast damit begonnen, geistlich zu leben und erfährst einerseits eine größere Disziplin und andererseits eine größere Freiheit. Auf diesem Fundament wird es dir gelingen, recht zu handeln – sei es bei oberflächlichen Reizüberflutungen oder bei einer Begegnung, die tiefere Werte in dir wachruft. Hast du eine grundlegende Entscheidung getroffen, wirst du auf dem weiteren geistlichen Weg lernen, reife und freiheitliche Beziehungen mit Frauen und Männern zu leben, ohne in eine Verwirrung der Gefühle zu geraten.

Ein Mensch, der sich in Freiheit begreift, versteht und lebt die grundsätzliche Gleichheit des Menschen. In unserer gemischten Gesellschaft begegnen sich Frauen und Männer ständig: in der Familie, in der Ausbildung, im Beruf, in der Gesellschaft, in der Freizeit und in der Freundschaft. Nimmst du diese Herausforderung an oder ziehst du dich hinter vorgeprägte Schemata zurück?

Die folgenden Fragen, die von dir eine ehrliche Antwort verlangen, möchten dir helfen, deinen augenblicklichen Standort zu erkennen:

- Hast du Schwierigkeiten, dich auf eine verbindliche Beziehung einzulassen oder gar Angst vor ihr?
- Wärst du als Mann bereit, von einer Frau geistliche Begleitung anzunehmen oder an Exerzitien teilzunehmen, die von einer Frau geleitet werden?
- Empfindest du Zugehörigkeit zu einer Familie, zu einer Frau oder zu einem Mann oder zu einer Gruppe, mit der du dich identifizieren kannst?
- Schöpfst du Kraft und innere Freiheit aus dieser Beziehung oder engt sie dich ein?
- Unterstützt die Beziehung deinen geistlichen Weg oder wird sie zu einem Hindernis?
- Welche Bedeutung hat die Beziehung für deine Zukunft?
- Kristallisiert sich in dir ein geistliches Gespür für das jeweils Angemessene heraus, sodass du in einer zwischenmenschlichen Beziehung die rechte Entscheidung treffen kannst?
- Wohin führt dich dein Weg auf der Suche nach Heimat und Wärme?
- Kannst du loslassen, wenn du erfährst, dass du festgehalten wirst?

- Spürst du eine gegenseitige Ergänzung und eine wachsende Freiheit?
- Wie kannst du deine Zugehörigkeit zum Schöpfer, deine menschlichen Bindungen sowie deine gesellschaftlichen und beruflichen Beziehungen miteinander in Einklang bringen?
- Wächst dein Glaube durch das, was uns Christus offenbart? Erfährst du das Wirken des Heiligen Geistes zur Verehrung des Schöpfers und zur Anbetung des Vaters?

Kapitel 12
Treue bewahren

Viele Christen leben an einer Art Front, an der ihr Christsein harten Bewährungsproben ausgesetzt ist: Versuchungen, die zu Fall bringen möchten, aber auch Machtstreben, das andere unterdrücken will. Führst du ein eher ruhiges und friedvolles Leben, mache es dir zur Pflicht, durch dein Gebet denjenigen Kraftquellen zu erschließen, deren Mensch- und Christsein großen Gefahren ausgesetzt ist. Dein fürbittendes Gebet sollte auch allen Unterstützung geben, denen es fern liegt, geistlich zu leben oder denen, die sich nicht entschließen können, diesen oder jenen Weg in die Nachfolge Christi zu wählen.

Setze dich dafür ein, dass viele Menschen den einmaligen Wert des Evangeliums und das darin enthaltene Liebesangebot Gottes erkennen und ihr Leben danach ausrichten. Beginne weder Zank noch Streit, wenn es Meinungsverschiedenheiten gibt, sondern bekenne einfach, dass du ein christliches Leben führst. Sei überzeugend durch dein Dasein und dein Handeln. Ein Leben nach der Form des Evangeliums ist weitaus glaubwürdiger als das nur gelehrte Evangelium.

Was du konkret verwirklichen kannst, um auch in deinem Alltag aus franziskanischem Geist zu leben, ist:

- die Fülle des Evangeliums denen anzubieten, die es hören möchten, denn das Evangelium ist Licht und Leben Gottes für alle Menschen;
- bei jedem Schritt, den du tust, und bei jedem Wort, das du sprichst, den Willen Gottes zu erspüren;
- diejenigen wieder zur Mitte des Glaubens zu führen, die nur noch am Rande gläubig sind;
- zu versuchen, die Sprachlosigkeit vieler zu überwinden;
- die Grenzen institutioneller Räume zu überschreiten;
- nicht die Verkündigung, sondern die dienende Liebe in den Vordergrund zu stellen;
- das Licht des Evangeliums kraftvoll in der Dunkelheit einzusetzen;
- ein Gespür für Natürlichkeit zu entwickeln, für den göttlichen Willen und nichts zu systematisieren;

- zu wissen, dass, wenn aus Liebe und Wahrheit gedient wird, sich manches „System“ bedroht fühlt;
- zuzulassen, wenn Himmel und Erde sich in dir berühren möchten;
- die erlösende Liebe zu sehen, die von denen ausgeht, die eine Krankheit erleiden oder sich der Stille und dem Gebet der Hingabe verpflichtet wissen;
- für die am Rande Lebenden und Ausgegrenzten Zeit und Liebe aufzubringen;
- sich dem anderen nicht überlegen zu fühlen;
- nicht Sicherheit an die erste Stelle zu setzen, sondern das Erkennen des göttlichen Willens;
- nicht darauf zu warten, dass die Kirche sich verändert, sondern dem geistlichen Leben treu zu bleiben;
- die Kirche als Sakrament des Reiches Gottes zu unterstützen und ihr treu zu sein, damit sie zur vollen Wahrheit und Vollendung geführt wird.

Klara

1193/94 BIS 1253

KLARISSIN

Du Herr, sei gepriesen, weil du mich erschaffen hast." Dies ist eines der letzten Worte, die die sterbende Klara ihren Mitschwestern hinterließ. Sterbend dankte sie Gott für das eigene Dasein und drückte damit im Tod noch einmal eine tiefe Liebe für das Leben aus.

Während ihres ganzen Klosterlebens musste Klara sich für die Anerkennung ihrer neuen Regel durch das höchste kirchliche Amt einsetzen. Als Grundform nahm sie die Regel des heiligen Franziskus von 1223. Am 10. August 1253, einen Tag vor ihrem Tod, erhielt sie die päpstliche Bestätigung. Klara war die erste Frau in der Geschichte, die eine von Rom anerkannte Klosterregel schrieb.

Klaras Jugend in Assisi war genau vorgezeichnet und ganz von den Interessen ihrer adligen Familie bestimmt. Sie verwarf deren Vorhaben jedoch und hielt nach neuen Perspektiven Ausschau. Assisi, an einer bedeutenden Handelsroute gelegen, war eine wohlhabende Stadt, die viele Menschen anzog. Die Kluft zwischen reichen Kaufleuten und den vielen, die keine Arbeit fanden, war groß. Klara erkannte schon sehr früh die Hinfälligkeit von Macht, Luxus und Ansehen. Selbst in kirchlichen Kreisen wurde dem Geld und der Machtausübung mehr Aufmerksamkeit geschenkt als dem Evangelium. Klara hatte die Gesellschaft schon in jungen Jahren gründlich durchschaut.

Sie war geschickt im Umgang mit Menschen – auch in höchsten Kreisen. Die religiöse Bildung erhielt sie von ihrer Mutter, die große Pilgerreisen ins Heilige

Land und nach Santiago de Compostela unternahm und dem geistlichen Aufbruch dieser Jahre aufgeschlossen entgegenging. Klara war im Geheimen fest entschlossen, sich nicht verheiraten zu lassen, sondern ihr Leben Gott zu weihen.

Noch bevor Franziskus Brüder um sich versammelt hatte, sagte er Klaras Weg voraus. Als er die Kirche von San Damiano wiederherstellte, gab er zu verstehen, dass in Zukunft hier Frauen wohnen, die durch ihr Ordensleben den himmlischen Vater in seiner Kirche verherrlichen würden. Um 1210 begegneten sich Klara und der zwölf Jahre ältere Franziskus zum ersten Mal. In den folgenden zwei Jahren kam es zu heimlichen Treffen. Klara konnte ihre Familie hierüber nicht informieren, denn Geld, Ehre und eine geplante Verheiratung waren für sie vorgesehen. Franziskus und sie mussten für ihren inneren Aufbruch jedoch noch eine äußere Form finden. Im Frühjahr 1212 brach Klara, 18 Jahre alt, alle Brücken normaler Absicherung hinter sich ab. Ihre Zukunft war völlig offen. Eines jedoch wusste sie: Sie wollte sich an Franziskus als geistlichen Begleiter halten. Bei der heimlichen, schlichten Feier der Aufnahme in den religiösen Stand bekleidete Franziskus sie mit dem Habit und schnitt ihr die Haare ab als Zeichen der Zugehörigkeit. Klaras Schwester Agnes schloss sich ihr an und beide Frauen bezogen kurz darauf San Damiano, eine nahe gelegene kleine Landkirche, die bereits geistlich durch Franziskus geprägt war. Den Auftrag, den

Franziskus vor dem Kreuz in San Damiano empfing, hat auch Klara zu ihrer Sendung gemacht: „*Geh und stelle mein Haus wieder her, das ganz zerfällt.*“

Schon bald schlossen sich weitere Frauen der Gemeinschaft an. Gebet, Stille und Handarbeit bestimmten ihren Tag. Im Kloster gefertigte Web- und Stickarbeiten wurden gegen Almosen eingetauscht – verkauft wurde nichts. Häufig kamen Menschen und brachten ihre Kranken, von denen viele durch Klaras Gebet geheilt wurden. Franziskus, seine Brüder und selbst *Kardinal Hugolin*, der spätere Papst *Gregor IX.*, kamen zu Klara, um sich bei ihr Rat zu holen. Durch Prediger, die sie nach San Damiano einlud, weitete sie den Horizont ihrer Gemeinschaft. Klara folgte in allem der Grundidee, sich für Gott arm zu machen, da er sich für uns arm gemacht hat. Sie suchte die Armut, weil diese ihr die Nähe zu Gott ermöglichte. Ihre und der Schwestern gelebte Armut war die Bitte an Gott, Menschen in ihrer Gebrechlichkeit zu umarmen. Viele Steine lagen jedoch auf Klaras Weg. Ansichten und Vorstellungen vieler Männer, besonders innerhalb der Kirche, musste sie überwinden, um sich und ihrer Sendung treu zu bleiben. Die Amtskirche bereitete Klara und ihren Schwestern wegen ihrer neuen Lebensweise große Schwierigkeiten. Sie hatten mit viel Unverständnis zu kämpfen.

Obwohl es in den sechzehn gemeinsamen Lebensjahren nicht viele Begegnungen zwischen Klara und Franziskus gab, lebten sie die unerschrockene Nachfolge

Christi, den Blick auf das zukünftige Leben und die Gotteserfahrung gemeinsam. Aus dieser Quelle schöpften sie. Am Ende seines Lebens wurde Franziskus – schwer krank und von den Wundmalen gezeichnet – von den Schwestern in San Damiano gepflegt.

In tiefer Gottverbundenheit gab Klara in der Abgeschlossenheit des Klosters auf ihre Weise dem franziskanischen Leben Ausdruck. Durch ihre Lebensform war sie wegweisend für viele Frauen ihrer Zeit. Über konsequent gelebte Jahre hinweg machte Klara der Kirche bewusst, dass Vorstellungen und Strukturen zu ändern sind. Klara war nicht allein: Sie hatte das Gebet, ihre Gotteserfahrung sowie kraftvolle Menschen an ihrer Seite, die den gleichen geistlichen Weg gingen. 1238 zählte die Gemeinschaft in San Damiano bereits mehr als 50 Schwestern.

Ende der 40er Jahre begann Klara ihre eigene Klosterregel zu schreiben. Sie hatte Vorlagen, auf die sie zurückgreifen konnte: Regeln der Päpste – vor allem aber die Regel des heiligen Franziskus. In ihrer neuen Regel machte sie deutlich, dass sie die Schwesterngemeinschaft auch offiziell als Teil der franziskanischen Gemeinschaft verstand. Klara schrieb diese Regel am Ende ihres Lebens und konnte somit auf 40 Jahre gemeinschaftlicher Erfahrung in San Damiano zurückblicken. Durch ihre Ordensregel legte Klara die inneren Werte und die äußere Organisationsform ihrer Gemeinschaft fest. Die gelebte Armut verstand sie wie Franziskus als „Leben nach der Vollkommenheit des heiligen Evangeliums". Daher kann die Regel nur betend verstanden und betend gelebt werden. Sie ist weder Gesetzestext noch bloße Gemeinschaftsordnung. Sie ist eine im Gebet empfangene Lebensform. 41 Jahre ging Klara mit ihren Schwestern diesen Weg des Sohnes Gottes – frei von allem, was einen Menschen binden kann – sowohl geistlich als auch materiell.

Als Klara im Sterben lag, sehnte sie sich nach ihrer leiblichen Schwester Agnes, mit der zusammen sie nach San Damiano gezogen war. Agnes, die inzwischen einen neuen Konvent bei Florenz leitete, kam sofort, um ihrer Schwester beizustehen.

Papst *Innozenz IV.* besuchte Klara an ihrem Sterbebett. Sie selbst und ihr Anliegen mussten auf den Papst einen so großen Eindruck gemacht haben, dass er nach langem Zögern endlich ihre Ordensregel offiziell anerkannte.

Als Klara am 11. August 1253 starb, war sie 60 Jahre alt. Ihre Ordensregel, die eine wahrhaft bewegte Geschichte hinter sich hat, kann mit Recht als Klaras Lebenswerk bezeichnet werden. Noch in ihrem Todesjahr 1253 begann der Prozess ihrer Heiligsprechung.

Orden, die heute noch nach Klaras Regel leben

Klarissen und Klarissen-Kapuzinerinnen

Geistlich leben nach Klara von Assisi

Während sie durch grosse Not geprüft wurden,
verwandelten sich ihre übergrosse Freude
und ihre tiefe Armut in den Reichtum
ihres selbstlosen Gebens.
2. Brief an die Korinther 8,2

Franziskus empfahl der heiligen Klara, Äbtissin von San Damiano bei Assisi, und ihren Schwestern diese Lebensweise, die sie freiwillig annahmen. Sie zogen sich aus der Welt in die Abgeschiedenheit eines Klosters zurück, um ganz und gar in der Nachfolge Christi zu leben und dem Herrn zu dienen. Dieser Dienst geschah und geschieht in der Freiheit des Geistes.

Dazu seid ihr berufen worden;
denn auch Christus hat für euch gelitten
und euch ein Beispiel gegeben,
damit ihr seinen Spuren folgt.
Er hat keine Sünde begangen,
und in seinem Mund
war kein trügerisches Wort.
1. Brief des Petrus 2,21–22

Kapitel 1
Im Namen des Herrn

Franziskus begründete diese Lebensweise, die von der heiligen Klara und ihren Schwestern aufgenommen und weitergeführt wurde. Durch ein Leben in Gehorsam, ohne Eigentum und in Keuschheit, folgten sie dem Evangelium unseres Herrn Jesus Christus – treu der römischen Kirche. Papst *Innozenz IV.* verfasste am 9. August 1253 die Bestätigung der Regel Klaras, die sie in ihrem Kloster San Damiano am 11. August 1253, einen Tag vor ihrem Tod, mit großer Freude und Ehrfurcht entgegennahm. Klara, die diese Bulle immer und immer wieder berührte und küsste, hatte ihr Ziel erreicht und konnte in Ruhe sterben.

Kapitel 2
Mache dich auf den Weg

Spürst du in dir einen Anruf oder eine Eingebung, dein Leben zu ändern und es ganz auf Gott auszurichten, mache dich auf den Weg und zögere nicht länger. Wende dich an ein Klarissen-Kloster, nimm mit der Äbtissin Kontakt auf und bitte um eine geistliche Begleitung. Nimm dir Zeit und übereile nichts – vor allem urteile nicht über etwas, in das du noch keinen Einblick hast. Beantworte die Fragen, die man dir stellt, ehrlich und lebenswahrhaftig. Einen geistlichen Weg im Sinne der Regel der heiligen Klara kannst du nur gehen, wenn du psychisch gesund und einigermaßen belastbar bist, wenn dich nicht familiäre oder finanzielle Sorgen drücken und dein Ehepartner mit deinem Entschluss einverstanden ist. Du wirst erfahren, worauf es bei einem solchen geistlichen Leben vornehmlich ankommt.

Erwäge alles reiflich und lass dir mit deiner Entscheidung viel Zeit. Nimm dein Anliegen ernst und denke darüber nach, wie viel kostbare Zeit dir, aber auch deiner geistlichen Begleiterin verloren geht, wenn du alles nur versuchsweise und eher oberflächlich angehst. Es wird dir die Frage gestellt, ob du neben deinen Gebetszeiten weitere Zeit aufbringen kannst, um den Ärmsten der Armen entgegenzukommen und ihnen zu helfen: psychisch Kranken, körperlich und geistig Behinderten, Menschen, die sich in seelischer oder materieller Notlage befinden, Kindern und Erwachsenen, deren Lebenszeit durch eine schwere Krankheit begrenzt ist, alten und sterbenden Menschen.

Setze neben der Erfüllung deiner Pflichten deine dir von Gott verliehenen Gaben so ein, dass du das Leid in der Schöpfung verminderst, im Herzen der Menschen das Reich Gottes aufbaust und in allem die Botschaft des Evangeliums verwirklichst.

Gehst du den dir gewiesenen geistlichen Weg konsequent, wirst du feinfühliger, empfindsamer und hellhöriger für die leise Sprache Gottes. Sprich über alles mit deiner geistlichen Begleiterin, was dir sowohl äußerlich als auch innerlich begegnet. Folge auch da ihrem Rat, wo dir noch tiefere Einblicke in die Zusammenhänge verwehrt sind. Setze ihre Empfehlungen in die Tat um, in dem Wissen, dass sie für dich Verantwortung mitträgt. Vertraue auf die rechte Führung des Heiligen Geistes – selbst wenn du den Sinn noch nicht erfassen kannst.

Sorge dafür, dass dein äußeres Erscheinungsbild niemanden zu unguten Vorstellungen und Wünschen verleitet. Trage gepflegte, aber nicht auffällige Kleidung. Der Schnitt deiner Haare möge so sein, dass du mit ihrer täglichen Pflege nicht allzu lange beschäftigt bist. Gehe nicht vordergründigen Zielen nach und vergeude keine kostbare Lebenszeit mit nichtssagenden und oberflächlichen Dingen; gemeint ist hiermit nicht eine angemessene Erholungszeit, die jeder Mensch mehr oder weniger zum Ausgleich für ein gesundes Leben benötigt. Jage weder Moderichtungen noch vergänglichen Zielen nach, die vor dem Schöpfer keinen Bestand haben. Bleibe bei dir selbst und lerne beständig zu sein, sodass dich nichts leicht aus der Fassung bringen kann. Sollte dich Unruhe überfallen und dich hinausdrängen, versuche im Gebet der Stille zu dir und deiner inneren Ruhe und Ausgeglichenheit zurückzufinden. Werde dir selbst durch Worte und Handlungen nicht untreu, erkenne deine Grenzen und versuche nicht ehrgeizig besser zu sein als andere.

Du durchläufst mit der Zeit verschiedene Stufen, die dich an den geistlichen Weg binden und dich gleichzeitig innerlich befreien. Du triffst stimmigere Entscheidungen, ohne jeweils von ihnen auf ungute Weise wieder eingeholt zu werden. Der geistliche Weg wird dich von allen Bindungen an dein vielleicht noch ichbezogenes Ich befreien und dir ungeahnte Dimensionen eröffnen. Wichtig bei allem aber ist, dass du die Pflichten, die du durch Lebensentscheidungen auf dich genommen hast, niemals vernachlässigst und niemand unter deinem Verhalten leiden muss.

Wenn du dir deine Wünsche selbst nicht erfüllen kannst, so sprich sie klar aus, damit du auch von anderen das bekommst, was dir zusteht und zu dir gehört. Bist du noch sehr jung, vermeide jede Radikalität auf deinem geistlichen Weg und triff keine vorschnellen Entscheidungen, deren Folgen du letztlich nicht tragen kannst. Sehr empfehlenswert ist es, zusammen mit Gleichaltrigen und Gleichgesinnten durch geistliches Leben in eine andere Dimension des Glaubens aufzubrechen. Folge aufmerksam und gern einer Meisterin des inneren Lebens, denn sie hat größere und vielleicht tiefere Erfahrungen und ein klügeres Urteil. Setze eine menschliche Begegnung höher an als das Lesen von Texten – seien sie auch noch so geistreich. Schleiche dich niemals ein in das Geheimnis eines Menschen oder in das, was zwischen Menschen besteht, wenn du nicht aufgefordert wirst, daran teilzunehmen. Sei niemals neugierig, lerne bescheiden zu warten und dränge dich niemandem auf.

Nimm dir die innere Größe und Hingabe der Gottesmutter als Vorbild. Sie konnte das Wunder Gottes, das an ihr geschah, gedanklich nicht erfassen, sagte jedoch bedingungslos Ja zum Vorhaben des Schöpfers. In diesen Augenblicken der Hingabe an die Liebe Gottes – und später einmal immerwährend – tritt das eigene Ich zurück und du erfährst ohne dein Wollen und Dazutun die innere „Armut“, die der Herr selig preist. Durch dieses Loslassen von allem öffnest du dich der entgegenkommenden Liebe Gottes, damit sie in dir bleiben und wohnen kann.

Kapitel 3
Gebet und Gottesdienst

Eine Grundvoraussetzung, geistlich zu leben, ist das Gebet. Wenn es eben geht, ziehe dich mehrere Male am Tag zum Beten zurück. Lassen es allerdings die Verpflichtungen deiner Familie und deinem Beruf gegenüber nicht zu, bemühe dich darum, dass du wenigstens morgens zur Zeit der Laudes und am Nachmittag oder Abend zur Zeit der Vesper in die Stille gehst um zu beten. Jesus suchte immer wieder abgelegene Orte und die Stille, um im Gebet mit seinem Vater allein zu sein. Das Viele während seines öffentlichen Lebens musste immer neu dem Einen, der Hingabe an den Willen seines Vaters, weichen. Mochten auch noch so viele Menschen ihn um etwas bitten: Dem Gebet in der Zurückgezogenheit gab er den Vorrang. Wenn für Jesus Christus als Mensch in dieser Welt das Gebet zum Vater den Vorrang vor allem hatte: wie viel mehr muss dann das Gebet für uns notwendig sein und an erster Stelle stehen!

Schließe in dein Gebet oder deine Meditation auch immer die Menschen mit ein, für die du Verantwortung trägst. Bete auch für die Verstorbenen, besonders für die Verstorbenen aus deiner eigenen Familie. Du darfst sicher sein, dass auch sie dir einmal helfen werden, wenn du dich in Not oder Bedrängnis befindest.

Da wir anfällig für körperliche Schwächen sind, solltest du weise und besonnen auf jede unvernünftige Enthaltsamkeit verzichten. Möge alles, was du tust, stets mit Salz gewürzt sein! Salz ist das Sinnbild für Unterscheidungskraft und Weisheit. Verstehe auch in diesem Sinne Fastentage, die du dir eventuell auferlegst. In Zeiten besonderer Belastung solltest du deinem Körper die Kost anbieten, nach der er verlangt. Dies gilt ebenso für Mädchen und junge Frauen, deren Organismus noch nicht ausgewachsen ist.

Zu einem wesentlichen Bestandteil des geistlichen Weges gehört der Empfang der Sakramente. Empfange das Sakrament der Versöhnung und der Lossprechung so häufig, wie du Verlangen danach hast. Denke daran, dich für die Teilnahme an der Eucharistiefeier und für den Empfang der Kommunion entsprechend vorzubereiten. Ein Beichtgespräch sollte sich auf das Wesentliche beschränken und eher kurz sein als in lange psychologische Erörterungen auszuarten.

Ermögliche alten und kranken Menschen ein geistliches Gespräch und werde nicht ungeduldig, falls sie wesentlich mehr Zeit benötigen als junge und gesunde Menschen. Bereite mit ihnen in feierlicher Weise den Empfang des Leibes und des Blutes Christi vor. Nicht selten ist es für viele ein letztes Mal, dass sie bei vollem Bewusstsein die heilige Kommunion empfangen, bevor sie aus dieser Welt gerufen werden.

Kapitel 4
Verantwortung tragen

Eine Gemeinschaft soll ihre Oberin gewissenhaft wählen. Dazu ist es notwendig, dass alle anwesend sind und ihre Stimme abgeben. Bei der Wahl darf es zu keiner Unruhe kommen – alles soll friedlich und in großer Eintracht geschehen. Das gemeinsame Wohl aller muss im Mittelpunkt stehen. Gehörst du einer Glaubensgemeinschaft an, so gib deine Stimme einer Frau, die reich an Lebenserfahrung ist, die viele Menschen auf ihrem geistlichen Weg begleitet hat oder begleitet und bereit ist, diese Verantwortung gern anzunehmen.

Wurde allerdings – auf welcher Seite auch immer – eine Fehlentscheidung getroffen, muss so schnell wie möglich Einsicht herbeigeführt und eine neue Wahl getroffen werden. Bevor diejenige, die gewählt wurde, ihre Wahl annimmt, sollte

- sie bedenken, welche neuen und verantwortungsvollen Aufgaben auf sie zukommen und ob sie diesen körperlich, geistig und seelisch gewachsen ist,
- sie ihre Entscheidung erst einen Tag später kundtun, nachdem sie lange im Gebet verbracht und sich mit einem ihr vertrauten Menschen besprochen hat,
- ihr klar sein, wem sie Rechenschaft über die ihr anvertrauten Menschen ablegen muss,
- sie wissen, dass sie durch ihr Beispiel und ihren Lebenswandel, durch ihre Nähe zum Schöpfer und durch Liebe mehr erreichen kann als durch die bloße Ausübung ihres Amtes und der damit verbundenen Rechte und Pflichten.

Von persönlichen Freundschaften sollte sie sich freihalten, damit sie nicht, während sie einigen Menschen größere Liebe erweist, der Gemeinschaft Ärgernis bereitet.

In dieser Leitungsfunktion ist es wichtig, trotz vieler administrativer Aufgaben ein offenes Herz zu haben und Zeit besonders für diejenigen, die unter Glaubenszweifeln leiden, niedergeschlagen sind, eine Krise durchstehen müssen und körperlich oder seelisch krank sind.

Auch Außenstehende können Rat und Hilfe bei der Oberin oder der Äbtissin holen. Oft ist sie die letzte Zuflucht für Menschen, die an den Rand des Lebens gedrängt wurden und weder ein noch aus wissen. Dank ihrer großen Glaubenserfahrung und Menschenkenntnis kann sie für Körper, Geist und Seele heilsame Wege aufzeigen. Dem internen Gemeinschaftsleben jedoch soll ihre vornehmliche Aufmerksamkeit gelten. Und hier wiederum steht an erster Stelle das Glaubensleben. Es ist empfehlenswert, dass alle einmal in der Woche zu einem Gespräch und anschließend zu einem gemeinsamen Gebet zusammenkommen. Vieles kann hier aus der Welt geschafft werden, was sonst unausgesprochen zu einem erheblichen Störfaktor werden könnte. Oft offenbart sich der Herr in wunderbarer Weise einem Menschen, der bescheiden im Hintergrund steht. Daher ist es wichtig, niemanden auszuschließen und allen aufmerksam und liebevoll zu begegnen, um so die Gegenwart Gottes spürbar werden zu lassen.

Die Vorsteherin einer Gemeinschaft muss ferner darauf achten, dass sie weder materielle Schulden macht noch im übertragenen Sinne eine Schuldverpflichtung eingeht. Aber auch das einfache Verwalten von Gütern jeglicher Art sollte sie ablehnen. Sind jedoch zur Absicherung der äußeren Existenzgrundlage Räumlichkeiten zu verwalten oder Nahrungsmittel einzukaufen, ist hiermit eigens eine Person zu beauftragen. Die äußeren und die inneren Angelegenheiten dürfen niemals in ein- und derselben Hand liegen, um Misshelligkeiten und Ärgernisse zu vermeiden. Die Oberin oder Äbtissin benötigt bei ihren nicht immer einfachen Entscheidungen und Aufgaben gut gemeinte und wohlwollende Unterstützung. Daher sollen ihr ausgewählte Mitglieder der Gemeinschaft beratend zur Seite stehen.

Graue Klarissin

Kapitel 5
Stillschweigen

Die Schwestern, die innerhalb des Klosters leben, halten zu bestimmten Zeiten des Tages Stillschweigen. Untereinander reden sie nicht in der Kirche und im Refektorium während der Mahlzeiten. Sind kranke Schwestern unter ihnen, so ist das Sprechen mit ihnen immer erlaubt – vorausgesetzt, es dient der Erholung und der Pflege der Kranken. Doch immer und überall können die Schwestern in Kürze und mit leiser Stimme sich gegenseitig mitteilen, was nötig ist.

Lebst du in einer Familie und somit im öffentlichen Leben, brauchst und kannst du selbstverständlich diese Regeln nicht einhalten. Sie sollten dich jedoch etwas hellhöriger machen und dich anregen, darüber nachzudenken, wo und wann du ein wenig mehr schweigen könntest. Wie viel Zeit vergeuden wir damit, Unwichtiges oder gar Schlechtes über andere weiterzugeben! Hättest du in bestimmten Situationen mehr geschwiegen, wäre durch dich nicht so viel Verwirrung oder gar Dunkles in die Welt gekommen. Wisse, dass deine Körperhaltung, der Gestus deiner Hände und deine Augen oft wesentlich mehr aussagen als du durch deine Sprache kundtun kannst. Welch großes Unheil wird immer wieder durch die Zunge von Menschen angerichtet!

Viele meinen, sich durch viel Reden interessant zu machen – besonders, wenn sie die Fehler anderer breit treten. Gleichgesinnte gesellen sich nur allzu schnell zu ihnen – meist auch gern – und das Negative nimmt umso schneller seinen Lauf. Denke daran, dass du das, was du ausgesprochen hast, nicht wieder zurückholen kannst. Etwas Lichtvolles und Leben Unterstützendes sollte von dir ausgehen anstatt Dunkelheit und zersetzende Kräfte. Oft sind wir uns dessen gar nicht bewusst, was wir durch unser Reden bei anderen auslösen.

Mach es dir zur Regel, niemanden von dir fortgehen zu lassen, der durch die Begegnung mit dir nicht ein wenig heiterer und beglückter geworden ist. Du kannst wesentlich durch dein Reden und Sprechen dazu beitragen, das Gute in der Welt zu mehren und somit das Reich Gottes unter uns aufzubauen.

Kapitel 6
Armsein vor Gott

Nachdem sie tiefere Einsichten gewonnen hatte, erkannte die heilige Klara, dass sie in der geistlichen Ausrichtung Franziskus folgen müsse. Klara und ihre Schwestern versprachen ihm Gehorsam. Als Franziskus sah, dass sie weder Armut, Mühsal noch die Verachtung durch die Welt scheuten, schrieb er ihnen, von Liebe bewegt, folgende Worte:

Da ihr euch auf göttliche Eingebung hin zu Töchtern und Dienerinnen des erhabensten höchsten Königs, des himmli-

schen Vaters, gemacht und euch dem Heiligen Geist verlobt habt, indem ihr das Leben nach der Vollkommenheit des heiligen Evangeliums erwähltet, so will ich und verspreche dies für mich und meine Brüder, für euch genauso wie für diese immer liebevolle Sorge und besondere Verantwortung tragen.

Am Ende seines Lebens, kurz vor seinem Tod, gab Franziskus nochmals eine Erklärung ab und schrieb den Schwestern als seinen letzten Willen:

Ich, der ganz kleine Bruder Franziskus, will dem Leben und der Armut unseres höchsten Herrn Jesus Christus und seiner heiligsten Mutter nachfolgen und in ihr bis zum Ende verharren. Und ich bitte euch, meine Herrinnen, und gebe euch den Rat, ihr möchtet doch alle Zeit in diesem heiligsten Leben und in der Armut leben. Und hütet euch sehr, dass ihr niemals und in keiner Weise auf die Lehre oder den Rat von irgendjemandem hin davon abweicht.

Vielleicht stehst du, der du dich mitten im aktiven Leben und damit in der Welt befindest, jetzt vor der Frage, inwieweit die Armut für dich von Bedeutung ist, um geistlich zu leben. Es geht bei diesem Weg vornehmlich darum, loslassen zu können, um immer wieder neu frei zu werden und frei zu sein für das Liebeswerben Gottes. Bestimmt Eigentum, Besitz oder jegliche Materie in der Hauptsache dein Leben, bedeutet dies ein großes Hindernis. Damit ist nicht dein Aufgabengebiet, sondern deine Abhängigkeit gemeint.

Möchtest du geistlich leben, so ist der erste Schritt die Reinigung oder die Befreiung von allem, was uns festhält und bindet. Im Gebet und später auch in der Haltung der Hingabe lässt du deinen Eigenwillen los, um dich zu bereiten, dass der Wille des Herrn an dir geschehe.

- Am Beginn des Christusereignisses ist es Maria, die alles Fragen und ihre Zweifel zurücklässt und sich ganz und gar dem göttlichen Geschehen hingibt.
- Jesus lehrt seine Jünger und damit auch uns diese Haltung in der dritten Vaterunser-Bitte.
- Und wenn er zu Beginn der Bergpredigt von der Armut des Geistes spricht und sie selig preist, ist bestimmt nicht nur die äußere Armut gemeint, sondern auch das innerliche Abgeben und Loslassen-Können. Der Herr möchte, dass wir arm vor ihm stehen, damit er uns durch das Geschenk seiner Gnade reich machen kann.
- Dieses Leerwerden, um den Willen des Vaters bedingungslos annehmen zu können, erleidet Jesus am Ölberg. Doch dann kam ein Engel und gab ihm neue Kraft.
- Und am Ende seines irdischen Lebens – im Tod am Kreuz – betet Jesus voll Vertrauen: *Vater, in deine Hände lege ich meinen Geist.*

Auf dem Weg in das geistliche Leben folgst du Christus nach und lernst als Erstes, durch Hingabe sich seinem

Wesen, seiner Liebe und seinem Willen zu öffnen. Du übst dich in ein Loslassen von allem, was dich festhält: sei es irdischer Reichtum, seien es deine vielen Gedanken, deine Ängste und Sorgen oder auch deine Abhängigkeiten von anderen Menschen.

Sodann offenbart sich dir die nächste Stufe des geistlichen Weges. Du erhältst Einblick in tiefere Zusammenhänge und es leuchtet dir etwas ein, was dir vorher verschlossen war und unerreichbar schien. Gottes Heiliger Geist erfüllt dich und bestimmt dein Leben.

Wie der reiche Jüngling, der den Anruf Jesu erfuhr ihm nachzufolgen, ergeht auch an dich dieses Wort, das Wenige loszulassen, um das Größere und Ewige zu empfangen. Der reiche Jüngling vermochte es nicht und scheiterte vorerst auf seinem geistlichen Weg.

Franziskus und Klara fordern in Armut ein Leben nach dem Evangelium. Wenn du diese Radikalität, die sich auf Gehorsam und Keuschheit ausweitet, in dieser Form nicht leben kannst oder möchtest, dann erbitte durch Hingabe im Gebet, dass der Herr dir deinen individuellen Weg zeigen möge, um geistlich zu leben.

Kapitel 7
Arbeit gehört zum geistlichen Leben

Wenn auch das Gebet und der Gottesdienst in jedem Leben vorrangig sein sollten, so kann beides jedoch nur dann Früchte bringen, wenn der Mensch auch ein aktives Leben führt, das heißt, wenn er arbeitet. Selbst Kinder und alte Menschen freuen sich über kleine Aufgaben, die sie schon oder noch vollbringen dürfen. Um wie viel mehr ist es eine Notwendigkeit für einen erwachsenen gesunden Menschen, einer möglichst ihm entsprechenden Arbeit nachzugehen?

Lebst du allein, solltest du die Einkünfte durch deine Arbeit – wenn eben möglich – nicht nur für dich behalten. Lebst du in einer Familie oder Gemeinschaft, stellt sich die Frage nicht, da du diese selbstverständlich teilhaben lässt.

Die Ordensregel sagt, dass die Schwestern, denen der Herr die Gnade zu arbeiten gegeben hat, arbeiten sollen. Es soll eine Arbeit sein, die für die Gemeinschaft nützlich ist und zwischen den Gebetszeiten ausgeführt wird. Ein Mensch ohne Aufgabe und Arbeit wird unzufrieden, verfällt leicht dem Müßiggang, und sein Gebetsleben verflacht. Andererseits soll er jedoch kein Sklave seiner Arbeit werden, wodurch der Geist des Gebetes und der Hingabe ausgelöscht würde. Es gibt allerdings Lebensphasen, in denen du durch besondere Anforderungen oder durch Schicksalsschläge derart herausgefordert wirst, dass für dein geistliches Leben kein Raum bleibt oder die Zeit fehlt. Wenn du selbst nicht imstande bist, wieder eine ausgewogene Lösung zu finden, wird die Natur und der, der sie steuert, selbst dafür sorgen. Wisse aber, dass diese Einbrüche für dich vorübergehend hart und konsequent sein können. Alles Leben drängt letztlich durch Veränderung und nochmals durch Veränderung zu einer gesunden Mitte, die im ewigen Leben verwurzelt ist.

Kapitel 8
Loslassen statt festhalten

Da ihr Fremde und Gäste seid in dieser Welt, ermahne ich euch: Gebt den irdischen Begierden nicht nach, die gegen die Seele kämpfen.

1. Brief des Petrus 2,11

Eine dieser Begierden ist das Festhalten, das Besitzen-Wollen, das sich auch auf Menschen bezieht. Kennst du das Verlangen, einen wunderbaren Augenblick, den du genießen darfst, für immer festhalten zu wollen? Eine Sehnsucht nach Bleibendem haben wir alle. Und doch verlangt das irdische Leben von uns, dass wir alles zur rechten Zeit wieder loslassen, um – und das ist oftmals schwer einzusehen – weiterschreiten zu können. Da du Gast auf Erden bist, betrachte das dir Anvertraute wie auch all die Schönheiten dieser Welt als Leihgaben Gottes, die du verantworten musst – aber auch genießen darfst. Alles ist in Bewegung auf den unendlich guten Gott hin, der alle und alles in seiner Liebe an sich zieht. In diese Bewegung bist du mit hineingenommen.

Durch dein geistliches Leben übst du einerseits, nichts festzuhalten, was seinen eigenen Weg gehen möchte, und andererseits öffnest du dich für die vom Schöpfer ausgehende und zu ihm zurückströmende Liebesbewegung. Diese Hingabe hat mit einer gewissen Armut zu tun, über die wir bereits sprachen.

DENN IHR WISST, WAS JESUS CHRISTUS, UNSER HERR,
IN SEINER LIEBE GETAN HAT:
ER, DER REICH WAR, WURDE EURETWEGEN ARM,
UM EUCH DURCH SEINE ARMUT REICH ZU MACHEN.
2. BRIEF AN DIE KORINTHER 8,9

In der Nachfolge Christi erfährst du das Gleiche: arm sein, um reich zu werden und den Reichtum an andere weiterzuschenken. Das ist jene Erhabenheit der höchsten Armut. Viele gehen diesen Weg auch äußerlich in radikaler Weise. Wenn dein Leben jedoch in anderen Bahnen verläuft, kannst du innerlich durch das Gebet der Hingabe genauso arm werden oder gar noch wesentlicher als viele, die zwar den äußeren Weg der bewussten Armut auf sich nehmen, ihn jedoch innerlich nicht verwirklichen.

HAT GOTT NICHT DIE ARMEN IN DER WELT
AUSERWÄHLT, UM SIE DURCH DEN GLAUBEN REICH
UND ZU ERBEN DES KÖNIGREICHS ZU MACHEN,
DAS ER DENEN VERHEISSEN HAT, DIE IHN LIEBEN?
BRIEF DES JAKOBUS 2,5

Das Geheimnis, Anteil am Reich Gottes zu haben, liegt darin, nichts unter dem Himmel festzuhalten und für immer besitzen zu wollen. In einer Gemeinschaft soll sich niemand an Äußeres klammern und es allein für sich in Anspruch nehmen, sondern es allen gleichermaßen zugänglich machen. Im Wissen um bleibende und ewige Werte, die dann noch zusätzlich auf dem geistlichen Weg erfahrbar werden, dürfte es unter Gleichgesinnten keine Spannungen mehr geben. Je nach Bedarf sollen die Dinge gebraucht und von allen benutzt werden.

WIE EINE MUTTER FÜR IHRE KINDER SORGT, SO WAREN
WIR EUCH ZUGETAN UND WOLLTEN EUCH NICHT
NUR AM EVANGELIUM GOTTES TEILHABEN LASSEN,
SONDERN AUCH AN UNSEREM EIGENEN LEBEN;
DENN IHR WART UNS SEHR LIEB GEWORDEN.

1. BRIEF AN DIE THESSALONICHER 2,7B–8

Ein kranker Mensch muss selbstverständlich anders als ein Gesunder behandelt werden. Gibt es einen Kranken in deiner Familie oder in der Gemeinschaft, in der du lebst, bist du selbstverständlich mitverantwortlich für ihn. Seine Bedürfnisse und die Erfordernisse zu seiner Gesundung sind sehr individuell: gute Ratschläge, Medikamente und heilbringende Maßnahmen, Speisen und Getränke und oft auch andere materielle Dinge, nach denen der Kranke verlangt. In ganz besonderer Weise solltest du auch Sterbenden, soweit es eben möglich ist, in Liebe ihre letzten Wünsche erfüllen. Hilf dem kranken Menschen so, wie du gepflegt werden möchtest, wenn du selbst unter dieser Krankheit leiden würdest.

Kapitel 9
Fehler und Verfehlungen

In einer Gemeinschaft – ob in einer Ehe, Familie, Lebensgemeinschaft oder in einem Kloster – bleibt es nicht aus, dass jemand Fehler macht oder auch schwerwiegend fehlt. Bist du betroffen, bewahre Ruhe und verliere in der Aufregung nicht deinen Kopf. Lass dich niemals aus Enttäuschung, Kränkung, Wut oder Zorn zu unüberlegten vorschnellen Worten und Vorwürfen hinreißen.

Führe möglichst bald ein Gespräch unter vier Augen und lass dir den Sachverhalt in Ruhe erklären – vorausgesetzt, es besteht die Bereitschaft dazu. Halte im Schweigen längere Gesprächspausen aus, falle niemandem ins Wort und gib keine Ermahnungen. Wer bist du, dass du dich über jemanden erheben könntest? Selbst wenn es auch für dich schmerzhaft ist: Sei dankbar, wenn Dunkles ans Licht kommt und ausgesprochen wird. Rufe im Stillen den Heiland an und sei dir bewusst, dass er zugegen ist.

Lege einem Bekenntnis nichts in den Weg und erschwere es nicht, sondern glaube fest daran, wenn Besserung versprochen wird. Sei bereit, einen neuen

Anfang zu bejahen und zu unterstützen. Sind jedoch die Frau, der Mann oder das Kind uneinsichtig und beharren auf ihrem eigensinnigen Verhalten, dann bedränge niemanden. Ziehe dich zurück und gehe deinen Aufgaben nach – verlängere jedoch deine Meditationszeit und verstärke dein Gebet. Stößt du an Grenzen, bedeutet das noch lange nicht, dass es keine Lösung oder keinen Ausweg gibt. In besonders schwerwiegenden Situationen berate dich mit jemandem, zu dem du Vertrauen hast. Übe dich in Geduld und hab abermals Geduld, denn zur Einsicht, Umkehr und Besserung bedarf es oft einer langen Zeit. Lass dich durch nichts aus der Fassung bringen und bleibe bei dir selbst. Empörung und Aufgeregtheit hindern in dir und in anderen die Liebe.

Nimm es an, wenn du um Verzeihung gebeten wirst und sei bereit, dich zu versöhnen. Sei bereit, die Beleidigung, die dir zugefügt wurde, zu vergeben.

Denn wenn ihr den Menschen ihre Verfehlungen vergebt, dann wird euer himmlischer Vater auch euch vergeben.

Matthäus 6,14

Noch ein Wort zu einem Thema, über das immer wieder gestolpert wird und das unter Umständen jahrelanges Leid in die Herzen von Menschen bringen kann: das Reden über andere, das Weitersagen von Gerüchten und das Bloßstellen der eigenen Familie oder Gemeinschaft.

Bist du beruflich oder auch privat viel unterwegs, halte dich mit deinem Reden etwas zurück. Sprich nur dann, wenn es notwendig ist und vor allem erst dann, wenn du gefragt wirst. Das Reden über andere solltest du ganz und gar unterlassen; das Reden von anderen – besonders das Gute – sollte immer seinen rechten Platz finden. Achte als Frau in feinfühliger Weise darauf, wen du als Ersten ansprichst. Durch dich darf kein Gerede oder Ärgernis entstehen. Wenn du Gerüchte hörst, die meist mit schlechtem Gerede über andere verbunden sind, gewähre ihnen Einhalt und trage sie unter keinen Umständen weiter. Bringe auch keine unguten Äußerungen und entsprechende „Neuigkeiten" in deine Familie oder in deine Gemeinschaft. Und hüte dich genauso davor, etwas aus deiner Familie nach außen zu tragen, was irgendein Ärgernis hervorrufen könnte.

Kapitel 10
Mitmenschlichkeit und Liebe

Durch harte und befehlende Worte kannst du einem Menschen sehr wehtun und dabei seine Seele verletzen. Sei dir deiner Verantwortung bewusst, besonders wenn du in einer führenden Funktion bist. Menschlichkeit und Liebe sollen den ersten Platz einnehmen. Pflegen sowohl diejenigen, die dir anvertraut sind, als auch du selbst das Gebet der Hingabe, werden die gegenseitige

Achtung, die Mitmenschlichkeit und die Liebe wachsen. Sich auf der Ebene geistlichen Lebens zu begegnen, gehört zu den erhabensten und gleichzeitig tiefsten Erfahrungen, die ein Mensch machen kann. Wenn somit jeder aus Gottes Heiligem Geist, seiner Liebe und seinem Willen lebt, kann es nur Übereinstimmung, Eintracht, Harmonie und Frieden geben.

VOR ALLEM ABER LIEBT EINANDER, DENN DIE LIEBE IST DAS BAND, DAS ALLES ZUSAMMENHÄLT UND VOLLKOMMEN MACHT. IN EUREM HERZEN HERRSCHE DER FRIEDE CHRISTI; DAZU SEID IHR BERUFEN.

BRIEF AN DIE KOLOSSER 3,14–15A

Hast du den Weg beschritten, geistlich zu leben, und gehst ihn täglich neu, haben Stolz, Ruhmsucht, Machthunger, Neid, Sorgen und Traurigkeit dieser Welt keine Chance mehr, dein Leben zu bestimmen oder zu beeinflussen. Auch ist es dir nicht mehr möglich, die Unwahrheit zu sagen, Zusammengehörendes zu trennen und Entzweiung und Unfrieden in die Welt zu bringen.

SELIG, DIE EIN REINES HERZ HABEN;
DENN SIE WERDEN GOTT SCHAUEN.

MATTHÄUS 5,8

Die innere Ruhe und den göttlichen Frieden zu finden und vor allem, diese zu bewahren, setze in deinem

Leben an die erste Stelle. Halte das Verlangen in dir wach, Gottes Heiligen Geist zu empfangen, sodass er in dir wirken kann. Halte das Verlangen wach, zu Gott zu beten, um auch in trüben Tagen und bei Krankheit seine Nähe und Liebe zu spüren.

Kapitel 11
Die innere und die äußere Welt

Die heilige Klara hat für ihre Schwestern einen internen Klosterbereich geschaffen und die Pforte als Kontakt zum äußeren Leben. Wie es also Schwestern gibt, die in Zurückgezogenheit leben und andere, die den Pforten- und äußeren Dienst verrichten, so gibt es im übertragenen Sinne Menschen, die mehr ein verinnerlichtes Leben führen und wiederum andere, die kontaktfreudig sind und sich im pulsierenden Leben zu Hause fühlen.

Frage dich, zu welcher Art Mensch du gehörst. Findest du Erfüllung, wenn du dich mehr oder weniger von der aktiven Welt zurückziehen kannst, um in der Stille geistlich zu leben? Oder bist du eher ein Mensch, der sich „draußen“ wohl fühlt, der gern unter Menschen ist und der durch Aktivität etwas bewegen und leisten möchte? Viele Menschen bevorzugen einen ausgewogenen Wechsel zwischen innerer Ruhe und äußerer Aktivität. Fühlst du dich ihnen zugehörig?

Wer du auch bist und wie auch immer du dich einschätzt: In jedem Fall kannst du ein geistliches Leben führen, ohne etwas dir Eigenes auszuschließen. Ein mehr verinnerlichter Mensch wird auf seinem geistlichen Weg den Wunsch bekommen, etwas von seiner Innerlichkeit hinaus in die Welt zu tragen – sei es künstlerisch oder schriftstellerisch, sei es durch gesprochene Worte oder durch Taten. Er erfährt eine wachsende Kreativität, die sich verwirklichen möchte.

Ein Mensch dagegen, der sich stark im aktiven Leben engagiert, wird einen erfüllenden Ausgleich finden, wenn ihm auf seinem geistlichen Weg Zugang in eine größere Innerlichkeit gewährt wird.

Aktivität und Ruhe, Gebet und Arbeit gehören zusammen, ergänzen einander und geben tiefe innere Erfüllung, wenn sie im ausgewogenen Wechsel praktiziert werden. Du siehst, dass keine dieser Veranlagungen ausschließlich gepflegt und gelebt werden darf. Denn ein extrem geführtes Leben wie zum Beispiel in Einsamkeit, in ständigem Gebet oder im fortwährenden aktiven Einsatz kann leicht zum Fanatismus führen und krank machen.

Legst du auf deinem geistlichen Weg immer wieder im Gebet der Hingabe alles, was du bist und geleistet hast, vertrauend in die Hände des Vaters, wird das in dir reifen und zum Ausdruck kommen, was dir zu einem tieferen und dauerhaften erfüllten Leben fehlt. Was dir gemäß ist und was dir noch fehlt, strömt dir von selbst zu und bildet mit dem Vorhandenen eine ausgewogene Einheit.

Kapitel 12
Geistliche Begleitung

Am Ende der von der heiligen Klara aufgestellten Klosterregel, deren Kernaussagen für ein allgemein gültiges geistliches Leben erschlossen wurden, sei noch ein Wort zur geistlichen Begleiterin oder zum geistlichen Begleiter gesagt.

Du darfst dich glücklich schätzen, wenn du jemanden gefunden hast, der dir auf deinem Weg zu Gott zur Seite steht, dem du dich bedenkenlos anvertrauen und dem du alles erzählen kannst. Es sollte jedoch eine Frau oder ein Mann sein, zu der oder zu dem du dich geistig hingezogen und geistig verwandt fühlst. Tue nichts heimlich. Die Lebensweise deiner geistlichen Begleiterin oder deines geistlichen Begleiters sollte allgemein bekannt und respektiert sein.

Es ist gut, wenn die Gespräche an einem neutralen Ort stattfinden, der auch anderen Personen zugänglich ist. Rede nicht die ganze Zeit allein, sondern lass zwischendurch Stille zu und höre aufmerksam auf die Fragen, die dir gestellt werden. Antworte wohlüberlegt und kurz, ohne weiträumig auszuholen. Wirst du nicht eigens danach gefragt, weiß dein Gegenüber bereits von den notwendigen Zusammenhängen oder sie werden in diesem Augenblick erspürt.

Bei einer für das persönliche Gespräch ausgebildeten Ordensfrau, einem Ordensmann oder einem Priester kannst du in der Regel sowohl das entsprechende Wissen als auch Lebens- und Gebetserfahrung voraussetzen. Das besagt jedoch nicht, dass nicht auch Laien in hervorragender Weise geistliche Begleiter sein können. Lass deine Familie oder deine Oberin – falls du in einer Gemeinschaft oder in einem Orden lebst – wissen, mit wem zusammen du deinen geistlichen Weg gehst.

Die heilige Klara bittet den heiligen Franziskus und seine Nachfolger im Orden darum, ihr und ihren Schwestern immer Geistliche aus dem Franziskaner-Orden zu Gesprächen zur Verfügung zu stellen, zur Feier der Heiligen Messe und zum Spenden der Sakramente wie Beichte, Krankenkommunion und Krankensalbung. Sie betet, dass sie und ihre Schwestern immer der Römischen Kirche angehören mögen, im Glauben fest stehen und für immer Christus und seiner Mutter nachfolgen, um so das Evangelium zu erfüllen.

Doch müsst ihr unerschütterlich und
unbeugsam am Glauben festhalten und dürft
euch nicht von der Hoffnung abbringen lassen,
die euch das Evangelium schenkt.
In der ganzen Schöpfung unter dem Himmel
wurde das Evangelium verkündet;
ihr habt es gehört.
Brief an die Kolosser 1,23

Ignatius von Loyola

1491 BIS 1556

JESUIT

Als Beschluss all dieser Gedanken überkam ihn ein Gefühl des Abscheus vor dem Leben, das er jetzt führte, und zugleich ein starker Drang, es ganz aufzugeben. Das war das Mittel, mit dem der Herr ihn gleichsam wie aus einem tiefen Schlaf aufwecken wollte. (Ignatius in seiner Selbstbiografie „Der Bericht des Pilgers", 61).

Iñigo López de Loyola wurde 1491 als letztes von elf Kindern auf dem Schloss Loyola in der nordspanischen Provinz Guipúzcoa geboren. Später, während der Studienjahre in Paris, änderte er seinen Namen in „Ignatius". Das adelige Blut in ihm verlangte, ein Ritter zu werden wie seine Brüder. Mit vierzehn Jahren zog er an den Hof eines Verwandten, um Bildung und ritterliche Künste wie auch – zu seinem späteren Leidwesen – Untugenden zu erwerben. Waffenübungen bereiteten ihm das größte Vergnügen. Beim Sturm der Franzosen auf die Grenzfeste Pamplona am 20. Mai 1521 jedoch wurde es Ernst: Iñigo de Loyola verteidigte die Zitadelle und ein Kanonenschuss zerschmetterte sein Bein. Auf das väterliche Schloss zurückgebracht und dem Tode nahe empfing er die Sterbesakramente. Seltsame Dinge gingen in seiner Seele vor. In der Nacht auf das Fest „Peter und Paul" begann die Genesung. Iñigo sah dies als besondere Fügung Gottes an.

Auf dem langen Krankenlager in Loyola erfuhr er bei der Lektüre des Buches „Leben Christi" von *Ludolf von Sachsen* und der „Heiligenlegende" des *Jacobus de Voragine* seine Bekehrung. Durch und durch erfasste ihn die göttliche Gnade und das frühere Leben wurde ihm zum Ekel. Ende Februar 1522 verließ er das Schloss und machte sich zu Fuß auf den Weg zum Kloster auf dem Montserrat, wo er eine umfassende Lebensbeichte ablegte. Dann führte ihn der Weg weiter – nicht nach Barcelona, wie Iñigo es eigentlich geplant hatte –, sondern landeinwärts in eine kleine Stadt namens Manresa. Hier machte er seine schwerste innere Lebenskrise durch. Anschließend vollzog sich ebenfalls in Manresa die für seine ganze Zukunft wichtigste Wandlung: Sein geistliches Leben brach auf und er erfuhr eine wundersame Verklärung, die von den merkwürdigsten visionären Zuständen bis zu der klaren, unwandelbaren und wieder ganz schlicht gewordenen Schau der heiligsten Dreifaltigkeit führte. Den Höhepunkt bildete die Gnadenstunde bei der kleinen Kirche Sankt Paul am Fluss Cardoner, nahe bei Manresa.

Wie er nun so dasaß, begannen die Augen seines Verstandes sich ihm zu eröffnen. Nicht als ob er irgendeine Erscheinung gesehen hätte, sondern es wurde ihm das Verständnis und die Erkenntnis vieler Dinge über das geistliche Leben sowohl wie auch über die Wahrheiten des Glaubens und über das menschliche Wissen geschenkt. Dies war von einer so großen Erleuchtung begleitet, dass ihm alles in neuem Licht erschien. Und das, was er damals erkannte, lässt sich nicht in Einzelheiten darstellen, obgleich es deren sehr viele waren. Nur dass er eine große Klarheit in seinem Verstand empfing. (Der Bericht des Pilgers, 65)

Diese Erfahrungen bilden die Grundlage der Exerzitien, die Ignatius bereits hier in Manresa entwarf.

Nach einer Pilgerreise ins Heilige Land kehrte Ignatius nach Spanien zurück, wo er in Barcelona zunächst Latein, in Alcalá und Salamanca Philosophie und in Paris Theologie studierte. Dies tat er, wie er selbst sagte, um später „den Seelen zu helfen". Am 15. August 1534 legte er mit sechs Gefährten auf dem Montmartre bei Paris die Gelübde der Armut und Keuschheit ab sowie das Versprechen, sich dem Papst im Gehorsam zur Verfügung zu stellen. Drei Jahre später empfing er in Venedig die Priesterweihe. Als sich hier ein Sturm von Verdächtigungen auf Häresie gegen ihn zusammenzog, erreichte er einen gerichtlichen Freispruch. Die kanonische Behörde bestätigte ihm, *dass besagter Don Ignatius de Loyola ein Priester von frommem Lebenswandel und guter wissenschaftlicher Ausbildung, von ausgezeichneter Herkunft und bestem Ruf* sei. Dies war für ihn von grundlegender Wichtigkeit, denn jetzt begannen seine Ahnungen von Manresa her greifbare Gestalt anzunehmen. Er berief seine Gefährten nach Vicenza und hier beschlossen sie, ihre Gemeinschaft „Gesellschaft Jesu" zu nennen und sich dem Papst zum Einsatz für die Seelsorge ganz zur Verfügung zu stellen.

Anfang November des Jahres 1537 zog Ignatius nach Rom, das er bis zu seinem Tod nicht mehr verlassen sollte. Seine menschlichen Überlegungen führten ihn zu keinem befriedigenden Ziel. Daher suchte er die Lösung allein im Gebet und in der Feier der Heiligen Messe. Zwei Jahre später erhielt er die Antwort und wusste, dass er einen Orden gründen sollte, der auf das gemeinsame Chorgebet und auf äußere Bußübungen verzichtet.

Papst *Paul III*. bestätigte am 27. September 1540 den Jesuiten-Orden durch die Bulle „Regimini militantis Eccleciae", die das bisherige Lebenswerk des Ignatius krönte. 1541 wurde Ignatius von Loyola zum ersten Generaloberen der „Gesellschaft Jesu" gewählt. Seine Haupttätigkeit bestand von nun an in der Leitung des Ordens, der Ausarbeitung der Satzungen und der Führung einer umfangreichen Korrespondenz (6800 Briefe). Nach reiflichen Überlegungen und Beratungen beendete Ignatius im August 1548 seine Satzungen (Konstitutionen), die vom Geist des Evangeliums getragen sind.

Die Gesellschaft Jesu wurde von Ignatius zum Lob Gottes gegründet, um Gott zu dienen, Menschen zu helfen, ihr seelisches Leben auf Gott auszurichten und um das christliche Leben zu fördern und den Glauben auszubreiten. Die Satzungen möchten dazu beitragen, dieses Ziel zu verwirklichen durch

- die Teilnahme am Leben Christi bis zur Kreuzigung,
- das apostolische Leben als Teilnahme an der Sendung Christi,
- die Auswahl der „Jünger" und die Formung und Schulung auf den Beruf hin und die Aussendung.

Weltsicht und Gebetsziel des Ignatius („Gott finden in allen Dingen") sind von seiner Trinitätsmystik her zu verstehen. Die Christusmystik bewegte ihn zur Nachfolge des für die Menschen arm gewordenen Jesus. Christus fordert, sich als Werkzeug der Erlösung restlos in der Welt einzusetzen. Somit wird Christus für ihn zum Maß aller Dinge. Weil für Ignatius die Theologie das am meisten entsprechende Mittel ist, steht sie und mit ihr der Aufbau der Wissenschaften im Zentrum. Geist und Kirche gehören für ihn unweigerlich zusammen.

Seit den Tagen von Manresa hatte ihn ein quälendes Gallensteinleiden nie mehr ganz verlassen. Pater Nadal notierte beim Empfang der Todesnachricht in sein geistliches Tagebuch: *Am Freitag, den 31. Juli 1556, bei Sonnenaufgang ist der Vater Ignatius im Herrn entschlafen. Er hatte das 64. Lebensjahr vollendet, und 16 Jahre waren es seit der Gründung der Gesellschaft.*

In der „Rede des Ignatius von Loyola an einen Jesuiten von heute" schreibt *Karl Rahner: Vielleicht müsste ich euch sagen, dass ihr keinen Grund habt, wie verzweifelt Durstige zu östlichen Quellen der Versenkung zu laufen, als ob es bei uns keine Quellen des lebendigen Wassers mehr gäbe, wenn ihr auch nicht hochmütig sagen dürft, dass aus jenen Quellen nur menschliche Weisheit der Tiefe und nicht auch die eigentliche Gnade Gottes erfließen könnte.*

Orden, der heute noch nach Ignatius von Loyolas Satzung lebt

Gesellschaft Jesu (Jesuiten)

Geistlich leben nach Ignatius

Vorwort zu den Satzungen

Möge die höchste Weisheit und die unendliche Güte unseres Schöpfers und Herrn, der dich erschaffen und erwählt hat, dich auf deinem geistlichen Weg begleiten, leiten und weiterführen. Nicht irgendeine äußere Satzung ist dazu in der Lage, sondern das innere Gesetz der Liebe und Güte, das der Heilige Geist in dein Herz geschrieben und dir tief in deine Seele eingeprägt hat. Um dieses innere Gesetz und damit die Gegenwart Gottes in deiner Seele zu erkennen und zu leben, bedarf es deiner Mitwirkung. Jesus Christus ist uns vorangegangen und hat uns den Weg durch diese Welt über die innere Welt in das ewige Leben gezeigt. Geistlich leben bedeutet, ihm nachzufolgen, das Leben der Heiligen vor Augen zu haben und bei jedem individuellen Schritt die gesunde Vernunft einzusetzen. Du lebst im Hier und Jetzt und musst die jeweils dir gemäße Entscheidung neu treffen.

Satzungen, die hier Empfehlungen genannt werden, möchten dir helfen, dein geistliches Leben zu erneuern, damit du den begonnenen Weg im Licht seiner Liebe und zu seiner Ehre fortsetzen kannst. Nicht nur du allein wirst überreichen Segen erfahren, sondern auch deine Umwelt und die Kirche, wenn du sie universal betrachtest. Die „Satzungen“, denen du dich jetzt anvertraust und die dich begleiten werden, möchten

- so umfassend sein, dass du dich in allen Wechselfällen des Lebens in ihnen wiederfindest und Hilfe erfährst;
- leicht verständlich und klar sein, Zweifel ausräumen und nicht selbst Anlass zu neuen Zweifeln geben;
- kurz, eindeutig und prägnant sein, damit du sie im Gedächtnis behalten kannst.

Denke stets daran, dass dir geistliche Empfehlungen gegeben werden, die du in eigener Verantwortung je nach individueller Lebenssituation in Raum und Zeit anwenden kannst. Wichtig und Voraussetzung dabei ist, dass du den Wunsch hast, mehr Klarheit, Einsicht und Geordnetheit in dein Leben zu bringen. Dann wird auch der, der als die vollkommenste und unendliche Weisheit der Ursprung aller Ordnung ist, dir zur Seite stehen und dir Hilfe gewähren.

Erster Teil
Tue den ersten Schritt

Kapitel 1
Lass dich einladen

Wie du weißt, gibt es viele Ausrichtungen des geistlichen Lebens. Hier kannst du den ignatianischen Weg kennen lernen, um eine noch klarere Entscheidung für einen solchen Weg zu treffen. Ignatius benötigte, um sein apostolisches Ideal zu verwirklichen, die Existenz einer Gruppe. Als Einsiedler zu leben wäre für ihn niemals in Frage gekommen.

Du kannst viel aus den Schriften des heiligen Ignatius lernen, in besonderer Weise aus seinen „Geistlichen Übungen“, die das aufdecken, was in dir steckt. Doch um den entsprechenden geistlichen Weg konsequent gehen zu können, solltest du dich einem Jesuiten oder einer jesuitisch ausgerichteten Gruppe anschließen.

Als Erstes ist es wichtig, sich gegenseitig kennen zu lernen. So wie du am Anfang noch kein verbindliches Ja sagen wirst, so darfst du dies von der Gruppe, der du dich anschließen möchtest, auch nicht erwarten. Lass dich unverbindlich einladen und mache deine eigenen Erfahrungen mit der ignatianischen Spiritualität. Spüre, ob sie dir entspricht, doch entscheide dich nicht voreilig. Triffst du eine solch voreilige Entscheidung, könntest du andere enttäuschen und dir selbst damit weh tun. Wie du andere Menschen kennen lernen möchtest, so möchten auch sie dich kennen lernen. Stelle Fragen, wenn du etwas wissen möchtest oder nicht verstehst, und lass es zu, dass ebenso an dich Fragen gerichtet werden. Antworte aufrichtig, ehrlich und lebenswahrhaftig. Verhältst du dich anders, schlägt dies in unguter Weise auf dich selbst zurück.

Suche dir niemanden als geistlichen Begleiter, den du persönlich schon lange kennst, auch keinen Verwandten, Bekannten oder Freund. Es ist besser, ganz unvoreingenommen einem Fremden zu begegnen, unbelastet und ohne Vorurteil. Beidseitig wird eine Probezeit vereinbart – meist über zwei Jahre. Tue wohlüberlegt den ersten Schritt und sei dir bewusst, dass sich sowohl bei dir selbst als auch bei deinem Begleiter und der Gruppe, der du dich anschließt, durch dein Ja erhebliche Konsequenzen ergeben. Man wird für dich viel Zeit aufbringen – vor allem aber Liebe. Sei in allem, was du tust und sagst, überzeugend und enttäusche niemanden. Somit wird auch der Anfang deines geistlichen Weges ein leichter sein.

Im Weinberg des Herrn arbeiten zu dürfen wird dir große und überreiche Erfüllung schenken.

Kapitel 2
Gute Voraussetzungen

Um geistlich zu leben, solltest du eine bestimmte Reife, Lebenserfahrung und ein entsprechendes Alter haben. Du beginnst da, wo du gerade stehst – mit all dem, was du kannst, wie auch mit all dem, was du nicht kannst. Halte dich nicht mit psychologischen Erörterungen zu lange auf, sondern behalte das Ziel vor Augen, das dich inspiriert hat, den ersten Schritt auf dem geistlichen Weg zu tun. Vergiss nicht die erste Liebe, die dich bis hierher geführt hat.

Entscheidest du dich für diesen geistlichen Weg, solltest du einige Voraussetzungen mitbringen:

- körperliche Gesundheit und die deinem Alter entsprechenden Kräfte,
- keine Schwierigkeiten im Umgang mit anderen Menschen,
- klaren Verstand und Unterscheidungsvermögen oder Anzeichen hierfür, die geweckt werden können,
- Lernfähigkeit, Zuverlässigkeit und Ausdauer, um Erlerntes nicht nur zu behalten, sondern es auch praktisch anzuwenden,
- den Wunsch, dich ständig geistlich weiterzuentwickeln,
- ruhig, beständig und tatkräftig in dem sein, was der jeweils nächste Schritt für dich ist,
- einen Blick für den Nächsten haben, der und dessen Seele vielleicht deine Hilfe dringend benötigt,
- bereit sein, andere darauf vorzubereiten, das letzte Ziel nicht gedanklich erfassen zu wollen, sondern es aus der Hand Gottes zu empfangen,
- den Wunsch, dein Sprechen zu kultivieren, um mit anderen Menschen auf tieferer Ebene besser in Kontakt treten zu können,
- ein gepflegtes Äußeres, das weder auffällt noch eine Distanz zu anderen schafft.

Äußerlichkeiten wie Macht, Reichtum und beruflicher Status sind unbedeutend für das Gehen eines geistlichen Weges. Im Gegenteil: Oft belasten diese Äußerlichkeiten das geistliche Leben sogar noch, da sie den Weg nach innen schwerlich freigeben. Das rechte Maß in allem kann jedoch nicht durch äußere Satzungen bestimmt werden, sondern es ist Geschenk der göttlichen Weisheit.

Kapitel 3
Entscheidende Fragen

Bevor du dich entschließt, den geistlichen Weg nach Ignatius von Loyola konsequent zu gehen, solltest du die Geistlichen Übungen über einen Zeitraum von vier Wochen durchführen. Du erhältst Einsicht aus deiner gelebten und erlebten Erfahrung dieser Exerzitien. Aber auch derjenige, der die Exerzitien gibt, lernt dich besser kennen. Triff also nicht in Eile eine Entscheidung, sondern lass dir viel Zeit damit. Gott bedient sich oft anderer Menschen, um dir durch sie Gnade zu erweisen.
Stelle dir insbesondere folgende Fragen:

- Bist du privat oder beruflich enttäuscht worden, sodass du in ein geistliches Leben fliehen möchtest?
- Warst du in den vierwöchigen Exerzitien aufrichtig und ehrlich zu dir selbst und zum Exerzitienleiter?
- Was gab oder gibt bei dir den Ausschlag, geistlich im Sinne des Ignatius leben zu wollen?

- Gibt es eine Leidenschaft, die dich immer wieder bindet und dich von guten Vorhaben zurückhält?
- Wie antwortest du, wenn dich jemand fragt, ob du ein gutes Urteils- und Unterscheidungsvermögen hast?
- Kannst du bestimmte Begabungen in Zusammenhang bringen mit deinem Wunsch, geistlich zu leben?
- Aus welchen Quellen lebst du zur Zeit am meisten?

Bedenke, dass es sowohl innere als auch äußere Hindernisse geben kann, die mit gutem Willen zu beseitigen sind oder aber solche, die dir vorerst noch nicht erlauben, diesen Weg zu gehen, da du zunächst andere Aufgaben zu erfüllen hast.

- Hindernisse, die das Innere betreffen:
  große ungelöste Probleme, seelische Belastung durch Krankheit oder Tod dir nahe stehender Menschen, abhängig machende Gewohnheiten, unbezähmbare und unkontrollierbare Leidenschaften, sündhafte Verhaltensweisen, die schwer in den Griff zu bekommen sind, Streit und Spannung mit anderen Menschen, Unbeständigkeit und innere Unruhe, extreme Glaubensbekundungen, mangelndes Urteil und mangelnde Toleranz, Lieblosigkeit und Härte anderen Menschen gegenüber.
- Hindernisse, die das Äußere betreffen:
  zu jugendliches Alter, Krankheiten, die eine ärztliche Behandlung erfordern, zivilrechtliche Schulden oder andere entsprechende Verpflichtungen, beruf-

liches Scheitern, Umstände, die zu Ärgernis oder zu Unruhe führen können.

Viele von diesen inneren und äußeren Hindernissen kannst du aus eigener Kraft und gutem Willen ausräumen; andere hingegen benötigen eine längere und gute Behandlung, bis du frei von ihnen bist. Behalte in allem jedoch die Hoffnung, dass du dich auf deinem geistlichen Weg immer mehr dem Schöpfer öffnest und du mit seiner Gnade mitwirken kannst.

Kapitel 4
Stille Begleiter

Hast du, soweit es dir möglich ist, dein Leben geordnet und geklärt und dich mit deinem geistlichen Begleiter besprochen, kannst du den nächsten Schritt wagen. Es wird dir empfohlen, dich drei Wochen zurückzuziehen – möglichst als Gast in einem Kloster. Du solltest an den gemeinsamen Gebetszeiten teilnehmen und die Zeit deines persönlichen Betens verlängern.

Schließe dich einer Ordensfrau oder einem Ordensmann an, um nicht auf dich allein gestellt zu sein und um sicher zu gehen. Prüfe dich in dieser stillen Zeit und frage dich, ob du bereit bist und ausdauernd genug, konsequent diesen geistlichen Weg zu gehen. Welche Hindernisse gibt es eventuell noch? Hast du irgendwelche Bedenken, so schiebe deine Entscheidung für einige Zeit auf.

Bitte den Herrn im Gebet, er möge dir deinen Weg zeigen und dir Gnade und Sicherheit geben, ihn zu gehen. Gott mit Leib und Seele zu verherrlichen ist das für dich nächstliegende Ziel: im Gebet, durch den Empfang der Sakramente und durch alles, was du fühlst, denkst und tust – vor allem auch im Umgang mit anderen Menschen und der gesamten Schöpfung.

Die Heilige Schrift, die *Geistlichen Übungen* und der *Bericht des Pilgers* können in dieser stillen Zeit deine Begleiter sein. Über allem jedoch steht der Empfang der Sakramente. Sei dir bewusst, dass du zur Gemeinschaft der Kirche gehörst, deren Haupt Jesus Christus, der Herr ist. Nimm nicht freiwillig durch überstrenge Askese eine Last auf dich, die nicht sein muss. Es sei denn, du entlastet einen Menschen damit und führst ihn zum Heil.

Empfange regelmäßig das Sakrament der Versöhnung und den Leib unseres Herrn Jesus Christus, der im allerheiligsten Sakrament gegenwärtig ist. Dir werden die Augen deiner Seele aufgehen und auch mit deinem Verstand wirst du in das Geheimnis des Glaubens tiefere Einsicht bekommen.

Zweiter Teil
Hindernisse auf dem Weg

Kapitel 1
Rat annehmen

Bist du bereits auf dem geistlichen Weg und dein Begleiter ist der Meinung, dieser Weg sei aus bestimmten Gründen für dich momentan nicht der richtige, solltest du auf ihn hören. Es würde dir nicht gut tun, wenn du trotzdem in gewohnter Form weitermachst. Dein geistlicher Begleiter trägt die Verantwortung für dich.

Wenn du seinen Ratschlägen nicht folgst, da du meinst, es besser zu wissen, bereitest du ihm – und letztlich auch dir selbst – unnötige Sorgen und Aufregungen. Dein geistlicher Begleiter, der es gut mit dir meint, wird es sich nicht leicht gemacht haben, dir nahe zu legen, vorerst Abstand von diesem geistlichen Weg zu nehmen.

Kapitel 2
Konkrete Gründe

Es gibt verschiedene Gründe, die es nicht erlauben, auf diesem geistlichen Weg weiterzugehen:

- Verhaltensweisen, die gegen die göttliche Ehre verstoßen. Dies können unverbesserliche Leidenschaften oder Laster sein, die keine Öffnung in göttliche Bereiche zulassen.

- Es stellt sich heraus, dass du unter unwahren Bedingungen begonnen und deinen geistlichen Begleiter getäuscht hast.
- Du lebst unter einem großen Druck und ständig geht Unruhe von dir aus.
- Du gibst anderen Menschen wiederholt Anlass, sich über dich zu ärgern, und du stiftest mit deinen Worten und Handlungen Zwietracht.
- Es treten körperliche oder geistige Beschwerden auf.
- Du hast verschwiegen, dass du unter Depressionen leidest und entsprechende Medikamente nehmen musst.
- Es wird dir selbst klar, dass du aus gesundheitlichen Gründen diesen geistlichen Weg nicht gehen kannst, sondern dich erst einer Therapie zu unterziehen hast.
- Dein Eigenwille ist so stark, dass du dir von anderen Menschen nichts sagen lässt und die Ratschläge somit auch nicht befolgst.
- Dein Ehepartner ist mit deinem geistlichen Weg nicht einverstanden und tut alles, um dich davon abzubringen.
- Du hast Schuld auf dich geladen, die dich quält, unruhig macht und niederdrückt.

Wenn das eine oder andere Hindernis auf dich zutrifft und du es beseitigen kannst, wirst du freudig und mit Gewinn deinen geistlichen Weg fortsetzen.

Kapitel 3
Als Begleiter Hoffnung geben

Musst du als geistlicher Begleiter jemandem nahe legen, sein geistliches Leben aus diesen Gründen erst einmal zu unterbrechen, vermittle ihm dieses sensibel und behutsam. Bestimmte persönliche Gründe, die zu diesem Schritt führen, solltest du unter allen Umständen für dich behalten.

Dass du jemanden durch dein Wohlwollen und dein intensives Gebet auch weiterhin begleitest, dürfte selbstverständlich sein. Stehe ihm ebenso zu weiteren Gesprächen zur Verfügung.

Weise niemanden ohne Trost und ohne Hoffnung auf einen Wiederbeginn von dir. Zeige ihm gegebenenfalls andere Wege auf, um geistlich leben und Gott dienen zu können.

Kapitel 4
Die Blickrichtung ändern

Gibst du deinen Weg auf, ohne deinen geistlichen Begleiter informiert zu haben, zeigt dies, wie fahrlässig und verantwortungslos du diesen Weg begonnen hast. Es müsste jedoch selbstverständlich für dich sein, allen, die an deinem geistlichen Leben beteiligt sind, die Wahrheit zu sagen.

Auf keinen Fall solltest du ohne triftigen Grund den begonnenen Weg verlassen. Übe dich im Durchhalten und lerne Durststrecken zu überstehen – umso größere Gnaden werden dir zuteil. Selbst wenn Enttäuschungen dich erschüttern oder starke Versuchungen dich zu Fall gebracht haben: Stehe auf, ändere deine Blickrichtung und setze dein begonnenes geistliches Leben fort. Dir steht es selbstverständlich frei, die ignatianische Spiritualität zu verlassen, um einen anderen geistlichen Weg einzuschlagen. Bedenke jedoch, dass alle im christlichen Glauben das gleiche Ziel haben und du viel Zeit verlierst, wenn du an anderer Stelle wieder neu beginnst.

Stellt es sich heraus, dass du diese geistliche Ausrichtung – nachdem du sie einmal verlassen hast – wieder aufnehmen möchtest, besprich deinen Wunsch mit einem Gott nahen Menschen und lass ihn für dich eine Entscheidung treffen. Es liegt an ihm, dich zu überzeugen, wie notwendig es für dich ist, deinem Leben wieder eine spirituelle Dimension zu geben. Kehrst du mit seiner Hilfe zum ignatianischen Weg zurück, so lass dich von ihm auch weiterhin führen – selbst wenn einige neue Hindernisse zu überwinden oder auszuräumen sind.

Es werden Prüfungen auf dich zukommen, die du zu deiner großen Freude bestehen wirst.

Dritter Teil
Aus Gottes Kraft leben – mit Seele und Leib

Kapitel 1
Die Seele stärken

Auf diesem geistlichen Weg, zu dem du dich endgültig entschlossen hast, wirst du sowohl von Menschen als auch vom Himmel eine besondere schützende Fürsorge erfahren. Die Formung deiner Seele, die sich letztlich der Schöpfer vorbehalten hat, wird von einem grundlegenden Wissen, das durch begnadete Menschen überliefert wurde, unterstützt. Es wird die Zeit kommen, in der die Grundlagen für dich zur Selbstverständlichkeit geworden sind und du keine andere Regel mehr benötigst als die der „klugen Liebe".

Gerade zu Beginn des ignatianischen Weges ist es wichtig, dass du dich einer gewissen Disziplin fügst. Das Samenkorn braucht Ruhe und gute Bedingungen, um wachsen und zu dem werden zu können, wozu der Schöpfer es im Vorhinein bestimmt hat. Du kannst die guten Erfahrungen und den geistlichen Fortschritt am Anfang deines Weges durch unterstützende Verhaltensweisen intensivieren und beschleunigen:

- Unterbrich den Kontakt mit Menschen, die dich von deinem Vorhaben abbringen wollen.

- Fördere den Kontakt mit Menschen, die sich auf dem Weg des Geistes befinden und bereits gute Erfahrungen und Fortschritte gemacht haben.
- Hast du im Gebet mit Gott gesprochen, versuche anschließend mit dir liebgewordenen Menschen von Gott zu sprechen.
- Vermeide alles, was deinen geistlichen Aufbruch hemmen könnte.
- Jage nicht vordergründigen Zielen nach, sondern bleibe bei dir selbst und viel zu Hause.
- Pflege das Stillschweigen – falls es dir familiär und beruflich eben möglich ist.
- Suche das Gespräch mit denjenigen, von denen du lernen kannst und unterlass jegliches unnütze Gerede.
- Schränke deine Besuche bei anderen ein, überdenke täglich neu, was Vorrang hat und konzentriere dich auf das Wesentliche.

Auch deinem äußeren Verhalten kommt eine beachtliche Bedeutung zu. Du solltest es daher entsprechend kultivieren:

- Versuche deine Haltung und dein äußeres Verhalten in deine geistliche Formung zu integrieren.
- Bewahre deine Sinne vor jeder Unordnung und allen verführerischen Reizen. Deine Sinne sind die Tore deiner Wahrnehmung – besonders die Augen, die Ohren und die Zunge.

- Erhalte und fördere die wahre Demut deiner Seele. Übe dies, indem du viel schweigst.
- Bewege dich ohne ein Anzeichen von Ungeduld oder Hochmut.
- Nimm dich zurück, wenn es die Umstände erfordern, und gib anderen den Vorrang.
- Ehre alles von Gott Geschaffene: die Menschen und die gesamte Schöpfung. Versuche alles, was dich berührt, in religiöser Einfachheit und Schlichtheit wertzuschätzen.
- Entdecke in einem anderen Menschen die Ebenbildlichkeit Gottes und begegne ihm entsprechend.
- Mäßige dich im Essen und Trinken und vermeide jegliche Übertreibung. Den Mahlzeiten soll der Segen vorangehen und die Danksagung folgen.
- Führe die dir zugedachte Arbeit gewissenhaft aus. Beschäftige dich in der dir verbleibenden Zeit mit wesentlichen Dingen und lass keinen Müßiggang zu, denn dieser ist der Ursprung allen Übels.

Die Mitte deines geistlichen Werdens und Wachsens ist deine Innerlichkeit. Alles Äußere fließt hier zusammen und bekommt von dort her erst seinen Wert und seine entsprechende Wirksamkeit.

- Der innere Mensch macht auf seinem geistlichen Weg Erfahrungen, die er verantwortungsbewusst in die Lebensrealität umzusetzen hat.

- Immer neu bedarf das Leben der Seele einer geistlichen Schulung.
- Bescheidenheit und Demut müssen den Weg mitgehen, damit niemand sich über den anderen erhebt. Menschliche Unzulänglichkeiten sind Realität, mit denen immer zu rechnen ist.

Achte in besonderer Weise darauf, dass du durch deinen Besitz nicht völlig gebunden bist, sondern genügend Raum und Zeit für dein geistliches Leben findest. Trenne dich von dem, was du nicht benötigst, und bereite anderen, die es nötig haben, damit eine Freude. Bei jemandem, der einem geistlichen Leben folgt, ändern sich die Bedürfnisse und er kann und möchte sich immer mehr von materiellen Dingen lösen und sich frei wissen.

Durch deine täglichen geistlichen Übungen erfährst du immer mehr ein gesundes Unterscheidungsvermögen, du wirst vor Täuschungen des göttlichen Widersachers bewahrt und vor Versuchungen geschützt. Um einmal ein Leben von starkem inneren Tiefgang – dem Ziel der seelischen Formung – in seiner ganzen Vielfalt leben zu können, bedarfst du neben einem guten Unterscheidungsvermögen und dem dazugehörigen theoretischen Wissen vor allem der Unterstützung durch die Sakramente.

Jesus Christus, der Herr, der am besten weiß, was dir zur Aufrichtigkeit und Klarheit deiner Seele fehlt, wird es liebevoll ergänzen.

Es muss für dich, um geistlich Fortschritte zu machen, einen sowohl im inneren als auch im äußeren Leben erfahrenen Menschen geben, dem du dich vertrauensvoll öffnen kannst. Von ihm darfst du in allen Situationen, besonders bei Verfehlungen oder Irrtümern, Hilfe erwarten. Bist du von deinem geistlichen Weg abgewichen, wird er dich liebevoll zurückführen – vorausgesetzt, du lässt dich von ihm leiten und bestehst nicht darauf, deinen eigenen Kopf durchzusetzen. Er wird, und das solltest du wissen, wenn du allein diesen Weg gehst, den Versuchungen mit ihrem Gegenteil zuvorkommen, das heißt, Gegensätzliches mit Gegensätzlichem behandeln. Stellt er bei dir hochmütige Äußerungen und Verhaltensweisen fest, wird er dich bewegen, Demutsübungen durchzuführen. Mit gutem Willen und zu deinem geistlichen Fortschritt solltest du Weisungen und Korrekturen von ihm annehmen.

Disziplin und Ordnung sind zwei wesentliche Charakterzüge, die bei der geistlichen Initiation vorausgesetzt werden müssen. Alles, selbst eine Ermahnung oder Zurechtweisung, muss immer im Einklang mit der klugen Liebe geschehen. Befällt dich eine Krankheit, bäume dich nicht gegen sie auf. Du vergeudest damit wesentliche Lebensenergien und vor allem Heilkräfte. Beweise Geduld und lass dir – wenn notwendig – von anderen helfen. Versuche zu verstehen, was dir die Krankheit sagen möchte, und, warum du sie bekommen hast. Grüble jedoch nicht darüber nach, sondern nimm das Unabänderliche aus den Händen Gottes an.

Wenn die Fundamente gelegt sind, heißt es dein geistliches Leben weiter aufzubauen und voranzuschreiten. Neben der Hilfestellung, die du von außen bekommst, ist und bleibt dein persönliches Üben Voraussetzung. Mögen die Menschen, die schon viele Jahre ihren geistlichen Weg gehen, dir ein gutes Beispiel geben und dich anspornen, das Ziel nicht aus den Augen und dem Herzen zu verlieren.

Was kannst du konkret für dein geistliches Leben tun, um Fortschritte zu machen?

- Schließe dich entweder einer Gruppe an, die einmal in der Woche im Fach Spiritualität unterrichtet wird, oder lass dir wertvolle Literatur empfehlen, die dich in das Wesen des Christentums und in die Geheimnisse der Sakramente umfassend einführt und weiterführt.
- Da es unserer Natur entspricht, zu vergessen, bedürfen wir immer wieder der Erinnerung. Nimm dir Zeit zur Wiederholung geistlicher Themen – vor allem aber: Besuche regelmäßig die Heilige Messe.
- Ein weiteres Fundament sind die Geistlichen Übungen (Ignatianische Exerzitien). Du solltest sie im ersten Schritt unter geistlicher Begleitung einüben. Überlasse es dem Geistlichen, ob er dich die Exerzitien gleich vier Wochen lang machen lässt oder nur

zeitweise, denn sie haben große Dynamik und geistliche Kraft. Bleibe täglich in seiner Begleitung und erwäge mit ihm alles, was dich bewegt. Stellt sich heraus, dass die Geistlichen Übungen für dich zur Zeit nicht geeignet sind, wird dein geistlicher Begleiter dir andere Übungen vorschlagen.

- Verschaffe dir durch die entsprechende Literatur gründliche Kenntnisse der Quellen ignatianischer Lehre, wie sie sich in ihrer Geschichte und am Beispiel ihrer Heiligen darstellt.
- Eine weitere Einübung in das geistliche Leben besteht im Ausdruck dessen, was du auf deinem Weg erfährst. Es ist ratsam, während der Exerzitien und darüber hinaus ein Tagebuch zu führen. Gleichzeitig solltest du die Gelegenheit suchen, mit deinem Exerzitienleiter wie auch mit anderen Menschen, die den gleichen Weg gehen, über deine Erfahrungen ausführlich zu sprechen. Du lernst, Wesentliches in Worte zu kleiden, um eventuell später über das geistliche Leben Vorträge zu halten und Gesprächsrunden zu leiten.

Die Grundlage deines geistlichen Lebens besteht darin, dich und dein gesamtes Leben in rechter Absicht auf Gott, den Schöpfer, auszurichten. Um die von ihm zugesagte Liebe zu empfangen, sollte dein erster Schritt sein, der göttlichen Güte entgegenzukommen. Wenn du also mehr und mehr dein Leben auf Gott ausgerichtet hast, bist du darauf vorbereitet, dein Leben in einen

Dialog der Liebe mit ihm zu wandeln. Alles, was dich berührt und alle, die dir begegnen, werden zu einer Brücke zum Himmel, und damit zu wahren Mittlern Gottes. Du erlebst in der gesamten Schöpfung die Gegenwart Gottes, das Wirken seines Heiligen Geistes und seine Liebe, die er allem Geschaffenen zuwendet. Aus deiner Wahrnehmung – und damit ist auch die Wahrnehmung des Herzens gemeint – entsteht langsam geistliche Erfahrung, die in Gotteserfahrung übergeht.

Die Sehnsucht des Menschen besteht darin, Gott zu suchen und zu finden. Machst du dich in reiner Absicht auf den Weg und bist bereit, alles in deinem Leben vom Schöpfer bestimmen zu lassen, wird der menschliche Wille mehr und mehr durchdrungen vom Willen Gottes. Bedenke jedoch – und das kann nicht oft genug gesagt werden: Es ist eine menschliche Eigenschaft, Wesentliches und die entsprechenden Erfahrungen schnell wieder zu vergessen. Daher bedürfen wir immer wieder der Erinnerung.

- Besuche häufig die Heilige Messe, damit du nie vergisst, was die Liebe Christi für dich getan hat und wie sie dir immer neu entgegenkommt.
- Nimm die Heilige Schrift zur Hand und lies täglich einen Abschnitt aus dem Neuen Testament.
- Ergänze beides durch geistliche Übungen und durch Befolgung der Hinweise und Regeln, die der ignatiatische Weg für dich bereit hält.

Kapitel 2
Den Leib stärken

Die leibliche Seite des Menschen hat genauso wie seine Seele Anteil an der geistlichen Erfahrung. Leib und Seele gehören zusammen und dürfen niemals von uns willentlich getrennt werden. Sorgst du dich in guter Weise um deinen Körper, so stärkst du damit ebenso deinen Geist und die Kräfte deiner Seele. Achte darauf – ohne übermäßig besorgt zu sein –, deine Gesundheit zu erhalten, um auch die körperlichen Kräfte für den göttlichen Dienst einzusetzen. Überziehst du deine Arbeit wie auch andere Tätigkeiten, schadest du damit sowohl deinem Körper als auch deinem Geist. Es ist ebenso schädlich, ganz auf körperliche Arbeit zu verzichten.

Deine Nahrung sollte ausgewogen sein und sowohl deiner beruflichen Tätigkeit als auch deinem geistlichen Leben entsprechen. Lege auch Wert auf deine Kleidung, ohne sie übermäßig zu betonen. Achte darauf, dass du genügend Schlaf bekommst. Bevor du in deinem beruflichen Leben wie auch in deinem persönlichen Leben Veränderungen triffst, ziehe dich vorher zum Gebet zurück und berate dich mit deinem geistlichen Begleiter. Mit ihm gemeinsam kannst du dein Leben besser vom Glauben her betrachten und Veränderungen von der Liebe her bestimmen lassen.

Achte in besonderer Weise darauf, dass dein geistliches Leben immer auf dem Boden der Wirklichkeit bleibt. Und zu dieser Wirklichkeit gehören Körper, Geist und Seele in gleicher Weise. Bringe durch deinen geistlichen Weg mehr Licht in dein Leben und in das Leben anderer. Somit wirst du ganzheitlich – mit Körper, Geist und Seele – unseren Herrn und Gott verherrlichen. Leidest du unter einer Krankheit, so suche alle Möglichkeiten zur Heilung. Gehe zu einem guten Arzt und befolge seine Anordnungen in Bezug auf Behandlung und Arzneien. Übe dich in Geduld – besonders, wenn der Heilungsprozess längere Zeit in Anspruch nimmt.

Dein geistliches Leben sollte zum Ziel haben, Gott die Ehre zu geben und dich für das Wohl deiner Mitmenschen einzusetzen. Das Erreichen dieses Zieles wird dir leichter fallen, wenn du Gott, unseren Herrn, nicht nur in geistlichen Dingen suchst, sondern in allen Menschen und allen Dingen, die dir begegnen. Die geistliche Formung nach dem Willen Gottes wird sich an dir besser und schneller vollziehen, wenn du niemanden und nichts festhältst, sondern offen, beweglich und anpassungsfähig bist.

Zusammengefasst spricht der dritte Teil der Satzungen folgende Themen an, mit denen du dich jetzt noch einmal kurz auseinander setzen und die du auf dein geistliches Leben beziehen solltest.

- Nimm dir die Zeit, mit dir und dem Schöpfer allein zu sein.

- Schaffe ein geistliches Umfeld, das es dir ermöglicht, entsprechende Erfahrungen zu machen und sie zu vertiefen.
- Führe Gespräche mit einem geistlichen Begleiter und beschäftige dich mit geistlicher Literatur.
- Beziehe deinen Körper und all deine Fähigkeiten in das geistliche Leben ein.
- Schaffe Ordnung in deinem täglichen Leben: in der Arbeit, in der freien Zeit, im Essen und Trinken …
- Arbeite ungelöste Probleme auf, reflektiere sie und erforsche dein Gewissen.
- Entwickle und stärke dein geistliches Unterscheidungsvermögen.
- Führe die geistlichen Übungen durch und empfange sooft es dir möglich ist die Sakramente.

Vierter Teil
Ganzheitliche Erfahrung durch Gebet und Wissen

Das Wesen dieses geistlichen Weges besteht darin, die eigene seelische Entwicklung wie auch die anderer Menschen zu fördern, damit das letzte Ziel, auf das hin wir alle geschaffen sind, bewusst wird und ohne größere Umwege erreicht werden kann. Die eigene Erfahrung auf dem geistlichen Weg muss durch das Wissen um tiefere Zusammenhänge ergänzt und untermauert werden. Besonders um anderen Menschen zu helfen, ist es notwendig, allgemein gültige Erfahrungen zu formulieren und weiterzugeben. Über allem jedoch steht, Gott, unseren Schöpfer und Herrn, tiefer zu erkennen, ihm zu dienen und seine Liebe zu uns zu erwidern.

Kapitel 1–3
Häuser und Kollegien der Gesellschaft Jesu

Ein Rektor übernimmt die Verantwortung, die zeitlichen Güter zu verwalten. In den Kollegien erhalten die Studenten ihre geistliche, pastorale und vor allem intellektuelle Formung.

Kapitel 4
Wissen erfahren

Entschließt du dich zu einem Studium, achte besonders darauf, nicht in den Zeiten zu studieren, die für die leibliche und geistige Gesundheit ungünstig sind. Gönne dir genügend Schlaf und übertreibe die geistige Arbeit nicht, damit du später in körperlicher und geistiger Gesundheit das Erlernte zur Ehre Gottes und zur Hilfe anderer Menschen einsetzen kannst. Auf eine Gefahr musst du hingewiesen werden: Durch das Studieren, Lesen und das Aneignen theoretischen Wissens darf die eigentliche Liebe zum geistlichen Leben nicht geschmälert werden oder gar ihren ersten Platz verlieren.

Was auch immer du tust: Das Gebet und der Gottesdienst sollten an erster Stelle in deinem Leben stehen. Neben der Meditation und Kontemplation sind auch deine persönlichen Gebete von Wichtigkeit, deine Worte, die du in besonderen und herausfordernden Lebenssituationen an den Herrn richtest. Vergiss nicht die Gottesmutter zu ehren und sie zu bitten, bei ihrem Sohn Fürsprache für dich einzulegen. Wenn du Zugang zum Rosenkranzgebet hast, so pflege diese Weise des Betens. Bedenke und meditiere die in ihm enthaltenen Geheimnisse des Glaubens.

Es wird dir gut tun und dein geistliches Leben kräftigen, wenn du des Öfteren dein Ja zum inneren Weg wiederholst und dich an das Gute erinnerst, was du bereits auf ihm erfahren hast. Verlebendige täglich deine Beziehung zum Schöpfer und horche auf seine leise Stimme in dir.

Kapitel 5
Verschiedene Begabungen

Entdecke auf deinem geistlichen Weg deine speziellen Begabungen und fördere sie. Der eine möchte sein Wissen vergrößern, der andere braucht zunächst Lebens- und Glaubenserfahrung und wieder ein anderer möchte seine Begabungen aktiv ausdrücken und umsetzen.

Kapitel 6–7
Theologische Studien und Gebet

Wenn du dich geistlichen und theologischen Studien widmest, vergiss niemals, dich auch zum persönlichen Beten zurückzuziehen. Dein Lesen, Lernen und die Beschäftigung mit geistlichen Dingen entspringt dem Wunsch, Gott zu suchen, für ihn da zu sein und ihn zu verherrlichen. Bitte im Gebet um die Gnade, dass du dich immer neu auf ihn ausrichten kannst und deine Sehnsucht sich erfüllt. Trage handschriftlich all das, was dich beim Lesen und Studieren besonders berührt, in dein fest gebundenes Heft ein, welches dich dann später als dein persönliches geistliches Lesebuch begleitet.

Der größte Teil deines geistlichen Lebens vollzieht sich in der Stille: das Beten, die Meditation, die Kontemplation, das Lesen geistlicher Bücher wie auch das Studium. Vergiss darüber nicht, mit anderen Menschen, die ebenso einen geistlichen Weg gehen, zusammenzukommen, mit ihnen zu sprechen und zu diskutieren. Lass dich – wenn nötig – korrigieren und habe gleichzeitig den Mut, deinen Weg offen darzulegen und eventuell zu verteidigen.

Kapitel 8
Geistliche Übungen stärken das Lebensfundament

Um deinen Glauben zu stärken, im geistlichen Leben Fortschritte zu machen und um anderen Menschen wahrhaft helfen zu können, beachte die folgenden Empfehlungen:

- Nimm an der Feier der Heiligen Messe teil, höre auf das Wort Gottes und empfange wohlvorbereitet die Heilige Kommunion.
- Besuche geistliche Vorträge und – wenn die Voraussetzungen gegeben sind – halte entsprechend deiner Erfahrung und deinem Wissen selbst Vorträge.
- Lies das Tagesevangelium – gewiss aber das Sonntagsevangelium –, meditiere und nimm das Evangelium als Wort Gottes mit in den Tag.
- Bereite das persönliche Gespräch mit einem Geistlichen und die anschließende Beichte gut vor, mache dir eventuell vorher Notizen, ordne sie nach Themen und füge gegebenenfalls ein Verzeichnis der Fragen hinzu.
- Führe die ignatianischen Geistlichen Übungen (Exerzitien) durch und lass dich vom geistlichen Begleiter leiten, um später einmal die geistlichen Übungen nicht nur anderen Menschen weiterzugeben, sondern um sie auch darin anzuleiten. Für einen ersten Schritt reichen die Übungen der ersten Woche vollends aus.

- Sei anderen im christlichen und geistlichen Leben Vorbild und lerne besonders die Kinder im Glauben zu unterrichten.
- Stehe Sterbenden bei und hilf ihnen „gut zu sterben". Arbeite des Öfteren die Literatur „Die Kunst des Sterbens" durch, mache dir Aufzeichnungen, um das Wesentliche verfügbar zu haben, damit du dieses Amt jederzeit ausüben kannst.

Diese sieben Übungen in ein praktisches geistliches Leben müssen, um wirksam für dich und andere Menschen zu sein, von der Kraft des Heiligen Geistes begleitet werden.

Kapitel 9–17
Der grundlegende Weg

- Beginne dein Tagewerk wie auch das Lesen geistlicher Texte und das Studium immer mit einem Gebet.
- Lerne, zu gegebener Zeit die Strenge mit der Güte zu verbinden.
- Ordne dein äußeres und inneres Leben. Teile deine Zeit ein, sei in allem pünktlich zur Stelle und beschäftige dich nicht mit Dingen, die nicht auf den Schöpfer ausgerichtet sind und somit nicht in seine Nähe führen.

- Versuche deine religiöse Ruhe und deine geistliche Beanspruchung auch in unruhigen Zeiten zu bewahren und durch nichts stören zu lassen.
- So wie Stetigkeit in all deinem Tun notwendig ist, so notwendig ist auch die Entspannung.
- Lies die Werke der geistlichen Autoren, die einen guten Namen haben und beachte: Über das Werk gewinnst du Zuneigung zum Autor. Das Alte und das Neue Testament stehen an erster Stelle – dann folgen die Werke von *Thomas von Aquin* und *Hugo von St. Victor*.
- Beichte einmal monatlich und besuche häufig – auch an Werktagen – die Heilige Messe.
- Nähere dich durch Gebet und dir gemäßes Tun dem christlichen Geheimnis des Glaubens. Führe auch die dir anvertrauten Menschen behutsam auf diesen Weg.
- Meide jegliche Beleidigung in Worten oder Werken, alles Unehrbare und zweideutige Reden – in besonderer Weise, wenn sie sich auf die Sexualität beziehen.
- Besuche Kurse – auch später zur Auffrischung deines Gedächtnisses –, die in die Praxis des Gebetslebens einführen.

Fünfter Teil
Bewährung und Fortschritt

Kapitel 1–4
Voraussetzungen für den weiteren Weg

Dein geistlicher Begleiter auf dem ignatianischen Weg wird von dir die Erfüllung bestimmter Voraussetzungen verlangen, um dich schrittweise zu tieferen Glaubenserfahrungen zu führen. Die folgenden Fragen möchten dir helfen, dich selbst besser kennen zu lernen, um dein inneres Leben zu ordnen:

- Du stehst in der Nachfolge Christi im Geist des Evangeliums. Welche Eigenschaft ist dir auf diesem Weg besonders wichtig und wie setzt du sie praktisch in deinem täglichen Leben um?
- Kannst du die Glaubenskraft näher bezeichnen, die dich in besonders schwierigen Situationen getragen oder wieder aufgerichtet hat?
- Welche Schwächen stellst du bei dir fest? Was unternimmst du, um sie abzubauen? Was sagt dir das Wort „Demut", und wie drückt sie sich in deinem Leben aus?
- Du lebst für Christus und gibst anderen Zeugnis von diesem deinem neuen Leben. Inwieweit lebst du auch für die Kirche und bist bereit, sich für sie einzusetzen?

Täglich neu wird es deine Aufgabe sein, dich der Schule des Herzens zu widmen und dich in geistlichen Dingen zu üben. Das ist der weiterführende Weg, um demütiger zu werden, ungeordnete Lebenskräfte zu ordnen, tiefere Gotteserkenntnis zu erfahren und in der Liebe zum Schöpfer zu wachsen. Ein weiterer wesentlicher Bestandteil ist die Beschäftigung mit der Heiligen Schrift, und, wenn es dir möglich ist, mit weiteren theologischen Fächern. Übereile nichts und wisse: Fortschritte im geistlichen Leben nehmen oft Jahre in Anspruch. Doch was gibt es Wesentlicheres in deinem Leben?

Von großer und unterstützender Bedeutung ist ferner, dass du dich auch öffentlich zu deiner neuen geistlichen Lebensweise bekennst. Halte dich also nicht schweigend zurück, sondern lebe auch nach außen hin das, was du im Glaubensbekenntnis aussprichst. Nimm dich in ganz besonderer Weise deiner Familie an und wende dich mit viel Zeit und Liebe deinen Kindern zu.

Vergiss über allzu „hohen geistlichen Dingen" nicht deine Familie und all die Menschen, denen es nicht vergönnt ist, einen religiösen Weg zu gehen. Denn gerade hier beginnt der einzigartige Dienst, den du Gott, unserem Herrn, erweist, wenn du dich denen liebevoll zuwendest, die wirklich Hilfe benötigen. Welch wunderbare, tief greifende und erfüllende Aufgabe besteht für dich darin, Kinder auf das Sakrament der Eucharistie vorzubereiten wie auch Erwachsenen den Zugang zu diesem Geheimnis des Glaubens zu erschließen.

Sechster Teil
Aufgaben in der Nachfolge Christi

Kapitel 1
„Dein Wille geschehe"

Hast du die Voraussetzungen für ein geistliches Leben erfüllt und bist damit zu einer gewissen Reife gelangt, werden dir die folgenden aufbauenden Schritte leicht fallen. Du bist auf dem Weg zu einer geistlich entwickelten Persönlichkeit und hast nach vielen Anfeindungen und Versuchungen große persönliche Freiheit erlangt, in der du dich jetzt endgültig für Christus entscheiden kannst. Im göttlichen Dienst und in der Hilfe für den Nächsten wird sich dein Leben gestalten.

NICHT, DASS ICH ES SCHON ERREICHT HÄTTE ODER DASS ICH SCHON VOLLENDET WÄRE. ABER ICH STREBE DANACH, ES ZU ERGREIFEN, WEIL AUCH ICH VON CHRISTUS JESUS ERGRIFFEN WORDEN BIN. ICH VERGESSE, WAS HINTER MIR LIEGT, UND STRECKE MICH NACH DEM AUS, WAS VOR MIR IST.

BRIEF AN DIE PHILIPPER 3,12–13B

Jesus Christus ist für dich zum Sinn deines Lebens geworden. Richte daher immer erneut deine Augen auf ihn, von dem du alles erwarten darfst. Er steht dir zur Seite, damit du im Geist der Liebe nicht nur deinen, sondern auch seinen Weg gehen kannst. Dazu hast du gelernt, deine Eigenliebe, deinen Eigenwillen und deine Eigeninteressen aufzugeben, um ganz in Übereinstimmung mit der Absicht Christi zu leben. Deine Lauterkeit vervollkommnet sich, wenn sie – gereinigt von jeder Form des Egoismus – ganz der Liebe, die von oben kommt, Raum schafft. Habe keine Erwartungen und sei ganz für ihn und für alle Menschen da.

Hast du den Herrn beständig vor Augen, wirst du seine leise Stimme in dir wahrnehmen, auf ihn horchen und seinen Willen erfüllen. Lebe von allem Trennenden befreit im Geist der Liebe – ohne durch irgendeine Furcht verwirrt zu sein. Jesus, der im Einklang mit seinem Vater lebte, war ihm gehorsam bis zu seinem Tod. Lebst du im Einklang mit diesem Gehorsam, wirst auch du durch deine gelebte Hingabe zur Rettung und zum Heil der Welt beitragen. Lass dich von ihm senden, damit du mit großer Bereitschaft, geistlicher Freude und Ausdauer das tun kannst, was dir aufgetragen wird.

Suche und finde das, was Gott gefällt, um es in deinen Entscheidungen umzusetzen. Dein Gehorsam wird zu einem Gebet, das im Geist der Liebe im Einklang mit der Absicht des Vaters steht. Diese deine bewusste persönliche Haltung macht den Gehorsam für dich zu einer Übung der Freiheit. Verzichte in allem, was du tust, jedoch nicht darauf, mitzudenken – selbst wenn du vorübergehend deine eigene Meinung zurückstellen musst.

Kapitel 2
„Selig, die arm sind vor Gott"

Gib all die Dinge ab, die nicht unmittelbar zu deinem Leben und deinem Beruf gehören. Dies bezieht sich sowohl auf deine Innerlichkeit als auch auf Äußeres. Öffne dich im Gebet der göttlichen Gnade und sie wird dir das für dich Notwendige mitteilen. Was du an geistlichen Gütern, an Wissen und durch besondere Gnadenzuwendungen umsonst empfangen hast, das gib auch umsonst weiter.

Umsonst habt ihr empfangen,
umsonst sollt ihr geben.
Matthäus 10,8b

Verkündest du das Evangelium und gibst damit einen geistlichen Weg an andere weiter, so nimm dafür kein Geld. Strebe nicht durch geistliche Dienste nach eigenem materiellen Vorteil. Aus Liebe zu Christus und den Menschen darf auf dem geistlichen Weg weder Bindung, Verpflichtung noch Abhängigkeit das Ergebnis all deines Tuns sein, sondern nur innere Freiheit. Lehne jegliche materielle Vergütung ab und lass andere wissen, dass dein geistlicher Einsatz und deine entsprechende Arbeit völlig unentgeltlich sind.

Bist du Priester, nimm weder Geld für ein Beichtgespräch oder für eine Messintention noch lass während der Heiligen Messe zum Sammeln von Spenden einen Kasten oder Korb herumgehen. Die Unentgeltlichkeit muss Charakteristikum einer jeden apostolischen Tätigkeit sein.

Kapitel 3
Worauf es ankommt

Dein geistliches Leben und die damit verbundenen Übungen müssen im Evangelium gegründet sein: das Gebet, die Betrachtung, das Studium, das Fasten wie auch alle anderen Übungen für Leib und Seele. Übertriebenes Verhalten wird sowohl die körperlichen als auch die seelischen Kräfte schwächen, sodass du keine geistliche Hilfe für dich und andere erwarten kannst. Praktizierst du jedoch die für dein geistliches Leben notwendigen Dinge nachlässig und unregelmäßig, erkaltet das Feuer des Geistes und niedrige Leidenschaften erhitzen sich.

Letztlich musst du selbst entscheiden, worauf es in deinem geistlichen Leben ankommt, welche Übungen dir gut tun und was dir zum Fortschritt gereicht.

Und ich bete darum, dass eure Liebe immer noch reicher an Einsicht und Verständnis wird, damit ihr beurteilen könnt, worauf es ankommt.

Brief an die Philipper 1,9–10a

Empfange die Sakramente sooft es dir möglich ist. Durch dein geistliches Leben wird in deinem ganzen Leben sichtbar, dass dein durch Christus geformtes Tun überreiche Früchte bringt.

- Halte dich daher nicht mit den Dingen auf, die deinen geistlichen Fortschritt hindern.
- Widme dich so häufig es dir möglich ist dem Gebet und der Eucharistie.
- Lass dich nicht in weltliche Angelegenheiten verwickeln, die dein Leben unnötig erschweren.

Gleicht euch nicht dieser Welt an,
sondern wandelt euch und erneuert euer
Denken, damit ihr prüfen und erkennen könnt,
was der Wille Gottes ist: was ihm gefällt,
was gut und vollkommen ist.

Brief an die Römer 12,2

Kapitel 4
Sterbende begleiten

Wende dich einem Sterbenden in liebevoller Weise zu und lass ihn geistlich und menschlich deine ganz besondere Zuneigung erfahren. Er, der Sterbende, lässt dich teilnehmen an der Weisheit, die er durch seine Lebenserfahrung gewonnen hat. Hilfst du ihm, dass er durch die letzte Hingabe sein Leben – ohne sich aufzulehnen

– vertrauensvoll in die Hände Gottes legen kann, erweist du ihm den größten Dienst. Und du darfst sicher sein, dass auch er dir einmal bei deinem eigenen Sterben zur Seite stehen wird.

Weil oftmals die Schwere einer zum Tod führenden Krankheit dem Sterbenden die Verfügbarkeit der Seelenkräfte raubt, benötigt er zum Übergang in das neue Leben den Beistand menschlicher Liebe. Vom zeitlichen zum ewigen Leben zu gelangen, bedeutet für die meisten Menschen eine sehr große Anstrengung. Sie bedürfen daher in besonderer Weise unserer liebevollen Zuwendung wie auch der Zuwendung des Himmels.

Neben deiner aktiven Hilfe besteht deine Unterstützung für den Sterbenden vornehmlich darin, Wesentliches in Erinnerung zu rufen und ihn im und nach dem Tod nicht allein zu lassen. Bete zusammen mit ihm. Und wenn er es nicht mehr selbst vermag, bete für ihn, bis er seine Seele dem Schöpfer zurückgegeben hat – und darüber hinaus.

Die Nachricht von seinem Tod möge auch viele andere Menschen an ihren eigenen kommenden Tod erinnern und sie anhalten, sowohl für den Heimgegangenen zu beten als auch ihr eigenes Leben auf Sinn und Gehalt zu überdenken.

Kapitel 5
Sinn der Empfehlungen

Diese Empfehlungen anhand der ignatianischen Satzungen möchten

- dich vor allem Bösen und den Anfeindungen widergöttlicher Kräfte bewahren,
- dir aufzeigen, wie du dein inneres und äußeres Leben ordnen kannst,
- dein geistliches Leben aufbauen und
- dir behilflich sein, deinen Weg zu Gott zu finden und ihn fortschreitend zu gehen.

An die Stelle von Furcht sollte kraft des inneren Gesetzes die Liebe treten und das Verlangen, das Leben auf Gott auszurichten, um ihm von Stufe zu Stufe mehr zu danken und ihn zu verherrlichen.

So sollen wir alle zur Einheit im Glauben und in der Erkenntnis des Sohnes Gottes gelangen, damit wir zum vollkommenen Menschen werden und Christus in seiner vollendeten Gestalt darstellen.

Brief an die Epheser 4,13

Siebter Teil
Aufgaben in der Welt

Kapitel 1–4
Der Ruf des großen Königs

Dein geistliches Leben sollte einzig und allein auf Gottes Willen und seine Liebe ausgerichtet sein sowie auf das Heil der Seelen. Sei nicht taub für den Ruf des großen Königs, sondern sei wach und darum bemüht, seinen Ruf zu hören und darauf zu antworten. Christus, unser Herr, richtet seinen Ruf an die ganze Welt und an jeden Einzelnen in besonderer Weise. Bitte um innere Erkenntnis des Herrn, der für dich Mensch geworden ist, damit du ihn mehr liebst und ihm nachfolgst. Schaue mit klaren und nüchternen Augen die Welt, in der du lebst, und bitte den Herrn um die Gabe der Unterscheidung und um die Erkenntnis des wahren Lebens.
Erfährst du während deines geistlichen Aufbruchs einen Anruf, Christus in besonderer Weise nachzufolgen, dann lass dich von ihm an die Orte senden, die er für dich ausgewählt hat. Stelle dich ihm ganz zur Verfügung. Um jedoch Täuschungen auszuschließen, besprich alles mit deinem geistlichen Begleiter.

Hast du deinen Platz gefunden, so gib – wo immer du dich auch befindest – anderen ein gutes Beispiel, indem du dich bemühst, ihnen mehr mit guten Werken als mit Worten zu begegnen. Durch dein Gebet kannst du vielen Menschen beistehen und ihnen schweigend helfen. Sei besonders behutsam und sorgfältig in der Auswahl derjenigen, denen du die Geistlichen Übungen empfiehlst. Die Übungen der ersten Woche kannst du unbedenklich vielen Menschen als Exerzitien geben. Es ist auch möglich, die Gebetsweisen dieser ersten Woche auszudehnen und allen zu empfehlen, die den guten Willen dazu haben.

Über die geistlichen Werke hinaus solltest du dich auch in caritativen Werken üben:

- Kümmere dich um körperlich und psychisch Kranke und biete ihnen deine Hilfe an.
- Besuche Menschen in Krankenhäusern und Altenheimen, die sehnsüchtig auf ein Gespräch und geistliche Unterstützung warten.
- Versuche unter streitenden Parteien Frieden zu stiften.
- Wende dich armen Menschen zu und lass ihnen die Hilfe zukommen, die dir möglich ist.
- Nimm dir Zeit für enttäuschte und in sich verschlossene Menschen. Gib ihnen Mut und lass sie den tieferen Sinn des Lebens erfahren. Gib ihnen die ihnen gemäßen Mittel, die sie mit Gott verbinden.

Achter Teil
Einheit in der Vielheit leben

Kapitel 1
Wege zur Einheit

Wie ist es möglich, trotz der vielen Ablenkungen und der Reizüberflutung eine ständige Verbindung zu Jesus Christus aufrechtzuerhalten? Wie ist es möglich, in einer teils veräußerlichten Welt, die Höchstleistungen von Menschen verlangt, auf das Wort Gottes zu hören und Gottes Willen zu erfüllen? Wie ist es möglich, inmitten der Vielgestaltigkeit die innere Einheit zu erlangen, zu bewahren und zu mehren?

Einheit stiftende Wege sind nur zu finden, wenn du versuchst, noch tiefer und konsequenter geistlich zu leben. Denn nur aus der tiefen Schicht der Seele, die dir zugänglich sein sollte, kann dir die Dynamik des Lebens vermittelt werden. Im Einklang mit dir selbst, den anderen, der Schöpfung und dem Willen Gottes zu leben ist eine Gabe, die von innen her geboren wird und eine geordnete Integration der geistlichen Persönlichkeit fordert. Ein Mensch, der ständig abgelenkt wird und dessen Fehlverhalten offensichtlich ist, kann keine Ordnung ertragen und somit auch keine Einheit leben.

Gehe jeder Ursache von Spaltung auf den Grund und versuche sie unverzüglich zu entfernen. Spaltungen sind wie eine wahre Pest, die sehr ansteckend wirkt.

Die Einheit mit dem Haupt, das Christus ist, kann niemals das Ergebnis einer eigenen Anstrengung sein, sondern sie ist eine Gabe, die geschenkt wird. Jede sichtbare Einheit unter Menschen entspricht einer tieferen Einheit, die jeden Einzelnen mit der göttlichen und höchsten Güte vereint. Nur die Liebe führt zur wirklichen und beständigen Einheit, die im Herzen eines jeden ihren Anfang nimmt.

Wie mich der Vater geliebt hat, so habe auch ich euch geliebt. Bleibt in meiner Liebe! Dies trage ich euch auf: Liebt einander!

Johannes 15,9.17

Die Liebe in Gott, welche die Quelle der Einheit ist, teilt Christus uns mit, damit wir sie untereinander weiterschenken. Die zeitlichen Güter dürfen niemals an erster Stelle stehen, sondern müssen untergeordnet sein; ebenso die Eigenliebe, welche die Hauptfeindin dieser Einheit und des allgemeinen Wohls ist.

Kapitel 2–7
Die Einberufung der Generalkongregation

Da von der ersten und höchsten Weisheit das Licht herabkommen muss, mit dem man sehen kann, was zu unterscheiden ist, soll vor jeder Entscheidung die Heilige Messe gefeiert und gebetet werden. Durch jede Entscheidung, die auf der Gnade Gottes beruhen sollte, wird der Herr mehr und mehr verherrlicht. Der Glaube, die Hoffnung und die Liebe Gottes, von dem alles Gute kommt, sind die entscheidenden Kriterien, die alle Handlungen und konkrete Entscheidungen bestimmen sollen.

Neunter Teil
Führungsverantwortung tragen

Kapitel 1
Im Vergänglichen das Unvergängliche suchen

Es ist keine einfache Aufgabe, Verantwortung für das körperliche und seelische Wohl einer kleineren oder größeren Gruppe von Menschen zu tragen. Es müssen wohl überlegte Entscheidungen getroffen werden, die oft weitreichende Konsequenzen nach sich ziehen. Der Verantwortliche trägt nicht nur für seinen eigenen geistlichen Weg Sorge, sondern auch für den geistlichen Weg vieler Menschen. Als Grundlage dienen ihm das Evangelium und die daraus entwickelten Satzungen. Den geistlichen Fortschritt wie auch die Gesundheit der ihm Anvertrauten muss er im Auge behalten und – wenn notwendig – eingreifen, helfen, bestätigen und Mängel beseitigen. In der Vielgestaltigkeit des Lebens ist es nicht einfach, Wesentliches und Bleibendes auf-

zuzeigen und dahingehend Erfahrungen zu vermitteln, dass bereits im Vergänglichen das Unvergängliche auf uns wartet und gelebt werden kann.
Eine weitere große Aufgabe der geistlichen Leitung besteht darin, das persönliche Gebet und die Hingabe an Gott nicht zu vernachlässigen, um aus innerer Kraft die vielfältigen Aufgaben angehen zu können.

Kapitel 2
Sechs notwendige Eigenschaften eines geistlichen Leiters

1. Der geistliche Leiter ist tief mit Gott, unserem Herrn, durch Gebet und vorbildliches geistliches Leben verbunden, sodass ihm in all seinen Handlungen die Gegenwart und Liebe Gottes voll bewusst ist.
2. In besonderer Weise zeichnet ihn die Liebe zu allen Nächsten und wahre Demut aus, die ihn für Gott und für die Menschen liebenswert machen. Leidenschaften müssen kultiviert und ins rechte Lot gebracht sein, sodass sie weder innerlich das Urteil seiner Vernunft stören noch anderen Menschen zum Anstoß werden. Offenheit, Geradheit und Strenge sollten mit Verständnis, Güte und Milde gepaart sein, sodass auch ein Getadelter die Notwendigkeit der Kritik oder des Tadels erkennt und gleichzeitig Mitgefühl erlebt.
   Der Mut des geistlichen Begleiters und die Tapferkeit

seines Herzens sollten tragfähig genug sein, die Schwächen vieler zu ertragen und gleichzeitig große Dinge im Dienst für Gott zu beginnen und darin beständig zu sein. Selbst bei heftigen Widerständen darf er den Mut nicht verlieren.

3. Lebenserfahrungen und eine reichhaltige verstandesmäßige Begabung müssen zu gerechten Urteilen und richtigen Entscheidungen führen. Auch in praktischen Dingen darf niemand ihm etwas vormachen können. Notwendiger als die Gelehrtheit ist die Klugheit und die Erfahrung in geistlichen und inneren Angelegenheiten, um den vielen, die sich in geistlicher oder äußerer Not befinden, zu raten und ihnen zu helfen.
4. Stabilität und Durchhaltevermögen, Sorgfalt und Wachsamkeit sind notwendig, um Begonnenes zum Ziel und zur Vollendung zu führen. Er darf nicht sorglos und nachlässig sein oder Angefangenes unvollendet liegen lassen.
5. Entscheidend für eine solche Aufgabe ist eine gute Gesundheit, eine entsprechende äußere Erscheinung und ein angemessenes Alter. Ein zu junger Mensch wird gewöhnlich nicht die Autorität und Erfahrung besitzen, die angebracht ist. Und ein älterer Mensch ist oft den Erfordernissen, Mühen und Sorgen einer solchen Aufgabe nicht mehr gewachsen.
6. Die Gesamtpersönlichkeit muss ausgewogen, liebenswert und darauf ausgerichtet sein, in allem Gott zu

dienen und ihn zu verherrlichen. Vertrauenswürdigkeit und ein guter Ruf dürfen nicht fehlen.

Wenn der geistliche Leiter über einige der genannten Eigenschaften nicht verfügen sollte, so dürfen ihm jedoch Gottesliebe, große Güte sowie Liebe zu den Menschen, ein gutes Urteil und die entsprechend notwendige theologische Ausbildung nicht fehlen.

Kapitel 3–6
Die Kunst, andere Menschen auf den geistlichen Weg zu führen und sie zu begleiten

Voraussetzung ist, richtig mit sich selbst umzugehen, auf die Gesundheit und die zur Verfügung stehenden Kräfte zu achten, das eigene Gebet und die Meditation zu pflegen, um wissend und aus Erfahrung anderen den geistlichen Weg zu weisen. Neben einer guten Intuition und Menschen, die ihm freundschaftlich verbunden zur Seite stehen, sollte der Begleiter oft über sich selbst, die Hinweise, die er gibt, und über seine Entscheidungen nachdenken. Ist er darüber hinaus begnadet, die Gunst und die Liebe des Herrn sowie die Gaben des Heiligen Geistes zu empfangen, wird es ihm leicht fallen, andere Menschen in rechter und ihnen gemäßer Weise auf dem geistlichen Weg zu begleiten. Seine Vertrauenswürdigkeit, seine Güte und das Beispiel seines Lebens werden ihm die Herzen der ihm Anvertrauten öffnen.

Seine Einheit und Verbundenheit mit Gott – genährt durch inständiges Beten und die Feier der Heiligen Messe – geben ihm das Fundament, allen und allem erfolgreich zu begegnen. Die vom Licht Gottes erhellte Erfahrung wird den geistlichen Begleiter in die Kunst einführen, anderen suchenden Menschen die rechte Orientierung, Handlungsrichtlinien und Normen zu geben, die voll von natürlicher und übernatürlicher Weisheit sind.

Zehnter Teil
Das ignatianische Prinzip

Wenn auch vieles von Menschen gewollt, erarbeitet und in Gang gesetzt werden kann, so ist und bleibt doch das Wesentliche in Gottes Hand und ihm überlassen. Daher müssen wir auf ihn allein unsere Hoffnung setzen, dass er uns vor Unheil bewahrt und uns auf unserem geistlichen Weg weiterführt und Fortschritte erfahren lässt.

Die vorangehenden neun Teile der Satzung beinhalten im Wesentlichen das eine Ziel: sich von der Dynamik des Geistes Gottes leiten zu lassen. Dazu ist es notwendig, das innere Gesetz der Liebe und Güte, das der Heilige Geist in unsere Herzen schreibt, bewusst werden zu lassen, damit wir unser Leben danach gestalten können. Wir leben vollends unsere innere Freiheit, zu der Christus uns befreit hat. Sie macht uns aufmerksam für den Willen Gottes, um ihn ständig zu spüren und ganz zu erfüllen.

Gehst du diesen Schritt behutsam – ohne vorauszueilen –, wird dir nach und nach der Weg eröffnet, den du dann in weiser Unwissenheit weitergehen kannst, indem du einfach dein Herz Christus überlässt. Bitte Gott, unseren Herrn, er möge deinen Willen bewegen und in deine Seele legen, was du beim nächsten Schritt tun sollst. Vertraue auf den himmlischen Vater und gib all die Hoffnung auf, die du vielleicht auf Geld oder andere geschaffene Dinge richtest, und setze deine Hoffnung mit wahrem Glauben und inständiger Liebe vollständig auf deinen Schöpfer und Herrn.

Dafür musst du bereit sein und auch etwas dazu beitragen. Verbessere dein Leben – vornehmlich im Umgang mit anderen Menschen – und bleibe auf deinem geistlichen Weg, indem du die dir gemäßen geistlichen Dinge pflegst. Die geistlichen Gaben sind weitaus höher einzuschätzen als alle Wissenschaft und andere natürliche und menschliche Gaben. Von innen, von deiner Seele her, erhältst du die äußeren Mittel, die wirksam werden, um das erstrebte Ziel zu erreichen.

Das ignatianische Prinzip stellt die Einheit der menschlichen Person in ihrer Freiheit und gleichzeitig in ihrer kreatürlichen und heilsmäßigen Abhängigkeit von Gott klar heraus. Alle dir zur Verfügung stehenden Mittel wie auch das, was du erlernt hast und ausübst, um

Gott zu dienen und ihm die Ehre zu erweisen, werden dir auf dem geistlichen Weg helfen und dich weiterbringen. Du solltest jedoch nicht auf sie allein vertrauen, sondern du solltest mitwirken an der göttlichen Gnade nach der Ordnung der höchsten Vorsehung Gottes, unseres Herrn. Denn Gott möchte durch das verherrlicht werden, was er als Schöpfer gibt: durch das Natürliche und durch das, was er als Urheber der Gnade gibt: das Übernatürliche.

Geistlich leben auf dem ignatianischen Weg heißt Gott in allen Dingen zu entdecken. Schau, wie Gott in all seinen Geschöpfen wohnt. Schau, wie alle Güter und Gaben von ihm herabsteigen: so wie von der Sonne die Strahlen und von der Quelle aus das Wasser fließt. Schau, wie das Göttliche fortwährend in der Schöpfung handelt. Gott teilt sich mit, indem er sich selbst in die Wirklichkeit hineingibt – im größten liebenden Entgegenkommen durch seinen Sohn Jesus Christus. In allen Dingen kannst du Gott suchen und ihn finden. Die natürlichen sichtbaren Dinge, die aus der schöpferischen Liebe Gottes hervorgehen, können keine Hindernisse oder keine Gegensätze zu den geistlichen Dingen sein, die ebenso aus der gleichen Quelle der göttlichen Liebe entspringen.

Voraussetzung, um Gott in allem und in allen zu suchen und zu finden, ist das Gehen des Weges der inneren Reinigung. Erst dann wirst du dahin gelangen, ihn, Gott, in allen Dingen zu lieben und alles in ihm.

Hier werden noch einmal die Wege, auf denen dieses Ziel schneller zu erreichen ist, zusammengefasst:

- Die Heilige Schrift und in besonderer Weise die Evangelien offenbaren das Wort Gottes.
- Jede Art von Habsucht stellt sich dem geistlichen Leben hindernd in den Weg. Genügsamer und bescheidener zu leben ist dagegen fördernd.
- Ehrgeiz und das Streben nach Anerkennung dürfen auf dem geistlichen Weg keine Bedeutung mehr haben.
- Demut ist eine Eigenschaft, die immer neu eingeübt werden sollte.
- Nicht jeder ist in der Lage, sofort den ignatianischen geistlichen Weg zu gehen. Er sollte sich beraten, und – wenn notwendig – entsprechende Anwege gehen.
- Mit anderen Menschen gut auszukommen, ihnen Liebe zu erweisen und die Einheit statt Spaltung anzustreben ist ein wesentliches Fundament des geistlichen Lebens.
- Weder übergroße körperliche noch geistliche Anstrengungen, weder Härte noch allzu große Lockerheit führen weiter, sondern nur ein gesundes Mittelmaß in allem.
- Güte und Liebe untereinander zu pflegen und zu mehren gehört zu den wesentlichen Schritten auf dem geistlichen Weg. Hinzu kommt das Gebet, damit aus Feinden wieder Freunde werden.

- Das mit guter Absicht Begonnene ist in der Hoffnung weiterzuführen, dass Gott Fehlendes ergänzt und alles einmal vollenden wird.
- Auf Gott allein ist alle Hoffnung zu setzen. Das innere Gesetz der Güte und der Liebe muss Ausdruck finden. Die Bitte um den Geist der Unterscheidung und ihre Erfüllung sind Voraussetzungen, dass geistliches Leben sich erneuern und wachsen kann.

AD MAJOREM DEI GLORIAM

Literaturverzeichnis

Basilius

Basilius: Die „Großen Regeln“ des heiligen Basilius und Beiziehung ausgewählter „Kleiner Regeln“, bearbeitet und eingeleitet von Hans Urs von Balthasar. In: Die großen Ordensregeln. Einsiedeln ^{7}1994, 34–133.

Basilius der Große: Dreihundertdreizehn kurzgefasste Vorschriften in Fragen und Antworten. Übersetzt von Dr. Valentin Gröne. In: Bibliothek der Kirchenväter. Herausgegeben von Dr. Valentin Thalhofer. Ausgewählte Schriften des hl. Basilius des Großen. 2. Band. Kempten 1877, 163–364.

– Fünfundfünfzig ausführliche Regeln in Fragen und Antworten. Übersetzt von Dr. Valentin Gröne. In: Bibliothek der Kirchenväter. Herausgegeben von Dr. Valentin Thalhofer. Ausgewählte Schriften des hl. Basilius des Großen. 2. Band. Kempten 1877, 37–161.

Charles Kannengiesser: Basilius von Caesarea. In: Lexikon für Theologie und Kirche. 2. Band. Freiburg ^{3}1994, 67–69.

Ferdinand Laun: Die beiden Regeln des Basilius, ihre Echtheit und Entstehung. In: Zeitschrift für Kirchengeschichte 44. 1925, 1–64.

Friedrich Loofs: Eusthatius von Sebaste und die Chronologie der Basiliusbriefe. Halle 1898.

Sven Lundström: Die Überlieferung der lateinischen Basilius-Regel. Uppsala 1989.

Augustinus

Augustinus: Die Regeln. Übertragen von Winfried Hümpfner. Mit Einführungen von W. Hümpfner und Adolar Zumkeller. In: Die großen Ordensregeln. Hans Urs von Balthasar. Einsiedeln ^{7}1994, 135–171.

Augustinus von Hippo: Regel für die Gemeinschaft. Mit Einführung und Kommentar von Tarsicius Jan van Bavel O.S.A. Ins Deutsche übertragen von Ludger Horstkötter O. Praem. Würzburg ^{2}2000.

– Das Mönchtum des heiligen Augustinus. Würzburg 1950.

Aurelius Augustinus: Ausgewählte Schriften. 12 Bände. In: Bibliothek der Kirchenväter. Herausgegeben von O. Badenhewer, Th. Schermann und K. Weymann. Kempten und München 1911–1936.

– Werke in deutscher Sprache. Herausgegeben von C. J. Perl. 19 Bände. 1955–1981.
– Über die Psalmen. Ausgewählt und übertragen von Hans Urs von Balthasar. Einsiedeln ²1983.
– Werke. 90 Bände. Herausgegeben von Wilhelm Geerlings. Paderborn 2002.

Charles Giroud: L'Ordre des Chanoines Réguliers de St. Augustin et ses diverses formes de régime interne. Martigny 1961.
Adalbero Kunzelmann: Geschichte der deutschen Augustiner. 7 Bände. Würzburg 1969–1976.
Paul Schroeder: Die Augustinerchorherrenregel: Entstehung, kritischer Text und Einführung der Regel. Archiv für Urkundenforschung 9. 1926, 271–306.
Dietrich Steinwede: Augustinus. Christen der Spätantike. Ein Sachbilderbuch zur Kirchengeschichte. Fotos: Helmuth Nils Loose. Lahr und Freiburg 1984.
Th. Tack: Women in the Augustinian Order: The Tagastan 29. 1983, 87–100.
Luc Verheijen: La Règle de saint Augustin. Paris 1967.
Adolar Zumkeller: Das Mönchtum des heiligen Augustinus. (Cassiciacum 11). Würzburg ²1968.
– Die Regel des hl. Augustinus. Würzburg ²1962.

Benedikt

Benedictus: Die Regel des heiligen Benedictus, neu übertragen von P. Franz Faessler, eingeleitet von Leodegar Hunkeler. In: Die großen Klosterregeln. Hans Urs von Balthasar. Einsiedeln ⁷1994, 173–259.
Die Benediktusregel: Herausgegeben im Auftrag der Salzburger Äbtekonferenz. Beuron ²1996.
Die Benediktusregel: Eine Anleitung zum christlichen Leben. Der vollständige Text der Regel (lateinisch-deutsch) übersetzt und erklärt von Georg Holzherr, Abt von Einsiedeln. Zürich–Köln ²1982.

Benediktus. Symbol abendländischer Kultur. Herausgegeben von Dom Filips de Cloedt OSB. Stuttgart und Zürich 1998.
A. Albareda: Bibliografia de la Regla benedictina. Montserrat 1933.

Gislar Aulinger: Das Humanum in der Regel Benedikts von Nursia. St. Ottilien 1950.

Aquinata Böckmann OSB: Perspektiven der Regula Benedicti. Ein Kommentar zum Prolog und den Kapiteln 53, 58, 72, 73. Münsterschwarzach 1986.

Cuthbert Butler: Sancti Benedicti Regula Monasteriorum. Freiburg ²1927.

– Benediktinisches Mönchtum. St. Ottilien 1929.

R. Byrne: Cassian and the Gools of Monastic Life. In: Cistercian Studies, 1965–1990, 22. 1987, 3–16.

Maie Casey: Intentio cordis (RB 52,2). In: Regula S. Benedicti Studia 6/7. 1977/78, 105–120.

Johanna Domek: Vom rechten Reden nach der Regel Benedikts. In: Erbe und Auftrag 65. 1989, 320–324.

Gregor der Große: Der hl. Benedikt. Buch II der Dialoge. Herausgegeben im Auftrag der Salzburger Äbtekonferenz. St. Ottilien 1995.

Ch. Hartmann: St. Benedikts Ordnungen der geistlichen Werke. In: Benedictus. Der Vater des Abendlandes. St. Ottilien 1947, 233–240.

Herausforderung der Mönche. Benediktinische Spiritualität heute. Herausgegeben von G. Braulik. Freiburg 1979.

Ildefons Herwegen: Sinn und Geist der Benediktinerregel. Einsiedeln-Köln 1944.

– Geschichte der benediktinischen Professformel. Münster 1912.

– Der heilige Benedikt. Ein Charakterbild. Düsseldorf 1947.

Emmanuel Maria Heufelder: Weite des Herzens. Meditationen über den Geist der Benediktusregel. Regensburg 1971.

Georg Holzherr: Die Benediktsregel. Eine Anleitung zu christlichem Leben. Düsseldorf ⁵2000.

Sighard Kleiner: In der Einheit des Heiligen Geistes. Geistliche Gespräche über die Regel des hl. Benedikt. Beuron 1985.

Joseph Kuckhoff: Benedicti Regula Monachorum. Kommentar. Münster 1931.

Jean Leclercq: Der hl. Bernhard und die Regel des hl. Benedikt. In: Cistercienser Chronik 97. 1990/3–4, 1–16.

Dominikus Löpfe: Die Menschlichkeit in der Regel Benedikts. In: Erbe und Auftrag 56. 1980, 194–202.

Dimetrias von Nagel: St. Benedikt – Meister des geistlichen Lebens. In: Erbe und Auftrag 57. 1981, 28–38.

Sigismund Pawlowsky: Die biblischen Grundlagen der Regula Benedicti. Wien 1965.

Michaela Puzicha OSB: Kommentar zur Benediktusregel. Mit einer Einführung von Christian Schütz. Im Auftrag der Salzburger Äbtekonferenz. St. Ottilien 2002.

Fidelis Ruppert und Anselm Grün: Bete und arbeite. Eine christliche Lebensregel. Münsterschwarzacher Kleinschriften 17. Münsterschwarzach 1982.

Christian Schütz: Gesegneter Alltag. Lebensweisheit aus der Regel Benedikts. St. Ottilien 2003.

Vinzenz Stebler: Die Regel des hl. Benedikt als Norm beschaulichen Lebens. Olten 1947.

Basulius Steidle: Die Benediktusregel. Beuron [4]1984.

A. De Vogüé: Die Regula Benedicti. Theologisch-spiritueller Kommentar. Hildesheim 1983.

Franziskus

Franziskus: Die Regeln des franziskanischen Ersten Ordens (die sogenannte „Erste Regel ohne Bulle" und die endgültige, d. h. dritte, mit Bulle bestätigte Regel des heiligen Franziskus von Assisi) übertragen und eingeleitet von P. Laurentius Casutt OFM Cap. In: Die großen Ordensregeln. Hans Urs von Balthasar. Einsiedeln [7]1994, 261–321.

Werkbuch zur Regel des heiligen Franziskus. Herausgegeben von Lothar Hardick, Josef Terschlüsen, Kajetan Esser, Eberhard Scheffer und Engelbert Grau. Werl 1955.

Die Schriften des heiligen Franziskus von Assisi. Einführung, Übersetzung, Erläuterungen von Lothar Hardick OFM und Engelbert Grau OFM. Werl [6]1980.

Franz von Assisi: Die Werke: Sonnengesang, Testament, Ordensregeln, Briefe, die Blümlein. Übersetzt von Wolfram von den Steinen und Max Kirschstein. Hamburg 1958.

Franziskus, Engel des sechsten Siegels. Sein Leben nach den Schriften des hl. Bonaventura. Einführung, Übersetzung, Anmerkungen von S. Clasen OFM. Werl [2]1980.

Die Dreigefährtenlegende des hl. Franziskus. Die Brüder Leo, Rufin und Angelus erzählen vom Anfang seines Ordens. Einführung von S. Clasen OFM. Werl ²1980.

Franz von Assisi: Legenden und Laude. Herausgegeben von Otto Karrer. Zürich 1945.

Der Bund des hl. Franziskus mit der Herrin Armut. Einführung, Übersetzung, Anmerkungen von K. Esser OFM und E. Grau OFM. Werl 1966.

Laurentius Casutt OFM Cap: Die älteste franziskanische Lebensform. Untersuchungen zur „Regula Prima sine Bulla". Graz, Wien, Köln 1955.

Carlo Carretto: Was Franziskus uns heute sagt. Freiburg, Basel, Wien 1981.

Nicolaas G. M. van Doornik: Franz von Assisi. Prophet und Bruder unserer Zeit. Freiburg ²1978.

Wilhelm Egger: Franziskus von Assisi. Das Evangelium als Alternative. Innsbruck 1981.

Kajetan Esser OFM: Anfänge und ursprüngliche Zielsetzungen des Ordens der Minderbrüder. Leiden 1966.

– Die Opuscula des hl. Franziskus von Assisi. Neue textkritische Edition. Grottaferrata 1976.

– Der Orden des hl. Franziskus. Seine geistige Gestalt und seine Aufgabe im Reiche Gottes. Werl 1952.

– und Engelbert Grau OFM: Antwort der Liebe. Der Weg des franziskanischen Menschen zu Gott. Werl 1958.

Helmut Feld: Franziskus von Assisi und seine Bewegung. Darmstadt 1994.

Hilarian Felder: Die Ideale des hl. Franziskus von Assisi. Paderborn ⁶1951.

Humbert Fink: Franz von Assisi. Der Mann. Das Werk. Die Zeit. München 1981.

David Ethelbert Flood: Die Regula non bullata der Minderbrüder. Werl 1967.

Isnard Wilhelm Frank: Franziskus von Assisi: Frage auf eine Antwort. Düsseldorf 1982.

Javier Garrido: Die Lebensregel des Franz von Assisi. Inspiration für heute. Aus dem Spanischen übersetzt von Anton Rotzetter OFM Cap. Freiburg, Basel, Wien 2001.

Walter Goetz: Die Quellen zur Geschichte des hl. Franz von Assisi. Eine kritische Untersuchung. Gotha 1904.
Lothar Hardick OFM: Vom Franziskusleben zur Franziskanerregel. In: Wissenschaft und Weisheit 17. 1954, 27–39.
Raoul Manselli: Franziskus. Der solidarische Bruder. Frankfurt ²1989.
Walter Nigg: Der Mann aus Assisi. Franziskus und seine Welt. Freiburg ¹⁴1982.
Anton Rotzetter, Willibrord-Christian van Dijk, Thaddée Matura: Franz von Assisi. Ein Anfang und was davon bleibt. Zürich ³1988.
Paul Sabetier: Leben des Heiligen Franz von Assisi. Übersetzung von M. Lisco. Berlin ⁹1895.
Oktavian Schmucki OFM Cap: Gotteslob und Meditation nach Beispiel und Anweisung des hl. Franziskus von Assisi. Luzern 1980.
Reinhold Schneider: Franziskus. Freiburg 1953.
Thomas von Celano: Leben und Wunder des hl. Franziskus von Assisi. Einführung, Übersetzung, Anmerkungen von E. Grau OFM. Werl ³1980.
Leo Veuthey OFM Conv.: Einswerden mit Christus. Franziskanische Geisteslehre. Düsseldorf 1949.
Lucas Wadding OFM: Francisci Assisiatis Opuscula. Antwerpen 1623.

Klara

Engelbert Grau und Marianne Schlosser: Leben und Schriften der heiligen Klara von Assisi. Kevelaer ⁸2001.
Engelbert Grau OFM: Die Regel der hl. Klara (1253) in ihrer Abhängigkeit von der Regel der Minderbrüder (1223). In: Franziskanische Studien 35. 1953, 216–273.
– Die päpstliche Bestätigung der Regel der hl. Klara (1253). In: Franziskanische Studien 35. 1953, 317–323.

Marco Bartoli: Klara von Assisi. Die Geschichte ihres Lebens. Werl 1993.
Sophronius Clasen OFM: Die Stellung des hl. Bonaventura zum Orden der hl. Klara. In: Franziskanische Studien 35. 1953, 296–317.
Margret Carney: The First Franciscan Woman. Clare of Assisi and Her Form of Life. Quincy 1993.
Kajetan Esser OFM: Die Briefe Gregors IX. an die hl. Klara. In: Franziskanische Studien 35. 1953, 274–295.

Maria Faßbinder: Die heilige Clara von Assisi. Freiburg 1934.
– Untersuchungen über die Quellen zum Leben der hl. Klara von Assisi. In: Franziskanische Studien 23. 1936, 296–335.
Edith van den Goorbergh: Sendungsbewußtsein in der Kirche bei der hl. Klara von Assisi nach ihrem Testament. In: CTC. Pro Monialibus 16. 1993, 15–27.
– Klara's Orientierung an Christus. In: CTC. Pro Monialibus 30. 1999, 12–20.
– und Theo Zweermann: Klara von Assisi – Licht aus der Stille. Zu ihren Briefen an Agnes von Prag. Kevelaer 2001.
Engelbert Grau OFM: Die Klausur im Kloster S. Damiano zu Lebzeiten der hl. Klara. In: Festgabe für L. G. Spätling OFM. Bibliotheca Pontificii Athenaei Antoniani 19. Rom 1977, 311–345.
Lothar Hardick OFM: Zur Chronologie im Leben der hl. Klara. In: Franziskanische Studien 35. 1953, 174–210.
R. Haskamp OFM: Die menschliche und religiöse Entwicklung der heiligen Klara. In: Wandlung in Treue. Band 23, 44–63.
Martina Kreidler-Kos: Sei gepriesen, weil du mich erschaffen hast. Das Leben der Klara von Assisi. München 2003.
– Klara von Assisi: Schattenfrau und Lichtgestalt. Tübingen ^{2}2003.
Chiara Augusta Lainati OSC: Die heilige Klara von Assisi. Mit einer Kurzbiographie der Heiligen Agnes von Assisi. Bücher Franziskanischer Geistigkeit. Band 29. Werl 1987.
Leonhard Lehmann OFM Cap: Klara von Assisi. Eine neue Lebensform. Werl 1993.
Heribert Roggen OFM: Christliche Lebensgestaltung bei Klara von Assisi. Bücher Franziskanischer Geistigkeit. Band 14. Werl 1970.
Anton Rotzetter: Klara von Assisi, die erste franziskanische Frau. Freiburg ^{3}1994.
Helmut Schlegel OFM: Singen, beten, feiern mit Klara von Assisi. Lieder, Gebete, Meditationen. Werl 1993.
Marianne Schlosser: Mutter, Schwester, Braut. Zur Spiritualität der hl. Klara. In: Laurentianum 31. 1990, 176–197.
Oktavian Schmucki OFM Cap: Das kontemplative Leben in den Schriften und in der Lebensbeschreibung der heiligen Klara von Assisi. In: fidelis. Zeitschrift der Schweizer Kapuzinerprovinz 81. Luzern 1994, 124–138.
Herbert Schneider: Mystisches Leben mit Klara von Assisi. Leutesdorf 1997.

Ignatius

Ignatius von Loyola: Die Satzungen der Gesellschaft Jesu. Aus dem Spanischen übersetzt und eingeleitet von Mario Schoenenberger und Robert Stadler. In: Die großen Ordensregeln. Hans Urs von Balthasar. Einsiedeln [7]1994, 323–412.

– Satzungen der Gesellschaft Jesu und Ergänzende Normen. Deutsche Übersetzung der im Auftrag der 34. Generalkongregation herausgegebenen lateinischen Ausgabe. Herausgegeben von der Provinzialskonferenz der Zentraleuropäischen Assistenz. Übersetzt von Peter Knauer. München 1997.

– Satzungen der Gesellschaft Jesu. Übersetzt von Peter Knauer SJ. Frankfurt [4]1980.

– Deutsche Werkausgabe. Übersetzt von Peter Knauer SJ. Band 1: Briefe und Unterweisungen. Band 2: Gründungstexte der Gesellschaft Jesu. Würzburg 1993 und 1998.

– Geistliche Übungen. Nach dem spanischen Urtext übersetzt von Peter Knauer. Würzburg 1988.

– Geistliche Übungen. Übertragung und Erklärung von Adolf Haas. Mit einem Vorwort von Karl Rahner. Freiburg [4]1978.

– Die Exerzitien. Übertragen von Hans Urs von Balthasar. Einsiedeln 1954.

– Der Bericht des Pilgers. Übersetzt und erläutert von Burkhart Schneider. Mit einem Vorwort von Karl Rahner. Freiburg [4]1979.

– Geistliche Briefe. Eingeführt von Hugo Rahner. Einsiedeln [3]1956.

– Das Geistliche Tagebuch. Herausgegeben von Adolf Haas und Peter Knauer. Freiburg 1961.

– Trost und Weisung. Geistliche Briefe. Herausgegeben von Hugo Rahner. Neu bearbeitet von Paul Imhof. Zürich, Einsiedeln, Köln 1979.

– Briefwechsel mit Frauen. Herausgegeben von Hugo Rahner. Freiburg 1956.

S. Arzubialde (Herausgeber): Satzungen der Gesellschaft Jesu. Einführungen. Aus dem Spanischen übertragen von Sr. Veronica Fuhrmann. München 1999.

Heinrich Boehmer: Ignatius von Loyola. Herausgegeben von H. Leube. Stuttgart 1941.

Ladislaus Boros: Befreiung zum Leben. Die Exerzitien des Ignatius von Loyola als Wegweisung für heute. Freiburg 1977.

James Brodrick: Die Ersten Jesuiten. Dt. Übertragung von Guido Martini. Wien–München 1956.

Paul de Chastonay: Die Satzungen des Jesuitenordens. Einsiedeln 1938.

Luis Goncalves Da Cámara: Memoriale: Erinnerungen an unseren Vater Ignatius. Übersetzt von Peter Knauer. Frankfurt 1988.

Alfred Feder SJ: Ignatius von Loyola. Geistliche Übungen. Neu herausgegeben von Emmerich Raitz von Frentz SJ. Freiburg [13]1961.

R. Fülop-Miller: Macht und Geheimnis der Jesuiten. Leipzig 1930.

Johann Joseph Gruber: Des hl. Ignatius Weg zu Gott. Die Exerzitienwahrheiten in ihrer inneren Einheit. Saarbrücken [2]1951.

Romano Guardini: Wille und Wahrheit. Geistliche Übungen. Mainz 1935.

Alain Guillermou: Ignatius von Loyola in Selbstzeugnissen und Bilddokumenten. Hamburg 1962.

Rudolf Handmann SJ: Die Geistlichen Übungen des Ignatius von Loyola. Linz [2]1929.

Christopher Hollis: Die Jesuiten. Söhne des Heiligen Vaters. Hamburg 1970.

Anton Huonder: Ignatius von Loyola. Beiträge zu seinem Charakterbild. Köln 1932.

Otto Karrer: Des hl. Ignatius von Loyola geistliche Übungen. Paderborn 1926.

Viktor Kolb: Das Leben des hl. Ignatius von Loyola. Freiburg 1931.

Peter Lippert : Zur Psychologie des Jesuitenordens. Freiburg [2]1956.

Leonard von Matt und Hugo Rahner: Ignatius von Loyola. Würzburg 1955.

Fridolin Marxer: Die inneren geistlichen Sinne. Ein Beitrag zur Deutung ignatianischer Mystik. Freiburg 1963.

Moritz Meschler: Das Exerzitienbuch des hl. Ignatius von Loyola. 3 Bände. Herausgegeben von W. Sierp. Freiburg 1925/26.

Erich Przywara: Deus semper major. Theologie der Exerzitien. 3 Bände. Freiburg 1938–1939.

– Ignatianisch. Frankfurt 1956.

Hugo Rahner: Ignatius von Loyola und das geschichtliche Werden seiner Frömmigkeit. Salzburg 1949.

– Ignatius von Loyola als Mensch und Theologe. Freiburg 1964.

Karl Rahner SJ: Das Alte neu sagen. Rede des Ignatius von Loyola an einen Jesuiten von heute. Freiburg 1982.

– Betrachtungen zum ignatianischen Exerzitienbuch. München 1965.
– und Paul Imhof: Ignatius von Loyola. Mit Farbbildern von Helmuth Nils Loose. Freiburg 1978.
André Ravier SJ: Ignatius von Loyola gründet die Gesellschaft Jesu. Würzburg 1982.
Josef Stierli SJ: Die Jesuiten. Sammlung „Orden der Kirche“. Fribourg 1955.
– Ignatius von Loyola. „Gott suchen in allen Dingen“. Olten–Freiburg 1981.
Günter Switek: In Armut predigen. Untersuchungen zum Armutsgedanken bei Ignatius von Loyola. Würzburg 1972.
Ignacio Tellechea : Ignatius von Loyola. „Allein zu Fuß“. Eine Biographie. Aus dem Spanischen von Georg Eickhoff. Solothurn und Düsseldorf ²1995.
Friedrich Wulf (Herausgeber): Ignatius von Loyola. Seine Gestalt und sein Vermächtnis. Würzburg 1956.

Allgemeine Literatur zu Klosterregeln

Berthold Altaner und Alfred Stuiber: Patrologie. Leben, Schriften und Lehre der Kirchenväter. Freiburg [8]1978.

Jost Amann: Ständ und Orden der Heil. Röm. cathol. Kirchen. Frankfurt 1585.

Buch der Konstitutionen und Ordinationen der Brüder des Predigerordens. Im Auftrag des Ordensmeisters Timothy Radcliffe O. P. Generalskurie. Rom 1998.

Peter Dyckhoff: Auf dem Weg in die Nachfolge Christi. Geistlich leben nach Thomas von Kempen. Freiburg 2004.

Karl Suso Frank: Frühes Mönchtum im Abendland. I. und II. Zürich–München 1975.

Max Heimbucher: Die Orden und Kongregationen der katholischen Kirche. Paderborn [3]1933.

Francois Halkin: Sancti Pachomii vitae graecae. (Subsidia hagiographica 19). Brüssel 1932.

David Knowles: Christian Monasticism. London 1969.

Jean Leclercq: Sühne und Anbetung in der monastischen Tradition. In: Erbe und Auftrag 60. 1984, 169–195.

André Louf OCSO: Demut und Gehorsam bei der Einführung ins Mönchsleben. Münsterschwarzacher Kleinschriften 5. Münsterschwarzach 1979.

Bernhard McGinn, John Meyendorff, Jean Leclercq: Geschichte der christlichen Spiritualität. 3 Bände. Würzburg 1993–1997.

Walter Nigg: Vom Geheimnis der Mönche. Zürich und Stuttgart 1953.

Josef Pieper: Muße und Kult. München 1952.

Karl Rahner: Spiritualität und Theologie der Kirchenväter. Sämtliche Werke. Band 3. Zürich, Düsseldorf und Freiburg 1999.

Georg Schwaiger (Herausgeber): Mönchtum, Orden, Klöster. Von den Anfängen bis zur Gegenwart. Ein Lexikon. München [2]1994.

Herrmann Josef Sieben: Voces. Eine Bibliographie zu Worten und Begriffen aus der Patristik. Bibliographia patristica Suppl. 1. Berlin 1980.

Thomas von Kempen: Das Buch von der Nachfolge Christi. Übersetzt von Johann Michael Sailer. Mit Zeichnungen von Joseph von Führich. Freiburg [18]1933.

Marcel Viller und Karl Rahner: Aszese und Mystik in der Väterzeit. Freiburg 1989.